简牍学与丝路文明研究丛书
第二辑
主编◎田澍 刘再聪

清代河湟地区文化共同性研究

魏梓秋◎著

中国社会科学出版社

图书在版编目（CIP）数据

清代河湟地区文化共同性研究／魏梓秋著. -- 北京：中国社会科学出版社，2024.8. --（简牍学与丝路文明研究丛书／田澍，刘再聪主编）. -- ISBN 978－7－5227－4031－7

Ⅰ．G127.44

中国国家版本馆 CIP 数据核字第 20244X2R95 号

出 版 人	赵剑英
责任编辑	鲍有情　彭　丽
责任校对	韩天炜
责任印制	王　超

出　　版	中国社会科学出版社
社　　址	北京鼓楼西大街甲 158 号
邮　　编	100720
网　　址	http：//www.csspw.cn
发 行 部	010－84083685
门 市 部	010－84029450
经　　销	新华书店及其他书店
印　　刷	北京明恒达印务有限公司
装　　订	廊坊市广阳区广增装订厂
版　　次	2024 年 8 月第 1 版
印　　次	2024 年 8 月第 1 次印刷
开　　本	710×1000　1/16
印　　张	14.75
字　　数	235 千字
定　　价	78.00 元

凡购买中国社会科学出版社图书，如有质量问题请与本社营销中心联系调换
电话：010－84083683
版权所有　侵权必究

《简牍学与丝路文明研究丛书》
总序

  简牍是中国历史上最早的实用性书写材料,其书写制度在中国书籍发展史上产生了深远的影响。中国大规模使用简牍的时代一直延续至晋代,西北地区甚至还发现了唐代的木牍。可以说,竹木简牍是中国历史上最重要的文字载体之一,承载着华夏文明蕴含的无尽智慧。

  西北简牍所承载的历史文化信息是丝绸之路文化、长城文化、敦煌文化的重要组成部分。20世纪70年代以前发现的简牍,几乎全部出自西北,尤以甘肃为多。因此之故,前后出土了近7万枚秦汉晋简牍的甘肃,在学界享有"简牍之乡"的美誉。西北简牍是了解汉晋王朝开发河西、经略西北的最直接资料,展现了张骞"凿空"之后丝绸之路辉煌发展的历史,展现了中原与中亚、西亚等地民族之间友好交流、交往、交融的历史,展现了中国与丝绸之路沿线各国共同推进世界文明进程的历史。简牍文献资料、简牍考古资料的整理与研究,有助于阐发中华文明厚重的历史底蕴和丰富的文化内涵。

  简牍学随着对丝绸之路的考察和研究的兴起而肇始。1914年,罗振玉、王国维依据西方探险家在敦煌等地发现的简牍材料,整理出版了《流沙坠简》,被视为简牍学的开山之作。1925年,王国维在《最近二三十年中中国新发见之学问》中提出近代学术资料的五项重大发现,其中一项就是"敦煌塞上及西域各地之汉晋木简"。可以说,中国简牍学的诞生直接得益于甘肃简牍的发现,而对甘肃简牍不断深入研究一直是国际简牍学发展的重要推动力。

  西北师范大学是国内外最早开展简牍学研究的高等院校之一,具有悠久的学术传统,弦歌不辍。1939年,考古学家黄文弼受聘为国立西北联合大学史地系教授，从教之余，着手整理新疆考察报告，完成了《罗布淖尔考古记》，其中第四篇就是《木简考释》。武威汉简出土之后，甘肃师范大学教授何士骥（乐夫）随即展开初步研究，并于1962年协助陈梦家先生完成《武威汉简》一书。改革开放以来，西北师范大学一直高度重视简牍学发展，在全国高校中率先创办简牍学研究所（1995年），同年开始编辑出版学术辑刊《简牍学研究》；最早开展简牍学方向硕士研究生（1995年）和博士研究生培养（2005年），编写出版国内第一部面向本科生的教材《简牍学教程》（2011年）。40多年来所取得的进步，学界有目共睹。

2021年底，甘肃省实施省属高校一流学科建设突破工程，简牍学作为"绝学"冷门学科名列其中，西北师范大学简牍学科发展迎来了历史上最好的机遇。在新的历史机遇面前，西北师范大学不断拓展学术空间，凝聚国内外多方面的研究力量，全面致力于以简牍学为核心的交叉学科建设。

首先，广泛开展与国内外文博系统及科研机构的合作。与甘肃省文物局签约共建简牍研究院，与甘肃简牍博物馆、甘肃省文物考古研究所、内蒙古额济纳博物馆等单位联合开展简牍文献整理与研究；与瑞典皇家科学院"斯文·赫定基金会"、雅典大学等单位联合开展海外藏简牍资料整理研究与人才培养；与清华大学、武汉大学、复旦大学、东北师范大学及香港大学冯平山图书馆等科研院所开展高水平学术交流合作。目前，各类合作项目稳步推进，已经取得了良好效果。

其次，坚持基础研究，注重交叉发展，提升文化服务能力。从"简牍文化资源"的角度定位"简牍学"的学术覆盖范围，凝练出简牍语言文字研究、西北简牍文献研究、简牍与丝绸之路文明研究、简牍文化资源保护利用研究四个方向。坚持以传统的文字、文献研究为核心，注重简牍与语言文字研究、简牍与秦汉史研究、简牍与丝绸之路史研究、简牍与书法艺术研究。着眼于以"数字简牍"网站为重点的学术资源数据库整合和网络平台建设，主动服务于全国简牍学科建设与发展。并引领以信息技术为支撑的简牍文化推广活动，主动服务地方文旅事业发展。

最后，着力于简牍文本整理，注重内涵式发展，及时推出高水平科研成果。开展简牍研究，最基础的工作就是对简牍内容的整理。西北简牍所系残章断句，文本不完整、内容缺少系统性。为适应简牍学学科内涵式发展的需求，在开展悬泉汉简、肩水金关汉简等整理研究的基础上，西北师范大学简牍研究院正在组织实施西北简牍再整理、二十世纪简牍考古资料汇编等系列工作。目前，已经编辑出版了《简牍学与丝路文明研究丛书》第一辑。本次编辑出版《简牍学与丝路文明研究丛书》第二辑，将更进一步发挥简牍"新史料催生新问题"的学术功能，开拓丝绸之路文明史研究的新领域。

田澍　刘再聪
2024 年 2 月 23 日

前　言

　　文化产生于自然、经济和政治的土壤，并会实实在在地影响经济运行、民族关系和国家治理。清代河湟地区是中国多民族杂居，多元文化交汇、交融的典型区域。本书对该地区的文化互动模式进行了类型分析，从历时和共时两个维度以及政治、经济、宗教、语言、教育和民俗等方面，剖析了该地区文化结构生成的理论逻辑，文化格局形成的内在联系和互动影响。

　　清代河湟地区人文风貌独具一格，各民族基于共同的时空场域，形成了复杂交叉的关系网络，日益加深的经济联系是促进民族整体发展的重要因素；文化习俗长期互相影响，弥散于持久的日常生活，是各民族水乳交融的生动体现；国家教育的持续发展和汉语汉字的逐渐普及，使各民族加强了共同的情感和心理意识；民间通过族际通婚或收养促进了血统融合，游牧人口与农耕人口的相互转换，民族性格的互相影响，各民族之间的互相救助与妥协共生，突破规约禁忌、民族界限、宗教隔阂和社会偏见而深刻交融的现实，都是中华民族基层社会自发整合的途径。在历经千年的"大一统"文化心理的熏陶下，中华各民族已形成经济互补、交往日繁、情感相通、荣辱与共的命运共同体。

　　民族问题是清朝最高统治者、各级政府、基层官员及地方精英共同关注的重要问题，影响到西北政局的方方面面，关系到边疆安全、社会稳定和民生发展。清代河湟地区各民族交往交流交融呈现出类型丰富，互动频繁，血统与生活习俗混融加深，民族文化与普同文化共存的总体特征。影响这一地区民族交往交流交融的因素主要有国家治理的主导作用、内地化进程的加快和确立、各民族依赖程度加深的经济关系、官方教育的推动力增强以及各民族文化相对均衡的发展。

基于历史文本和生活情境,客观多维度考察清代河湟地区的社会面貌,可以看到在中国统一多民族国家的形成和发展中,互补、互惠、互利的交往形态占据了历史的大多数时段。在共同时代、共同地域、共同物质利益及精神追求的基础上,各民族通过对自身文化的改造以及对他文化的适应和吸收,构建了一个具有内在联系的社会结构、经济网络和文化系统,首先在局部结成了不可分割的有机整体,在文化上呈现出深刻的交流交融。对这一地区文化格局的深度剖析为"中华民族多元一体格局"理论提供了典型个案,为铸牢中华民族共同体意识提供历史依据。

目　录

绪　论 …………………………………………………………… (1)

第一章　清代河湟地区的社会状况 ………………………… (19)
第一节　清朝对河湟地区的行政管理 ……………………… (20)
第二节　流动与隔离下的民族分布与交往 ………………… (31)
第三节　民族杂居的区域个案：西宁府 …………………… (49)
小　结 …………………………………………………………… (62)

第二章　经济活动中的文化互动 …………………………… (64)
第一节　经济利益驱动下的民族交往 ……………………… (64)
第二节　"番人"的经济文化特征与区分 ………………… (75)
小　结 …………………………………………………………… (84)

第三章　地方信仰与宗教文化 ……………………………… (86)
第一节　河湟地区祠庙寺观的分布及类型 ………………… (86)
第二节　青海湖祭祀与关公崇拜 …………………………… (100)
第三节　宗教对河湟文化的影响 …………………………… (110)
小　结 …………………………………………………………… (124)

第四章　通婚与日常交往中的文化交融 …………………… (126)
第一节　族际通婚与文化交融 ……………………………… (126)
第二节　日常交往中的文化互动 …………………………… (140)

第三节　日常交往中的族际冲突及解决 ……………………（147）
小　结 ………………………………………………………（154）

第五章　语言格局与汉语发展 ………………………………（156）
第一节　多语言格局与多语行政 ……………………………（156）
第二节　汉语汉字使用与国家认同 …………………………（173）
小　结 ………………………………………………………（183）

第六章　官学教育及其文化影响 ……………………………（185）
第一节　官学教育的发展及其特点 …………………………（185）
第二节　官学教育对河湟文化的影响 ………………………（194）
小　结 ………………………………………………………（199）

第七章　文化共同性特征及其成因 …………………………（201）
第一节　文化共同性特征 ……………………………………（201）
第二节　文化共同性的成因 …………………………………（206）

结　语 …………………………………………………………（213）

参考文献 ………………………………………………………（216）

后　记 …………………………………………………………（225）

绪　　论

社会就像一张立体式全方位的罗网，每个个体都被嵌入其中，从物质、技术、规范、法律、宗教和观念，以显性或者隐蔽的方式，给人以种种行为的指导和约束，从而最大程度地保证社会稳定和良性运行。当然，这张网也留有空隙，给人们以适当调节和回旋的余地，或者，人们会巧妙地变通社会制度及观念，以适应新的形势和问题，这些都或隐或显地体现在文化中，可以说，文化反映的是人类的种种需求，文化最大的功能是帮助人们应对自然及社会发出的各种挑战。人是"文化"主观能动的载体，文化决定人怎样看待自然和社会，怎样看待自己和他人，文化同样是"民族"的重要特征，是民族区分的重要标志。在民族交往中，文化会影响双方互动的模式、频率、强度及正负作用，或成为沟通的桥梁，或成为冲突的引线，或因外部压力得到强化，或因利益驱动加以改造。

清代河湟地区在行政上已经基本实现了内地化，显示出"一体格局"日益加强的特征，各民族分布地域已基本定型，各民族共同体认同加强，族际交往的形式复杂而多样。清代河湟地区文化格局的发展，受地理环境和自身发展的规律支配，是外部和内部双重因素共同作用的结果。本书力图揭示，清代河湟地区族群接触中产生的合作、竞争以及关系调适有哪些特殊性？族际关系和民族文化之间的互动规律是什么？河湟地区各民族文化结成共同体的动因有哪些？从而为铸牢中华民族共同体意识的历史研究提供区域个案。

一 研究的理论及现实意义

（一）理论意义

1. 论证"中华民族共同体意识"形成的文化因素

少数民族文化是中华文化的重要组成部分。河湟地区是中国多民族文化共存、交融的典型区域，以该地区为研究切片，用微观的视角对民族走廊内部多元文化互动模式及特点进行归纳与分析，呈现民族杂居地区历史文化特征及多元一体文化结构生成的理论逻辑，可以为"中华民族多元一体格局"和"中华民族发展的整体性"研究提供更加全面与立体的研究思路。①

2. 丰富文化学理论的研究

以典型的多元文化区域为研究场域，考察区域文化特点的形成、文化互动的机制、文化交流的影响及区域文化与民族文化的关系等问题，有助于丰富文化学的理论研究。民间文化在各民族之间不断流动、交融、变异和发展的存续方式，深刻揭示了中华民族广泛性、共同性文化知识的储备，采用通盘的眼光、比较的方法，在现象中发现规律、在共同性中理解多样性。

（二）现实意义

清代河湟地区文化共同性的研究，有助于加深对"各美其美，美人之美，美美与共，天下大同"和"三个离不开"的认识，进一步巩固中国民族团结的新局面，增强中华民族整体意识和中华民族凝聚力；对促进当代各民族交往交流交融、建设多民族地区和谐社会、保护和传承中华民族优秀文化、维护边疆民族地区稳定具有一定的现实意义，为国家在多民族地区的社会治理提供一定的历史依据。

---

① 1982年5月27日，费孝通先生在武汉华中工学院社会学研究班及中南民族学院部分少数民族学员座谈会上，发表《深入进行民族调查》的讲话，首次正式提出"西北民族走廊"，他说："西北地区还有一条走廊，从甘肃沿'丝绸之路'到新疆。在这条走廊里，分布着土族、撒拉族、东乡族、保安族、裕固族等等，他们是夹在汉族、藏族、蒙古族、回族中间。有的信喇嘛教，有的信伊斯兰教；有的讲藏语，有的讲蒙古语，有的讲突厥语，也是很复杂的，不容易处理。"（《费孝通全集·第9卷（1981～1982）》，内蒙古人民出版社2009年版，第318页）

二 国内外研究现状述评

(一) 关于各民族交往交流交融的研究

对于统一的多民族国家，民族政策的成败得失直接关系到国家的稳定和民族的发展，因此，中国学术界对历代民族政策和民族关系问题给予了持续、高度的关注。顾颉刚《中华民族是一个》、费孝通《关于民族问题的讨论》、顾颉刚《续论"中华民族是一个"：答费孝通先生》《续论"中华民族是一个"：答费孝通先生（续）》和费孝通《顾颉刚先生百年祭》，是"中华民族"讨论的发源。20世纪80年代末，费孝通先生提出"中华民族多元一体格局"理论，坚持在"整体史观"指导下对"中华民族"展开系统深入研究。① "中华民族多元一体格局"和"民族走廊"是理解中国民族文化历史动态和格局的两大理论分析模式。② 陈连开先生把这一理论引入了民族史研究领域。③ 陈育宁主编的《中华民族凝聚力的历史探索——民族史学理论问题研究》，④ 卢勋等主持撰写的《中华民族凝聚力的形成与发展》也从不同视角对中华民族凝聚力的本质特征、形成的根源和诸种因素、内容和表现形式、发展规律进行了有益的探索。⑤ 马戎认为族群交往中必然包含有不同文化互动的内容，并提出集中反映民族关系的五大因素，即语言的使用、人口的迁移、居住格局、族际通婚和民族意识。⑥ 罗康隆所著的《族际关系论》对族际互动中的文化调适、文化适应及文化重构进行了系统论述，总结了人类族际关系包括并存关系、互补关系、连动关系、依附关系、包裹关系、同化关系、涵化关系、融合关系、分裂关系等类型。⑦ 纳日碧力戈所著《万象共生中的族群与民族》一书，对族群、种族、民族的定义、联系及区别进行了系统论述，将象征性符号、语言意识形态、时空观念、姓名等与族群民族

---

① 费孝通主编：《中华民族多元一体格局》（修订本），中央民族大学出版社1999年版。
② 费孝通主编：《中华民族多元一体格局》（修订本），中央民族大学出版社1999年版。
③ 陈连开：《中华民族研究初探》，知识出版社1994年版。
④ 陈育宁主编：《中华民族凝聚力的历史探索——民族史学理论问题研究》，云南人民出版社1994年版。
⑤ 卢勋等：《中华民族凝聚力的形成与发展》，民族出版社2000年版。
⑥ 马戎编著：《民族社会学——社会学的族群关系研究》，北京大学出版社2004年版。
⑦ 罗康隆：《族际关系论》，贵州民族出版社1998年版。

的关系进行了深入分析。① 马进从哲学的高度论述了提升日常族际交往能力是铸牢中华民族共同体意识的社会基础，"决定着铸牢中华民族共同体意识的层次和水平"②。

李静从心理学角度出发，认为民族交往是社会交往的特殊形式，是民族间所有接触和互动关系的总称，并分析了民族交往的需要动机、相互认知、情感体验、交往意识和交往行为。③ 关于民族交流，学者们普遍认为民族交流亦是一种民族交往，是铸牢中华民族共同体的情感纽带，应从经济、文化、社会、心理、情感等层面上进一步扩大。王希恩明晰了"交融"和"融合"的区别，"交融"强调自然的相互接纳、吸收、包容和认同，是"融合"的进行时态或过程，而"融合"是结果。④ 杜娟将民族"交往交流交融"定义为民族关系发展过程中，共性因素增多，进一步发扬了各民族传统文化的精华，使其为各族人民共有、共赏和共享。⑤

各民族"交往交流交融"之间具有一定的逻辑关系。马瑞雪等人认为民族"交往交流交融"是在时间、空间、关系上形成的文化结构，具有层级递进的时空内在逻辑及动力机制，民族"交往交流交融"要处理好"多和少""母和子""浓和淡"的关系。⑥ 张萍、齐传洁指出，各民族"交往交流交融"是具有民族共同体实体意义的动作，其始终交织于中国历史发展过程、中华民族多元一体格局形成过程、中华民族共同体意识培育过程及民族工作的实践过程，同时也是衡量、评价中国民族工作成效的重要标准。⑦

---

① 纳日碧力戈：《万象共生中的族群与民族》，中国社会科学出版社2015年版。
② 马进：《以铸牢中华民族共同体意识提升日常族际交往能力》，《中南民族大学学报》（人文社会科学版）2022年第9期。
③ 李静：《民族交往心理构成要素的心理学分析》，《民族研究》2007年第6期。
④ 王希恩：《民族的融合、交融及互嵌》，《学术界》2016年第4期。
⑤ 杜娟：《从文化涵化视角看我国各民族交往交流交融》，《中南民族大学学报》（人文社会科学版）2017年第6期。
⑥ 马瑞雪、李建军、周普元、李蕾：《论民族交往交流交融》，《新疆师范大学学报》（哲学社会科学版）2019年第2期。
⑦ 张萍、齐传洁：《十年来各民族交往交流交融研究综述》，《贵州民族研究》2020年第5期。

各民族交往交流交融是中国历史发展中民族关系的实践总结，与中华民族多元一体格局的形成过程具有深刻的内在联系和清晰的因果关系，前者是手段，后者是目标。曹爱军和郝亚明首先指出中华民族具有"你中有我，我中有你；你还是你，我还是我；你离不开我，我也离不开你"①的特征，进而指出"各民族交往交流交融作为铸牢中华民族共同体意识的主要路径，旨在增强共同性而非同质性，坚持以强化族际纽带而非淡化族际差异作为实践取向"②。青觉和徐欣顺认为，共同体意识有助于中华各民族的交往、交流、交融，共同追寻和创造中华民族的美好未来，同时，各民族诚实友好交往交流又会反过来促进共同体意识的进一步发展。③ 以上成果为本书奠定了坚实的基础。

社会进化论者、结构主义、传播学派、文化圈学派、功能人类学派、新考古学派等的理论和研究视角，为解释河湟地区文化多样性、族际关系中的文化整合和共享现象提供了理论参考。本尼迪克特·安德森④和霍布斯鲍姆⑤通过分析19世纪末欧洲的民族主义，对民族的产生和建构、民族主义与民族国家的建立等问题进行了经典论述。土耳其学者奥兹基瑞穆里对民族主义的定义、类型、理论范式，及其与多元文化主义的关系进行了高度的提炼概括。⑥

（二）关于清代河湟地区的文化研究

杨学琛所著的《清代民族关系史》⑦、王辅仁、陈庆英编著的《蒙藏

---

① 参见曹爱军《中华民族共同体视野中的"各民族交往交流交融"研究》，《广西民族研究》2019年第3期；郝亚明《中华民族共同体意识视角下的民族交往交流交融研究》，《西南民族大学学报》（人文社科版）2019年第3期。

② 郝亚明：《各民族交往交流交融：淡化族际差异抑或强化族际纽带?》，《中央民族大学学报》（哲学社会科学版）2021年第3期。

③ 青觉、徐欣顺：《中华民族共同体意识：概念内涵、要素分析与实践逻辑》，《民族研究》2018年第6期。

④ ［美］本尼迪克特·安德森：《想象的共同体：民族主义的起源与散布》，吴叡人译，上海人民出版社2011年版。

⑤ ［英］埃里克·霍布斯鲍姆：《民族与民族主义》，李金梅译，上海人民出版社2006年版。

⑥ ［土耳其］乌穆特·奥兹基瑞穆里：《当代关于民族主义的争论——批判性参与》，于红译，中国社会科学出版社2017年版。

⑦ 杨学琛：《清代民族关系史》，吉林文史出版社1991年版。

民族关系史略》①、樊保良所著的《蒙藏关系史研究》②、杨建新和马曼丽主编的《西北民族关系史》③、谢佐主编的《青海民族关系史》④、秦永章所著的《甘宁青地区多民族格局形成史研究》和一些地方性通史类著作，如《西北通史》⑤《青海通史》⑥《甘肃通史·明清卷》⑦《中国西北少数民族通史：清代卷》⑧等，均涉及清代河湟地区的文化问题，有助于宏观把握这一地区的族际交往和文化发展情况。

秦永章《甘宁青地区多民族格局形成史研究》分析总结了元明清时期甘宁青地区多民族交融、多元汇聚及多层次分化的民族格局形成特点和规律。⑨考察河湟地区民族关系与文化的互动影响，必须考虑各民族的人口数量及比例、人口流动产生的人口混杂和融合，贾伟对明清时期河湟地区少数民族人口数量、人口流动、人口与民族贸易等问题进行了较为系统和全面的研究。⑩李健胜、郭凤霞对河湟汉族的衣食住行、婚丧礼俗、宗教信仰、文化教育进行了综合研究，指出"河湟汉族一直是王朝国家开疆拓土、安定边疆的重要力量，也是导致河湟地区社会经济文化发展变迁的重要因素"⑪。武沐、金燕红《13—19世纪河湟多民族走廊历史文化研究》一书，对认识13—19世纪河湟地区民族文化的历时性发展有重要的参考价值。⑫杨红伟《清朝循化厅藏族聚居区之权力机制》以地方档案为主要材料，从权力机制和社会秩序的视角出发，对循化厅藏区权力类型、权力与资源交换、知识与秩序进行了较为深入地探讨。⑬

---

① 王辅仁、陈庆英编著：《蒙藏民族关系史略》，中国社会科学出版社1985年版。
② 樊保良：《蒙藏关系史研究》，青海人民出版社1992年版。
③ 杨建新、马曼丽主编：《西北民族关系史》，民族出版社1990年版。
④ 谢佐主编：《青海民族关系史》，青海人民出版社2001年版。
⑤ 古苞主编：《西北通史（第1—5卷）》，兰州大学出版社2005年版。
⑥ 崔永红、张得祖、杜常顺主编：《青海通史》，青海人民出版社1999年版。
⑦ 武沐：《甘肃通史·明清卷》，甘肃人民出版社2009年版。
⑧ 杨志娟、牛海桢：《中国西北少数民族通史：清代卷》，民族出版社2009年版。
⑨ 秦永章：《甘宁青地区多民族格局形成史研究》，民族出版社2005年版。
⑩ 贾伟：《明清时期河湟地区民族人口研究》，民族出版社2013年版。
⑪ 李健胜、郭凤霞：《国家、移民与地方社会：河湟汉族研究》，人民出版社2015年版，第29页。
⑫ 武沐、金燕红：《13—19世纪河湟多民族走廊历史文化研究》，中国社会科学出版社2017年版。
⑬ 杨红伟：《清朝循化厅藏族聚居区之权力机制》，高等教育出版社2015年版。

高永久《西北少数民族的族际交流》、马进虎《河湟地区回族与汉、藏两族社会交往的特点》、马燕《历史上河湟地区回族与藏族的经济交往》《历史上河湟地区回汉民族的社会交往》《历史地理环境的特殊性与河湟地区回族的变迁》《历史上河湟地区回族与撒拉族的社会交往》、马成俊《甘青边界的互惠共同体：循化县各民族的生计模式与交流》、洲塔和何威《清初河湟地区基层社会组织变迁及其对藏族社会的影响》、林冠群《生存的策略——青海河南蒙古族"藏化"现象的探讨》、羊措《多元文化视野下的民族关系研究——以青海河湟地区为例》等论文，对清代河湟地区的民族迁徙、人口流动、民族关系及其交往方式和特点等进行了论述。①

王明珂所著的《华夏边缘——历史记忆与族群认同》，将青海河湟地区游牧社会的形成作为华夏边缘形成的重要个案，认为由生态环境的特点出发，河湟地区形成了一个"分散化与平等化的世界。于是，对中国而言，一个生态的、社会的与意识形态的边缘已经形成"②，这个边界自汉代形成，一直延续到了今天。刘夏蓓所著的《安多藏区族际关系与区域文化研究》，对安多藏区的藏汉关系、藏蒙关系、藏回关系、信仰藏传佛教的民族之间的关系、信仰伊斯兰教的民族之间的关系以及汉回关系进行了考察，总结出交互调适的平行互动、相互依存的交互互动、定向调适的包裹互动、涵化互动、制约互动五种类型，形成了"信仰互动圈""经济互动圈"和"中介语互动圈"。③ 郝苏民主编的《甘青特有民族文

---

① 高永久：《西北少数民族的族际交流》，《中南民族学院学报》（人文社会科学版）2002年第1期；马进虎：《河湟地区回族与汉、藏两族社会交往的特点》，《青海民族学院学报》2005年第4期；马燕：《历史上河湟地区回族与藏族的经济来往》（《青海民族学院学报》2007年第4期）、《历史上河湟地区回汉民族的社会交往》（《青海民族学院学报》2008年第2期）、《历史地理环境的特殊性与河湟地区回族的变迁》（《青海民族学院学报》2009年第1期）、《历史上河湟地区回族与撒拉族的社会交往》（《回族研究》2011年第1期）；马成俊：《甘青边界的互惠共同体：循化县各民族的生计模式与交流》，《青海民族学院学报》2009年第4期；洲塔、何威：《清初河湟地区基层社会组织变迁及其对藏族社会的影响》，《青海社会科学》2010年第3期；林冠群：《生存的策略——青海河南蒙古族"藏化"现象的探讨》，《中央民族大学学报》（哲学社会科学版）2011年第3期；羊措：《多元文化视野下的民族关系研究——以青海河湟地区为例》，《西南民族大学学报》（人文社会科学版）2012年第2期。

② 王明珂：《华夏边缘——历史记忆与族群认同》，社会科学文献出版社2006年版，第72页。

③ 刘夏蓓：《安多藏区族际关系与区域文化研究》，民族出版社2003年版。

化形态研究》，对土族、撒拉族、东乡族、保安族和裕固族的宗教信仰、语言文字、经济生活方式、婚姻等文化形态进行了全面论述。① 马建春所著的《多元视阈中的河湟：族群互动、文化认同与地缘关系》一书，内容包括地域多元化的生成、社会组织的多样、族群交融的历程、生态经济链的形成、族际语言的借用，以及区域宗教结构、民俗形态、内部互动机制等，对由此引发的区域内多重认同与文化差异进行了系统探讨。② 河湟地区还形成了一些多民族文化混合的特殊族群，如丹噶尔藏人是家西番之一部，既有当地藏族的文化特性，又有当地汉族的文化风貌。李臣玲、贾伟以丹噶尔藏人为视点，对多维民族文化边界地带民族社会文化变迁的原因和特征进行了总结。③ 托茂人是蒙古族中信仰伊斯兰教的一支，孙翰文、黎小苏认为托茂人是蒙古族和藏族中信奉伊斯兰教的人群，④ 李耕砚、徐立奎通过调查获得的第一手资料，对托茂人的名称、生产生活、宗教信仰进行了论述。⑤ 丁明俊使用大量实地调查资料，对托茂人和"卡力岗"现象进行了深入分析，卡力岗在今青海化隆回族自治县，该地区的穆斯林说藏语，生活习俗具有藏族特点。⑥ [比利时]许让所著的《甘青边界蒙古尔人的起源、历史及社会组织》、[美]埃克瓦尔所著的《甘肃、青海交界地方的文化关系研究》和[美]李普曼所著的《甘肃边缘世界，1895～1935》也为本书的研究拓宽了视野。⑦

---

① 郝苏民主编：《甘青特有民族文化形态研究》，民族出版社1999年版。
② 马建春：《多元视阈中的河湟：族群互动、文化认同与地缘关系》，社会科学文献出版社2013年版。
③ 李臣玲、贾伟：《多维民族文化边界地带民族社会文化变迁研究——以丹噶尔藏人为视点》，民族出版社2010年版。
④ 参见孙翰文《青海民族概观》（上）、（下），《西北论衡》1937年第5卷第4、5期；黎小苏《青海之民族状况》（续），《新亚细亚》1934年第7卷第2期。
⑤ 李耕砚、徐立奎：《青海地区的托茂人及其与伊斯兰教的关系》，《世界宗教研究》1983年第1期。
⑥ 丁明俊：《中国边缘穆斯林族群的人类学考察》，宁夏人民出版社2006年版。
⑦ [比利时]许让：《甘青边界蒙古尔人的起源、历史及社会组织》，李美玲译，青海人民出版社2007年版；[美]罗伯特B.埃克瓦尔著，苏发祥编译：《甘肃、青海交界地方的文化关系研究》，载《藏族与周边民族文化交流研究》，中央民族大学出版社2013年版；Jonathan N. Lipman, The Border World of Gansu, 1895～1935, Stanford University, 1980.

陈新海《论儒学在河湟地区的发展》、蒲文成《河湟地区藏传佛教的历史变迁》、陈化育等《历史上的河湟文化与河湟教育》系列论文、武沐和王希隆《试论明清时期河湟文化的特质与功能》、杜常顺《论河湟地区多民族文化互动关系》、马海龙《试论自然地理环境对历史上河湟多民族文化的影响》、朱普选《青海多元民族文化的形成及其整合》、丁柏峰《河湟文化圈的形成历史与特征》、郭晓虎和郎维伟《蒙藏关系下的文化变迁和民族认同——以青海省河南蒙古族为例》、张科《和而不同：论青海多民族文化的鼎立与互动》、李健胜《藏传佛教对清代河湟洮岷地区汉人社会的影响》、班班多杰《和而不同：青海多民族文化和睦相处经验考察》、王立恒等《河湟地区多民族文化互动性研究》、马宁《藏汉结合部多元宗教共存与对话研究——以舟曲地方为例》、梁莉莉《多元共生中的文化涵化——青海河湟地区"卡力岗"和"家西番"族群的个案研究》、杨文炯和樊莹《多元宗教文化的涵化与和合共生——以河湟地区的道教文化为视点》、杨鸿蛟《由兰州永登县博物馆藏明清唐卡看15—17世纪河湟地区藏传佛教信仰的变迁》、嘎尔迪和闵文义《13世纪蒙藏文化关系的确立及其重要意义》、傅千吉《论藏传佛教对蒙藏文化关系的影响》、李元光《试论汉地禅宗在藏区的传播和影响》、周拉《试析汉、藏两地佛教的互动关系》、王浩勋《元明清时期蒙古汗王与藏传佛教各派的关系及其影响述略》、洲塔和何威《清初河湟地区基层社会组织变迁及其对藏族社会的影响》、苏文彪和杨文笔《河湟地区各民族交往交流交融的特点与启示》等论文，对河湟地区的儒学、佛教文化、伊斯兰教文化及其相互作用进行了史实及理论论述，对上述成果的梳理，有助于河湟地区多元文化格局研究的进一步深入。①

---

① 陈新海：《论儒学在河湟地区的发展》，《青海民族研究》1992年第2期；蒲文成：《河湟地区藏传佛教的历史变迁》，《青海社会科学》2000年第6期；陈化育等：《历史上的河湟文化与河湟教育（一）》（《青海民族研究》2002年第1期）、《历史上的河湟文化与河湟教育（二）》（《青海民族研究》2002年第2期）；武沐、王希隆：《试论明清时期河湟文化的特质与功能》，《兰州大学学报》2001年第6期；杜常顺：《论河湟地区多民族文化互动关系》，《青海社会科学》2004年第4期；马海龙：《试论自然地理环境对历史上河湟多民族文化的影响》，《青海民族研究》2005年第1期；朱普选：《青海多元民族文化的形成及其整合》，《西藏民族学院学报》（哲学社会科学版）2006年第5期；丁柏峰：《河湟文化圈的形成历史与特征》，《青海师范大学学报》（哲学社会科学版）2007年第6期；郭晓虎、郎维伟：《蒙藏关系下的文化变迁和民族认

学界对河湟地区民族关系及文化格局的研究积累了大量高质量的成果，研究视角从宏观到微观均有广泛涉及，对清代河湟地区的民族问题有高屋建瓴的宏观把握，对重要历史事件的剖析已相当深入，研究方法包括对传统历史文献的深入阐释，也加入了田野调查和量化研究。本书重点加强对档案资料的整理和利用，尽可能吸收国内外最新的民族研究理论与观点，关注婚姻、家庭、语言及教育等资料的搜集，力图从文化共同性的视角对清代河湟地区的族际关系进行整体性分析。

三　主要内容、基本观点及创新之处

（一）主要内容

1. 清代河湟地区民族文化交流交融的历史事实

在多民族杂居、多元文化并存的清代河湟地区，生活在这里的汉族、回族、藏族、蒙古族、土族和撒拉族等民族相互依存、互补共生、互相影响、共同发展。本书关注民族走廊在促进民族间互动、交流和文化交融等方面发挥的作用，区域发展和经济交往等如何影响特定民族群体的逐渐融入和整合；对各种外显和内隐的文化元素进行比较分析，以发现

（接上页注）同——以青海省河南蒙古族为例》，《西藏研究》2007年第4期；张科：《和而不同：论青海多民族文化的鼎立与互动》，《青海民族研究》2007年第4期；李健胜：《藏传佛教对清代河湟洮岷地区汉人社会的影响》，《青海师范大学学报》（哲学社会科学版）2012年第5期；班班多杰：《和而不同：青海多民族文化和睦相处经验考察》，《中国社会科学》2007年第6期；王立恒等：《河湟地区多民族文化互动性研究》，《资治文摘》（管理版）2009年第2期；马宁：《藏汉结合部多元宗教共存与对话研究——以舟曲地方为例》，博士学位论文，中山大学，2010年；梁莉莉：《多元共生中的文化涵化——青海河湟地区"卡力岗"和"家西番"族群的个案研究》，《第二届中国人类学民族学中青年学者高级研修班论文集》，西宁，2012年7月；杨文炯、樊莹：《多元宗教文化的涵化与和合共生——以河湟地区的道教文化为视点》，《兰州大学学报》（社会科学版）2013年第6期；杨鸿蛟：《由兰州永登县博物馆藏明清唐卡看15—17世纪河湟地区藏传佛教信仰的变迁》，《中国藏学》2010年第1期；嘎尔迪、闵文义：《13世纪蒙藏文化关系的确立及其重要意义》，《兰州大学学报》1998年第1期；傅千吉：《论藏传佛教对蒙藏文化关系的影响》，《西南民族学院学报》（哲学社会科学版）2003年第5期；李元光：《试论汉地禅宗在藏区的传播和影响》，《西南民族大学学报》（人文社科版）2008年第2期；周拉：《试析汉、藏两地佛教的互动关系》，《西北民族大学学报》（哲学社会科学版）2007年第5期；王浩勋：《元明清时期蒙古汗王与藏传佛教各派的关系及其影响述略》，《青海民族学院学报》1995年第2期；洲塔、何威：《清初河湟地区基层社会组织变迁及其对藏族社会的影响》，《青海社会科学》2010年第3期；苏文彪、杨文笔：《河湟地区各民族交往交流交融的特点与启示》，《贵州民族研究》2023年第1期。

它们之间的差异和相似之处，为文化比较中的"异中之同"和"同中之异"提供具体案例；根据清代河湟地区各民族互动的广度、深度、频率及影响力，对其文化互动的类型进行归纳和总结，探讨多元文化互动的内在机制，揭示清代河湟地区族际交往、文化互动的一般规律和特殊性；通过深入分析各民族在文化精神层面上形成的共同性，更深入地理解中华文明与各民族文化之间的辩证关系。

2. 清代河湟地区文化格局的特征及影响因素

河湟地区的发展特点可以从自然景观的多样性、人群的多样性，人群对多样性自然的适应、应对与抉择等方面去考察。第一，自然生态环境：河湟地区的地理生态具有明显的制约性，这个特殊的地理空间内共生的各民族面对的强大生存压力，深刻影响了该地区的民族关系和文化面貌。第二，制度因素：清朝在河湟地区施行的民族政策、经济政策和宗教文化政策，是对这一地区族际关系及文化互动的外部因素，同时要注意到制度因素的有限作用及实施范围和条件。第三，空间分布格局：清代河湟地区各族群居住空间的变化也是引起民族关系变化与文化互动的重要动因，民族空间分布格局的特点很大程度上决定了文化互动类型。第四，经济活动：清代河湟地区形成了"畜牧—贸易—农耕"为特征的过渡性经济走廊。丝绸之路青海道（羌中道、河湟道）上的商贸活动是民族交往，实现资源共享和互补的重要途径。第五，生活交往：考察清代河湟各民族的通婚、收养、改变姓氏、接受语言文化和改变服色等情况，及其对族际关系和文化互动的影响。

3. 探讨清代河湟地区文化共同性形成和发展的历史规律

在历史过程中凸显人作为主体的作用，考察王朝国家、地域社会军民、掌握地方话语权的各族上层，以及"失语"的下层民众共同参与、创造的边地图景。对清代河湟地区各民族交往交流交融的类型进行归纳和总结，揭示族际互动的一般规律和特殊性，探讨文化与政治、经济、语言、教育及日常生活的互动关系，呈现河湟这一"内部边疆"文化的独特性，以及族群的交融、分离、重组与社会结构转型、民族国家观念萌芽发展的联动关系，提炼民族交往交流交融的有效路径和历史经验，总结中华民族结成文化共同体的机制和历史脉络。

(二) 基本观点

清代在中国统一多民族国家的形成和发展中,是一个具有决定性意义的历史阶段,河湟地区各民族为了生计和发展,行成了经济互补、交往日繁、情感相通、荣辱与共的文化共同体和命运共同体。本书的主要观点概括为以下四个方面:

1. 清代河湟地区文化共同性特征进一步加强

清代河湟地区的族际交往类型丰富、文化差异和文化共相并存,各民族以生存发展为根本目的,围绕"利益竞合"发生频繁的族群接触,国家的积极治理促进了各民族文化的交往交流交融,是"中华民族多元一体格局"形成的外部条件;各民族在经济、通婚、语言、生活习俗等方面长期交往共融,通过对自身文化的改造,以及对他文化的适应和吸收,构建了一个具有内在联系的社会结构、经济网络和文化系统,在历史长河中形成了互嵌的民族生态、重叠共识的价值观。在民族情感和族群边界客观存在的前提下,族际纽带逐渐加强,交往交流交融逐渐加深,国家意识逐渐形成,和谐共生成为历史的主流和趋势,为铸牢中华民族共同体意识提供了区域性、基础性和内在性的历史力量。

2. "交融性而非区隔化"是清代河湟地区文化的核心特征

文化具有满足人类生产、生活、物质及心理等各种需要的功能,具体情境下不同的文化形式都具有基本的共同点,而差异则符合"有限变异"的原则,但最终都是以实现既定目标而存在。最牢固的文化交融建立在日常生活的社会交往、习惯和常规中,它的形式更为隐蔽、不易察觉,但在日复一日的世俗层面得到巩固,更容易促进共同价值观念和意义的形成,从而获得一种强大的防止被解构的力量。本书以微观层面发生的非正式民族交往实践为基础,从文化观念的维度及日常生活的向度,揭示清代河湟地区文化共同性形成的机制与机理。

3. 国家意志、地方利益和民族诉求共同促成了文化共同性的生成

清朝统治者对"大一统"思想的继承和发展,对边疆民族地区的积极治理,推动了河湟地区"内地化"进程的加快和官方教育的发展,主导了清代河湟地区的民族格局,而国家意志的执行需要基层官员和地方精英进行具体实践,并最终符合广大民众的利益诉求,三者在维护国家统一、社会安定和民众个体生存上达成一致,各民族逐渐形成了重叠

共识的价值观和共有的国家意识，从而塑造了族际关系和文化面貌的共同性走向，最终巩固了多民族国家的统一。

4. 清代河湟地区文化共同性的形成具有自发性和主动性

清代河湟各民族主动参与和推动发展民族关系的特征十分突出，清政府的民族隔离政策难以为继，日益加深的经济联系是促进中华民族整体发展的重要因素，民间通过族际通婚或收养形成的血统融合，游牧人口与农耕人口的流动及转换，民族性格和文化习俗长期互相影响，弥散于持久的日常生活中，各民族通过互补、互助、互学，共生、共创、共享，突破规约禁忌、民族界限、宗教隔阂和社会偏见而深刻交融的客观事实，体现了中华民族在区域范围内自在整合的历史过程。

（三）创新之处

1. 探寻将个案、"异例"嵌入清朝边疆民族研究的学术理路

借鉴后现代的研究视角，发掘史料中经济、宗教、语言、通婚及社会生活等方面的个案，关注"异例"，加强民族关系史微观经验层面的研究，将个体存在的意义投射到生活世界的多种媒介中，如工具、符号、仪式、展演、故事等，突出个体实践的本体论和认识论意义，充实制度性交往范畴和官方话语框架下的宏大叙事，为论证"中华民族多元一体格局"理论提供多维的观察角度。

2. 探究各民族在公共经验世界的参与性互动和多层次认同

采用立足中国本土的历史语境、文化语境和地方语境的研究范式，充分理解来自制度化条件、主体性体验以及物质性空间等多个层面的共同作用，从官方与民间、行政与市场、自在与自觉、实体与思想四个方面，对清代河湟地区的自然地理条件、经济活动、社会生活、民族关系、价值观念及文化互动模式进行类型分析，呈现河湟地区民族文化交往交流交融的立体图景，分析身份认同、族群认同、文化认同、国家认同的层次结构。

3. 对文献的历史建构力和解释力进行分析

本书使用的文献主要有官方正史、私家著述、档案资料和地方史志。文献具有提供史实、书写治理经验、巩固现实情境、形塑历史记忆等功能，同时反映时代特征、塑造地方文脉、回应政治情境、体现中央与地方的互动和竞合。审慎辨析不同文献修撰的视角和立场，有助于反

思国家权力、精英意识和地方话语对民族文化的态度、倾向以及价值表达，对于丰富中国传统历史的叙述逻辑具有重要意义。

四 研究思路及方法

（一）研究思路

首先，交代清代河湟地区宏观的社会状况，以史事发展的历史学叙事方式，动态地考察各民族之间错综复杂的关系；其次，以文化人类学的视角总结族际交往的类型，并对其特点进行归纳和分析，考察河湟民族走廊族际交往与文化互动的内在联系；再次，总结和分析族际交往过程中文化互动的途径，揭示各要素之间的逻辑关系；最后，总结清代河湟地区多民族文化互动及文化共同性形成的历史规律。

（二）研究方法

本书以马克思主义唯物史观为指导，在学术实践中突破单一的历史学或文化学研究范式及问题意识，借鉴来自民族学、经济学、文化人类学、宗教学、语言社会学等领域的理论资源，寻求跨学科的观察视野和阐释旨趣。以文献法、个案研究法、田野调查法为主要研究方法，通过对正史、档案、方略与实录、相关政书和奏牍类材料、地方志、文集与手稿、田野调查材料、金石碑刻资料和域外史料的收集、整理和考辨，深入探究清代河湟地区文化格局的特点、民族文化互动的模式及文化共同性形成的因素等问题。

五 空间范围及地理特征

文化的发生、交流和互相影响的因素中，地域或地方的原则是其运作的基础和物质前提，地域条件是决定文化面貌的重要基础条件，活动在共同区域中的各群体，极易发生文化的相互作用。马林诺夫斯基说："每一群在共同事业之下而结合的人，必须住在一起，或者至少必须使各人在空间上的分布，便于有时聚合起来而一同工作，工作愈亲密，愈连续，则地方原则的影响亦愈大。生殖和营养都需要亲密和永久的接触。"[①] 空间构成最基本的要素是位置、距离和方向，传统社会中，部落、

[①] ［英］马林诺夫斯基：《文化论》，费孝通等译，中国民间文艺出版社1987年版，第93页。

民族、政治区域、行会、艺术团体等都以共同地域为基础，空间上的分散，一般会使文化发生疏离，甚至瓦解，而空间上的接近必然导致复杂的文化接触和互相影响，河湟地区的自然地理面貌是当地居民生存发展的物质基础，也会制约他们的历史选择。

（一）"河湟"所指的地理空间

"河湟"一词在中国古籍中出现较多，《汉书·赵充国传》中首次出现"河湟"一词，与赵充国治理汉代羌患密切相关，《后汉书·西羌传》中也提到"河湟"①，说明至迟自汉代开始，河湟地区已进入王朝的政治视野，不同的历史时期，河湟地区的具体范围时有盈亏，其核心区域指流经今甘肃省和青海省交界处的黄河上游、湟水流域和大通河流域冲积而成的谷地。

不同学者因具体研究内容有异，在界定"河湟"的空间范围时也有所不同，一般会区分为"大河湟"和"小河湟"，或者广义的河湟和狭义的河湟。武沐使用"河湟民族走廊"这一概念，将黄河上游以南的洮州（今甘肃省临潭县）、岷州（今甘肃省岷县、西和县、礼县等）、迭州（今甘肃省迭部县）、宕州（今甘肃省宕昌县）、阶州（今甘肃省武都县）②都囊括其中；马建春所指河湟地区"包括黄河九曲地区、湟水流域和洮河、大夏河及大通河中下游地区，其范围横跨这五条水系流经地域"③；丁柏峰、王耀科认为"河湟作为一个地域概念，泛指黄河、湟水及大通河之间的'三河间'地区，其地理范围包括今青海西宁、海东以及海南、黄南等地的沿河区域和甘肃省的临县（夏）回族自治州"④。也有研究者将"河湟"地区的范围向东延伸至兰州达家川，向西推至青海湖及其周边。总的来说，河湟地区西界新疆，西南一部连接西藏，南部、

---

① 《后汉书·西羌传·无弋爰剑》载："河湟间少五谷，多禽兽，以射猎为事。"《后汉书·西羌传》载："武帝征伐四夷，开地广境，北却匈奴，西逐诸羌，乃度河、湟，筑令居塞。"（《后汉书》，中华书局1965年版，第2875、2876页）

② 武沐、金燕红在《13—19世纪河湟多民族走廊历史文化研究》中如此界定，应该与其研究的时段较长有关。参见武沐、金燕红《13—19世纪河湟多民族走廊历史文化研究》导论，中国社会科学出版社2017年版，第1页。

③ 马建春：《多元视阈中的河湟：族群互动、文化认同与地缘关系》，社会科学文献出版社2013年版，第22—23页。

④ 丁柏峰、王耀科：《明清时期河湟地区自然灾害与农业发展》，《农业考古》2021年第4期。

中部和北部的河谷都可向东通往内地，向北虽有祁连山脉将河湟地区与河西走廊分隔开，但是祁连山谷中有很多间道联通两个区域，使河西地区与河湟地区得以沟通，是丝绸之路南段的要冲之地，东南部可通四川及康藏地区，具有"右通海藏，左引甘凉"的战略位置，是"唐蕃古道"的要冲，也被誉为"海藏通衢"。

涵盖范围小的认为：明清以来，"河湟"这一地理称呼逐步由古代的行政地名向近现代的文化地理单元名称转变，民国时期，"河湟"在民间的使用范围进一步缩小至青海东部的农业区域，"其地理边界最西端在今青海省湟源县日月山一线以东延至祁连山西麓，向西南延至黄河上游的河谷地区，东南至今青海省民和县川口镇及甘肃省临夏州积石山大河家地区。从2012年的行政区划来看，大致包括中国青海省的西宁市（含西宁市及大通、湟中、湟源三县）、海东地区（含平安、互助、乐都、民和、循化、化隆六县）全境，海南藏族自治州贵德县、共和县的黄河沿岸地区，海北藏族自治州门源县大通河沿岸地区以及甘肃省临夏回族自治州的部分地区"①。河湟地区又可分为河湟西部和河湟东部，以今青海省海东市平安区与海东市乐都区交界的"大峡"为分界，大峡以东为东部地区，以西为西部地区。两个地区最重要的文化差别在于汉语方言使用的不同，"河湟西部地区主要使用的语言为汉语青海方言西宁话，而河湟东部地区使用的语言为汉语河州方言乐都话、民和话、化隆话等"②，尤以河湟西部地区为核心研究区域。

多数研究者以今青海日月山以东，祁连山以南，西宁（含西宁市及其所辖湟中区、湟源县、大通县）、海东全境（含平安区、互助县、乐都区、民和县、循化县、化隆县）以及青海海南藏族自治州、黄南藏族自治州等地的沿河区域和甘肃西南部的临夏回族自治州、甘南藏族自治州作为一个完整的地理单元进行研究，这也是本书所指"河湟"的地理范围。其中，河州和西宁由于靠近内地，交通相对通畅，中央政权势力进入较早，文教商贸相对发达而成为本区域的中心。但需要说明的是，划定研究的空间范围并非将这一区域孤立起来，河湟地区和青海西部游牧

---

① 关丙胜：《民国时期的河湟地方社会》，知识产权出版社2014年版，第8页。
② 关丙胜：《民国时期的河湟地方社会》，知识产权出版社2014年版，第8页。

区，尤其是青海湖周边，以及河西走廊、青藏高原都有着密切的联系和互动，这些区域的历史发展一直在影响着河湟内部的族际关系和文化面貌。

（二）河湟地区的自然地理特征

地理环境具有相对持久和稳定的特性，"能够帮助人们重新找到最缓慢的结构性的真实事物，并且帮助人们根据最长时段的流逝路线展望未来"[①]。河湟地区位于青藏高原东北部，黄土高原西端，丝绸之路的南端，总体呈向西凸出之势，是青藏高原与蒙古高原交汇地带，是西北干旱区、东部季风区和青藏高原区的交汇地带，自然条件相对严酷，大部分属于温带半干旱气候，海拔一般在2000—4500米之间，山高谷深，气候严寒，黄土堆积薄，且呈不连续的块状分布，植物生长季节短，降水量不稳定。

与青海西部相比，河湟地区的自然条件仍属优越，大部分地区在海拔2500米左右，地貌类型较丰富，为从事多种经济类型提供了条件，成为各民族生存繁衍的共同选择空间。河湟地区的居民因地制宜，充分利用不同海拔能提供给人类的生活资料，开发相应的经济生产方式，最大限度地扩大对自然资源的利用。海拔较低，降雨较为充沛的地区形成了人口相对集中和稠密的农耕区域，可以从事精耕农业、粗放农业；河湟地区畜牧业发达，有大片优质草场，地广人稀，是游牧业和半游牧业区域，提供了丰富的牛羊毛和牛羊皮资源，游牧与农耕经济并行互补是这一地区的基本经济特征。

林区多有柴胡、大黄、黄芪、当归、甘草、芍药、车前子等中药材，也有野兔、野鸡、岩羊等野生动物，西部一些地区长有冬虫夏草，但当时并没有得到开发和利用。河湟地区手工业及商贸业也较为发达，有沙金储矿区、盐矿区，采金业一度非常兴盛。

明清以来，随着封建王朝的行政力量加强，行政组织严密，"河湟"一词逐渐淡出官方文献，更多指代一个文化区域。明清时期的河湟地区"八个民族、七种语言、四大宗教或学说同时汇聚一地，在中国历史上是

---

① ［法］费尔南·布罗代尔：《菲利普二世时代的地中海和地中海世界》（第一卷），唐家龙等译，商务印书馆1996年版，第19页。

绝无仅有的"①。道光年间循化厅训导杨熏引据故实，生动描述了在清朝治理下河湟地区风土向化、农牧皆宜、民族和文化多样的边塞风貌，其文说：

> 当其编四屯于保安，全通草地；阅八工之撒拉，半住花村。途吟塞曲，廿四关似解弦歌；寺诵天经，七十族俨知学问。歌家举里，掌教题坊。番判生熟以为常，回分旧新而滋变。惟盛朝威德之并施，故荒服诈虞之悉泯。……谷如菽麦，菜如芥椒，果如枣梨，花如葵菊。烹鲜讵少鲂鲤，走险恒多鹿獐，披黑羊以御寒，驾犏牛而致远。柳之质坚成材，石之品清造器，土棚以充大厦，木洼以当扁舟。杯盘皆膻肉酪浆，服饰尽韦韝毳幕。农圃原宜于春夏，樵牧罔间乎秋冬，苟随地制宜而各从其愿，将因材施教而咸革其心。②

这段记录对清代西宁地区的自然地理条件、物产、农业、畜牧业、经济贸易、民族、生活习俗、宗教进行了全面地概括，呈现出河湟地区复杂的民族成分，丰富的物产，发达的农牧业经济及多样的生活习俗。

清代河湟与内地唇齿相依，是中原与西北边疆政治、经济、文化力量伸缩进退、相互消长的中间地带，今天河湟地区依然是汉族、藏族、回族和蒙古族等民族主要的聚居区之一，还有土族、撒拉族、东乡族和保安族四个甘青特有的少数民族，各民族经过长期的交往交流交融，在文化上形成了诸多共同性，形成了"互相离不开"的统一整体，是中华民族生成的一个典型缩影。

---

① 武沐、王希隆：《试论明清时期河湟文化的特质与功能》，《兰州大学学报》2001年第6期。
② 《西宁府续志》卷9《艺文志·小积石斋述略记》，青海人民出版社1985年版，第465页。

第一章

清代河湟地区的社会状况

蒙元时期是今日河湟地区民族格局形成的奠基阶段。13世纪初，蒙古人通过西征形成了四大汗国，通过南进结束了中国长达约三百年的分裂局面，建立了中国历史上空前规模的大一统王朝，开创了许多颇具特色的统治政策，中原与边疆地区的政治、经济、民族构成及文化都发生了长达百年的大融合，有力地冲击了中国统一多民族国家的传统结构和狭隘观念，正所谓"元之混一区宇，有国百年，幅员极广，其政治规模颇多美德"①。在此背景下，西北地区也开启了多民族统一的新格局，伴随蒙古人的征战来自天南海北、不同文化的民族徙入，以及此前尚未来得及整合的各种文化群体，极大地改变了河湟地区的民族成份和人文景观。

明代基本上结束了元末以来纷扰割据、混战不一的状况，地区间与民族间的迁徙移动相对减少，几大民族内部的统一与稳定逐渐加强，各族群自身的民族文化特征得到彰显。明初在西北建立卫所，移民屯田，大批内地人口移居于此，一定程度上改变了当地的民族构成，明代中期，回族、土族、撒拉族、东乡族和裕固族等民族作为稳定的民族共同体都已基本定型，每个民族的分布区域趋于稳定，大聚居、小分散的局面基本形成，生计方式也已形成，为各族人民的相互交往提供了稳定的条件，构成了"中华民族"这个统一体中不可缺少的部分，为清朝多民族统一国家的巩固和发展奠定了基础。

本章重点探讨在元明奠定的基础之上，清政府在西北地区实施的各

---

① （清）雍正皇帝：《大义觉迷录》，北方妇女儿童出版社2001年版，第15页。

项民族政策对河湟地区的民族分布、民族人口、民族迁徙及民族关系的影响。在清政府的主导下,河湟地区一体政治格局逐渐形成并日益强化,各民族之间的政治、经济交往交流和文化互动交融进一步加深。

第一节　清朝对河湟地区的行政管理

清代是中国历史上统一多民族国家最为巩固的时期,对边疆民族地区的治策更为系统、深入和完善,管理民族事务和处理民族问题的能力与水平,都取得了超越前人的成就。清朝没有像前代那样在农业文明和游牧文明之间构筑边墙以为屏障,而是"不专恃险阻""不设边防",同时对集权统一提出了更高的要求,对河湟地区的直接治理进一步加强,行政建置进一步完善,蒙古势力在安多地区的影响被削弱,清政府加强了对各民族及宗教的管理,实行民族隔离政策,主导了这一地区的民族关系,土司制度走向了不可逆转的衰落,各民族与中央王朝的关系更加紧密。

一　行政建置及管理机构

政治认同是国家认同的具体体现,是国家建设与国家治理合法性的重要来源。清朝统治者在宣扬"满汉共治"的同时,又极力笼络其他各少数民族的上层分子,在实施民族政策方面具有高度的灵活性,根据实际情况在西北地区实行了不同的行政管理体制,设立了相应的管理机构,既加强了封建中央集权,又加强了清政府对各民族的有效统治,使河湟地区的一体政治格局得到了空前的巩固。

(一) 行政机构建置

清初西北地区的行政建置多沿用明制,河湟地区所在的甘肃,最初隶属于陕西布政使司及陕西行都指挥使司。顺治初,设甘肃巡抚,驻宁夏,五年(1648),徙甘肃巡抚驻兰州。康熙三年(1664),分陕西为左、右布政使司。康熙七年(1668),改陕西右布政使司为甘肃布政使司,移驻兰州,领兰州府、平凉府、巩昌府、庆阳府、宁夏府、西宁府、凉州府等,辖地除今甘肃全省外,还包括今青海东部地区、宁夏大部分地区。河州隶兰州府,属繁、疲、难之地,黄河西自循化入,至积石关入州境，大夏河西南自循化来。① 西宁府系"最要，冲、繁、疲、难"之地。雍正二年（1724）省卫，置府及西宁、碾伯二县。乾隆九年（1744），置巴燕戎格厅。乾隆二十六年（1761），置大通县。乾隆五十七年（1792），置贵德、丹噶尔二厅，割兰州之循化来属。黄河西自贵德厅径城南，东入巴燕戎格。黄河的主要支流有湟水、北川河、大通河、清水河等。②

清代省级地方最高的文职官员是总督和巡抚，直接对皇帝负责。雍正九年（1731）始设陕甘总督，雍正十三年（1735），西北战事结束，改陕甘总督为川陕总督，到乾隆二十四年（1759）再次设陕甘总督，一直到清末再无变化，总督衙门驻兰州，又设甘肃巡抚、布政使、巡抚宁夏都御使等。清代在河、湟、岷、洮地区实行军政分离政策，裁去卫所，改置府、州、县管理民政，加强了对这些地区的统治。乾隆以后，清政府对地方的行政管辖权进一步扩大，河湟地区的行政设置以及隶属关系又发生了较大变化，与府、州、县设置的同时，陆续增设了一些县、厅等地方建置。

罗卜藏丹津叛乱被平定后，清政府开始对河湟地区推行府县制，雍正二年（1724），改西宁卫为西宁府，下辖西宁县、碾伯县和大通卫，遣办事大臣驻扎西宁，管辖青海蒙古族、藏族事务。道光九年（1829），西宁府共辖三县四厅（贵德厅、巴燕戎格厅、循化厅、丹噶尔厅），比于内郡，"由边卫而郡县，自畜牧而农田，势相因也"③。顺治八年（1651），河州仍属陕西临洮府。康熙二年（1663）置甘肃省，河州属甘肃省临洮府。雍正四年（1726），河州卫并入河州。乾隆三年（1738），徙临洮府于兰州，河州改隶兰州府，直至清亡。

清代，河湟地区行政建置多有变动，最终实现了"内地化"，长白文

---

① 参见《清史稿》卷64《地理志十一·甘肃》，中华书局1977年版，第2109—2111页。但（清）安维峻总纂《甘肃全省新通志》卷4《舆地志·沿革表》载甘肃布政使司设置时间为康熙五年（《中国西北文献丛书》第一辑《西北稀见方志文献》第二十三卷，兰州古籍书店1990年版，第391页），古苞主编《西北通史（第1—5卷）》（兰州大学出版社2005年版）亦采用此说。本书从《清史稿》。

② 《清史稿》卷64《地理志十一·甘肃》，中华书局1977年版，第2117—2118页。

③ （清）杨应琚纂：《西宁府新志》卷3《地理志》，《中国西北文献丛书》第一辑《西北稀见方志文献》第五十五卷，兰州古籍书店1990年版，第173页。

孚曾说："湟中自古为用武（之）地，由汉迄今，各部落迭为边患。世宗宪皇帝神谟广运，命将剿抚兼用，永靖遐荒。近接巴蜀，远通卫藏，中外一家，可谓超越千古矣。然番族世习游牧，难强其带牛佩犊"①，清代河湟行政建置已与内地基本相同，但是在文化和对游牧民族的管理上，仍主张不强行改变其文化习俗和生计方式。

(二) 理藩院

清朝中央政府为加强对民族事务的管理，在中央设置理藩院。清崇德元年（1636），为管理蒙古诸部事务设蒙古衙门，崇德三年（1638）更名为理藩院。康熙皇帝说："太宗文皇帝时，蒙古部落尽来归附，设立理藩院，专管外藩事务"②，后随着清朝全国政权的建立而发展为总管内外蒙古、察哈尔、青海、西藏、新疆以及西南土司地区各少数民族事务的中央机构。

理藩院下辖六司，即旗籍司、王会司、典属司、柔远司、徕远司、理刑司。每司设员外郎、主事、笔贴式若干名，皆以之繁简定为额数，其中，柔远司负责西藏地区的事务。《大清会典则例》中明确记载："院属五司（当时理藩院只设五司）内柔远一司，原系承办西藏、喀尔喀、青海、厄鲁特及各喇嘛、哈密、吐鲁番回子诸事，后有军机以来，因事务益繁，一司不能承办"，康熙三十八年（1699）立柔远后司，"查议喀尔喀、厄鲁特、西藏等事及事关军机者，皆隶后司办理"③。典属司设郎中二人（满、蒙古各一人），员外郎八人（满二人，蒙古六人），主事满、蒙古各一人，笔帖式十人（满四人，蒙古六人），经承一人，贴写书吏二人，分掌"外札萨克"（外蒙古、青海蒙古及新疆金山、天山之间各部都属外札萨克）各部旗疆域、封爵会盟、军旅、驿递及蒙藏各地喇嘛之事。④ 清朝喇嘛分为驻京喇嘛、藏喇嘛、番喇嘛（甘肃、四川及西藏边境地方者）、游牧喇嘛（内外蒙古者）等。各地喇嘛均须造册送理藩院审

---

① （清）长白文孚著，魏明章标注：《青海事宜节略》，青海人民出版社1993年版，第1页。
② 《钦定大清会典事例》卷20《吏部·官制·理藩院》，《续修四库全书》第798册，上海古籍出版社2002年版，第375页。
③ 《钦定大清会典则例》卷143《理藩院·徕远清吏司》，《景印文渊阁四库全书》第624册，台北：台湾商务印书馆1983年版，第535页。
④ 张德泽编著：《清代国家机关考略》，中国人民大学出版社1981年版，第149页。

定，不准增设。乾隆时规定达赖喇嘛、班禅额尔德尼等藏地大喇嘛圆寂后，其呼毕勒罕（转世灵童）须在中央政府的主持和认定下，经过严格复杂的仪式，通过金瓶（拉萨大昭寺内奔巴金瓶）掣签选定，其封叙喇嘛，奖给寺额，颁发札付、度牒、印信，办理年班、经班、递觇、宴会、口粮、路费等事，皆有定章。理刑司设郎中蒙古二人、员外郎六人（满二人、蒙古四人）、主事蒙古一人、笔帖式七人（满二人、蒙古五人）、经承一人，掌管"外藩"各部的刑罚事。①

理藩院对西北民族地区的管理主要有：掌管蒙古、回、诸番部王公、土司等官员的封袭、年班、进贡、宴赏、给俸等事，并派遣该院司员、笔贴式等到民族地区参与基层管理，定期更换；办理满、蒙联姻事宜；管理西藏、蒙古、四川和甘肃、青海等藏区的喇嘛事务，保护黄教；管理西北厄鲁特蒙古、北方漠南蒙古和漠北蒙古各旗会盟、划界、驿道、商业贸易等事务；掌管部分外交、通商事务。

理藩院设置了附属的蒙古官学、唐古特学及托忒学，是培养谙熟蒙古文、藏文、托忒文的三个学校。西藏自崇德七年（1642）即向清王朝入贡，顺、康之季，定制朝请，顺治十四年（1657），令蒙古"每旗各选人学习唐古忒字义，给教习人六品俸"②，据康熙朝《大清会典》，选派人数应为"每旗各选三人"。唐古忒学助教原为教训学生，主要职责是翻译所降达赖喇嘛之旨和西藏文书。雍正元年（1723）规定达赖喇嘛印册，照五世达赖喇嘛之衔换给，"并增蒙古字，别给敕书"③。乾隆五年（1740）议准"八旗满洲、蒙古各学舍，皆有额设助教，嗣后唐古忒学助教，亦定为额设之官"④。雍正五年（1727）设西藏办事大臣，掌西藏政令，所属官吏中设有通事译字四人，分管唐古特文、廓尔喀文的翻译事务。

---

① 张德泽编著：《清代国家机关考略》，中国人民大学出版社1981年版，第152页。
② （清）会典馆编，赵云田点校：《乾隆朝内府抄本〈理藩院则例〉·柔远清吏左前司下·唐古忒学》，中国藏学出版社2006年版，第117页。
③ （清）会典馆编，赵云田点校：《乾隆朝内府抄本〈理藩院则例〉·柔远清吏左前司下·敕封喇嘛》，中国藏学出版社2006年版，第118页。
④ （清）会典馆编，赵云田点校：《乾隆朝内府抄本〈理藩院则例〉·柔远清吏左前司下·唐古忒学》，中国藏学出版社2006年版，第117页。

（三）西宁办事大臣

平定罗卜藏丹津叛乱后，清朝中央政府将青海牧区看成一个相当于行省的特殊行政区域，雍正三年（1725），"铸'总理青海蒙古番子事务'关防，遣大臣齎镇其地，辖所部扎萨克"①，乾隆元年（1736）设立"钦差办理青海蒙古番子事务大臣"（通称为"西宁办事大臣"）直接管理，驻扎西宁，辖青海和硕特、绰罗斯、辉特、土尔扈特、喀尔喀五部之军政，并节制西宁镇、道文武官员。西宁所属之贵德、循化二地也由该大臣兼管。西宁办事大臣自设立以来，任此职者共有 80 余人。② 至 1915 年裁撤，之后，青海西部游牧区与东部农耕区皆被纳入内地的行政体系之中。

西宁办事大臣驻甘肃西宁府，管辖区域大致为日月山以西，北到青海湖附近，南到唐古拉山口的广大牧区，从部族上看，主要是"青海蒙古二十九旗"、青海南部玉树"番族四十土司"及河南北藏族、撒拉族等，总管青海蒙藏牧区的一切政教事务，包括任免蒙藏首领、稽查户口及田亩、主持蒙藏会盟、监督蒙藏各部的茶粮交易等，并会同陕甘总督、驻藏大臣及四川督抚协调甘青、青藏及青川之间的有关事宜。湟水流域的藏族属于西宁卫管辖，黄河流域的属于河州卫管辖，但在处理蒙藏纠纷时，常交由西宁办事大臣衙门处理，或由其协助解决。乾隆五十六年（1791）规定：

> 将循化、贵德两处生熟各番统归西宁办事大臣兼管。嗣后番地应纳番粮及与汉民交涉命盗案件，仍归循化、贵德、文员，照例办理，由该管上司核转，会同题咨完结。其番子抢掠蒙古之案，径由西宁办事大臣，就近缉拿，应如所请。但熟番内向设有千户、百户、乡约管辖，而生番并无头目，其应如何设立之处，仍令该督等再行悉心筹酌，会议具奏。至千户、百户等头目内，果有奋勉缉贼之人，应令奎舒奏明，赏戴蓝翎，以示鼓励。此后蒙古等不能自行拿获赃

---

① 《清史稿》卷 522《藩部传五》，中华书局 1977 年版，第 14460 页。
② 崔永红、张得祖、杜常顺主编：《青海通史》，青海人民出版社 1999 年版，第 341 页。

贼，事后指为外来番贼呈报缉拿者，概不与之办理。①

这是清廷直接管理蒙藏事务的重要举措，大大削弱了青海蒙古贵族的势力，体现了中央权力的加强。

乾隆年间，考虑到贵德等地藏族的生活习俗及文化特点，主张将藏族事务也由西宁办事大臣管理，达到既可以整饬蒙古，又可以约束藏族的目的。"循化番子抢劫青海蒙古札萨克台吉沙拉布体礼游牧牲畜，沙拉布体礼带兵追捕，中枪毙命等语，此等地方番子抢夺蒙古牲畜以致伤命，原系寻常之事。互相争夺之时，何能知是札萨克台吉，尚非有心杀害可比。但日久亦非是体。著将贼犯严加缉拿，务获办理，以示惩儆"②，此后便将蒙古近边贵德、循化等地的藏族也由西宁办事大臣兼管，以便处理涉及蒙古族、藏族的盗窃、抢劫案件时更为得力。

（四）笔帖式在河湟行政管理中的作用

笔帖式是清代独特的职官设置之一，"笔帖式"为满语音译，意为"写字人"，清初满汉语言文字未通之时，其主要职责为翻译。清代各部院衙门皆置笔帖式，掌翻译满、汉、蒙古、藏文书等事。满人入关之前，笔帖式多集中在内三院中。③ 天聪五年（1631）开始，六部也设有笔帖式若干。顺治朝，"督抚多以汉人充之，凡文移用国书者，皆不省识"④，故从内三院中委派笔帖式到各省督抚衙门，代为书写翻译满文文书，故从内三院选派笔帖式任职于各省督抚衙门，主要负责满文文书的书写和翻译，一般人数为"满洲三十有六人，蒙古五十有五人，汉军六人"⑤。西宁办事大臣衙门设有"笔帖式三员，每员每年养廉银二百五十两。书吏九名，每年工食银二百五十两。译字喇嘛二名，每年工食银七十二

---

① 《清高宗实录》卷1386，乾隆五十六年九月癸未，中华书局1986年版，第610页。

② 《复奏为蒙古番子应就近归青海办事大臣管理折》（乾隆五十六年八月十五日），载哲仓·才让辑编《清代青海蒙古族档案史料辑编》，青海人民出版社1994年版，第16—17页。

③ 中国第一历史档案馆编：《清初内国史院满文档案译编》上，光明日报出版社1989年版，第41页。《清史稿》卷2《太宗纪一》载："（天聪十年 三月）辛亥，改文馆为内国史、内秘书、内弘文三院。"中华书局1977年版，第52页。

④ （清）昭梿撰，何英芳点校：《啸亭杂录》卷8《内院笔帖式》，中华书局1980年版，第255页。

⑤ 《清史稿》卷115《职官志二·理藩院》，中华书局1977年版，第3298页。

两……以上各项银两，每年在西宁道库动拨，养廉（银）按四季支拨，工食（银）按年支领"①，顺治四年（1647），户部派官员巡视陕西茶马，奏请"遣汉军官一员，通蒙古语满官一员，谙习通事一员，笔帖式一员"②。地方巡抚衙门设有笔帖式，负责民族文字公文的翻译。乾隆元年（1736），四川巡抚杨馝奏："川省巡抚衙门现有笔帖式曹琳、六十三贰员，各处往来清字文册足供翻译，惟西藏等处时有蒙古文移，均关军务，其字义微有不同，必需蒙古人员方能晓谙。臣查裁汰四川总督衙门笔帖式阿必达、穆屯、永泰叁员，内有镶红旗蒙古笔帖式永泰，人明白谙练，合无仰恳皇恩俯准将永泰仍留臣衙门办事，庶翻译得人可免贻误矣"③，可见笔帖式的职能已经超出了翻译的范围，实际上涉及基层民族事务的各个方面。

笔帖式在设置之初，主要执掌为满汉翻译，需通过翻译科考试，但后期其职能逐渐泛化，各级官府机构中均派遣和设置有笔帖式，其职责不一定是翻译，翻译人员更多由地方差役、喇嘛、千百户等充当。边疆基层官府衙门里，笔帖式常有作为，如丹噶尔厅文职那逊阿古拉，正白旗蒙古，于咸丰七年（1857）七月到任，由官学生考取缮（同翻）译笔帖式，署西宁府知府兼摄同知，举办招安八族番子。达昌，镶黄旗蒙古监生，于咸丰八年（1858）十月到任，报捐笔帖式，办理安插八族番子事，皆就绪，边隅肃清。④清朝笔帖式名目繁多，品级虽低，但人数多、升迁快，为满人进身的捷径。

二 民族立法及实施

清朝对边疆地区制订法规的数量超过前代，建立起一套比较完备的治理多民族政权的法律制度，将边疆地区划入国家整体法制管理体系之中，强调国家法制统一，一定程度上促进了边疆与内地的一体化，以法

---

① （清）长白文孚著，魏明章标注：《青海事宜节略》，青海人民出版社1993年版，第107页。
② 《清世祖实录》卷30，顺治四年春正月戊辰，中华书局1985年版，第248页。
③ 《题请准将镶红旗蒙古笔帖式永泰留署办理翻译蒙文事》（乾隆元年正月二十一日），中国第一历史档案馆，档案号：02—01—03—03297—002。
④ （清）杨治平编纂，何平顺等标注：《丹噶尔厅志》卷1《文职》，《青海地方旧志五种》，青海人民出版社1989年版，第170页。

律的形式强化了河湟地区的一体政治格局，对维护河湟地区的和平安定，巩固多民族国家的统一起到了非常重要的作用。

《理藩院则例》是清太宗以后颁发的治理蒙古、新疆和西藏等地区政治、经济、军事、宗教、司法等事务的基本法律依据和综合性法规。清代各朝《理藩院则例》中的《喇嘛事例》收入了清太宗以后有关藏传佛教的详细规定，包括敕封喇嘛、活佛转世、喇嘛进贡、喇嘛服色、喇嘛册牒、喇嘛钱粮、喇嘛禁例、从京师到各地寺院番僧管理等，是清政府管理藏传佛教事务的主要法律依据。成于乾隆六十年（1795）的《蒙古律例》则是专门针对蒙古地区的政策法规，其卷一一《喇嘛例》收入了乾隆六十年以前颁行的蒙古例中有关藏传佛教刑事立法的大部分内容，清代历朝《会典》《会典则例》《会典事例》都规定了理藩院管理民族事务和藏传佛教事务的权限。

清朝还根据各地区的不同情况，因族、因地、因俗、因时制订和颁布了针对特定民族的单行法。雍正二年（1724），年羹尧平定青海后，针对青海蒙藏民族关系和藏传佛教势力膨胀的情况制订了《青海善后事宜十三条》和《禁约青海十二事》，雍正十一年（1733）颁布了《西宁番子治罪条例》①，主要是关于偷盗、杀人、伤人、逃人、诉讼方面的法规，中心思想是削弱青海蒙古的潜在力量和强化中央对青海地区的管理，《番例条款》于前言中申明："其止于自相戕杀及偷盗等案，该蒙古、番子等，向系罚服完结，相安已久，一旦绳以内地法律，恐愚昧野番，群滋疑惧，转非抚辑边夷之意。可否俯顺夷情，仍照旧例"，乾隆十三年（1748），这部法规又被奏准长期沿用，直至民国初年仍有法律效力。清朝的法律一直在增补和完善中，如嘉庆五年（1800），台费荫②"酌定善后章程七条"，嘉庆八年（1803）九月，贡楚克札布等奏"定善后章程八条"。

清朝提出了"从俗从宜，各安其习"③的民族立法原则，司法管辖更加具体和深入。如乾隆五十年（1785）十月，刑部议奏："青海蒙古如在内地犯事，照例科断。在蒙古地方犯法，照蒙古例科断。至蒙古、番子

---

① 又名《西宁青海番夷成例》或《番例条款》。
② 嘉庆五年（1800）三月，奉旨授台费荫为头等侍卫。
③ 《清世宗实录》卷80，雍正七年四月辛巳，中华书局1985年版，第48页。

互相偷盗之事，亦照蒙古例办理。经办理大臣福禄奏请，颁发《蒙古律例》"①，规定的主要内容有蒙古盟旗的划分，蒙古王公、台吉的"品秩"和"袭职"，官员职守、擢授和奖惩制度，蒙古地区的人口及兵丁管理、地亩管理、仓储及征赋办法，蒙古王公贵族等的俸赏、廪饩、朝觐、贡输、宴赏、扈从事例、仪制、印信、婚礼、下嫁、赐祭、优恤，蒙古各旗的出征和军务、各旗会盟事务等，对各类法律的关系及适用原则、范围进行了细致规定，是清朝民族立法较为成熟的表现之一。嘉庆时台费荫"酌定善后章程"具奏：

一、修理青海龙神碑亭，以崇祀典；一、贵德番子宜清查户口；一、野番宜令知耕种；一、野番所用竹弓、竹箭、刀枪等器宜遏其来路；一、蒙番到内地易换口粮宜分定日期；一、蒙古各旗宜联络各以一千余人住牧一处；一、宣令蒙古等派兵定期会哨。经军机大臣会同理藩院分定准驳议上。②

经审查，中央认为"遍查野番户口，必致惊扰；野番不谙耕种，徒费牛具；其蒙古必令在十里内外居住，无水之处何以游牧！"③ 对此三条不予批准。可见，清朝统治者对游牧民族的特性有深入地了解，能够针对具体问题制定较为合宜的法律政策。贡楚克扎布等奏的"定善后章程八条"中，包括：

一、野番应令设立头目，出缺后将其子侄听番众公保选充，不得私自接替。一、族番等酌定每月于循贵暗门贸易二次，并查禁民人私贩硝磺檀〔擅〕入番地。一、蒙古被抢牲畜如有确踪，伤毙人命如有确据，方为准理。一、蒙古勾通番子做贼，应将该扎萨克议处。一、蒙古不准穿用番子服色，并容留汉人等。④

---

① （清）长白文孚著，魏明章标注：《青海事宜节略》，青海人民出版社1993年版，第12页。
② （清）长白文孚著，魏明章标注：《青海事宜节略》，青海人民出版社1993年版，第18页。
③ （清）长白文孚著，魏明章标注：《青海事宜节略》，青海人民出版社1993年版，第18页。
④ （清）长白文孚著，魏明章标注：《青海事宜节略》，青海人民出版社1993年版，第20页。

针对蒙藏贸易的需求和双方频繁出现的纠纷和联合，提出了在"野番"中设立头目及继承的法规，防范蒙藏联合及蒙藏民族与汉族的接触。

三 土司制度及其瓦解

清朝对西北地区依然实行"修其教不易其俗，齐其政不易其宜"的原则，但其实主要是针对新疆和西藏地区，对于处在过渡地带的河湟地区来说，一直施以积极统治，最终实现了将其完全内地化的目标。

清代河湟土司大多在元代以及明初被授予世职，累代承继，事迹多见于史籍，所授职务有世袭指挥使、世袭指挥同知、世袭指挥佥事、世袭土千户、世袭土百户、土千总、把总、土练、土目等，土司衙门一般设有总管、传号、文牍、掌家，武装力量主要有步兵、马兵。清代河湟地区土民分为土汉民、番族、回族和蒙古族。临洮、临夏、洮、岷、永登各土司所辖番民居多，其中临潭县杨土司所辖纯系番族；乐都县祁、冶二土司，循化县二韩土司所辖主要为回族；临夏、西宁、乐都、永登所辖主要为蒙古族。① 各土司下辖种族混杂，多有嬗变，如唐巴堡陈土司下辖 350 户，1500 口，"土民七分，汉民三分"，东沟大庄、姚马庄李土司下辖 102 户，379 口，"土民十之九，颇知读书，不蓄发"，汪并堡陈土司下辖 13 户，400 口，"均系汉民，然风俗礼节与土人同"。②

清朝在西南地区实施改土归流时，在保留西北原有土司的基础上，还有增设和升职晋衔，其原因有三：一是西北土官易制，"绝不类蜀黔诸土司桀骜难驯也"③，并在保境安民方面颇有功劳，"李、鲁二土司，功在边疆，名垂竹帛；祁氏兄弟，科名功业，炳耀一时。其余土司，俱著捍卫之绩"④。循化街子等工撒拉回起兵反清，清政府"饬调洮州卓泥土司

---

① （清）许容修：《甘肃通志稿·甘肃民族志·民族三·族姓三》，《中国西北文献丛书》第一辑《西北稀见方志文献》第二十七卷，兰州古籍书店 1990 年版，第 489 页。
② （清）许容修：《甘肃通志稿·甘肃民族志·民族三·族姓三》，《中国西北文献丛书》第一辑《西北稀见方志文献》第二十七卷，兰州古籍书店 1990 年版，第 494 页。
③ （清）杨应琚纂：《西宁府新志》卷 24《官师志·命使》，《中国西北文献丛书》第一辑《西北稀见方志文献》第五十五卷，兰州古籍书店 1990 年版，第 368 页。
④ （清）许容修：《甘肃通志稿·甘肃民族志·民族三·族姓三》，《中国西北文献丛书》第一辑《西北稀见方志文献》第二十七卷，兰州古籍书店 1990 年版，第 490 页。

杨元等壮健土兵、番丁一二千名，分扼关隘，牵制贼势"①，西北土司的王朝属性已超越了民族属性。二是由特殊的战略地位和地理环境所决定，西北地区地连新疆、西藏，动静每每与共，因此暂未对各土司缴印收土、改土归流，以保持这一地区的稳定。三是蒙古族、藏族部落以游牧为生，流动性强，流官难以管理。道光初年，"循化贵德野番分族而居，素无统束……插帐边外，居无定所，兼之言语不通，若全任听营稽查，约束恐难周遍，不得不以番治番"②，游牧民族的生产生活特性对政府的管理方式提出了相应要求，居无定所的游牧方式、语言障碍是封建政府对边地实行羁縻政策，设立各类土官的重要原因。

清代河湟土司世代掌控地方政教大权，根基深厚，虽有保境之功，但也容易造成地方势力过于膨胀，产生私占科扰、欺压土民、侵渔克害等弊端。为此，清政府严格规定了土司职位的承袭，优先由嫡子嫡孙承袭，无嫡子嫡孙由庶子庶孙承袭，无子孙以其弟或族人承袭，族无可袭由为"土民"信服的妻或婿承袭；制定了土司号纸、印信、关防、钤记、印牌的颁发、使用和收回制度；明确了土司"惟贡、惟赋、惟兵"的职守，划定土司地界、不准土司随意外出，加强了对土司的考核和奖惩，强化以流官治土官。康熙年间任河州知州的王全臣曾将土司"霸占田地，逐一清查。有主者令其取赎，无主者即将种地之回民注册，会与汉民一例纳粮当差。并严禁土官，不得擅受民词"③，对于不法土司，清政府始终严厉打击，并将土司下辖土民的诉讼权逐渐收归政府管辖，削弱了土司的权力和权威，土司制度发生了重大变化，有些土司不管土民，有的土司只管民政，军政大权则掌握在边疆大吏或道府厅县的流官手中，如循化地区"自设官立营，土司之威权日减……而事寄渐轻，不能约束其众，回民亦自此多事矣"④。从土司职责和奖惩的规定来看，流官与土

---

① （清）奕䜣等总裁：《钦定平定陕甘新疆回匪方略》卷71，《中国西北文献丛书》第三辑《西北史地文献》第十二卷，兰州古籍书店1990年版，第182页。
② 那彦成：《平番奏疏》卷3，沈云龙主编《近代中国史料丛刊续编》第四十六辑，台北：文海出版社1977年版，第268页。
③ （清）王全臣纂修，永靖县地方史志办公室编，刘电能、沈文学校注：《河州志校注》卷6《条议·土司条议》，甘肃文化出版社2017年版，第344—345页。
④ （清）龚景瀚编，李本源纂修：《循化厅志》卷4《族寨工屯》，台北：成文出版社1968年版，第92页。

之间除世袭与非世袭、有无俸禄的区别外，几乎无其他区别。

民国二十年（1931）前后，政府讨论取消青海土司制度，指出"民国以来，该土司等名义虽未革除，而土兵组织万无余存，且其土地畸零，人民无多，与汉杂处，习惯率同。其中四分之三语言、风俗、衣食住行，较之汉人，尚为文明。或以买种土司田地，或因宗族关系，遂作土司百姓。其四分之一，虽言语特别，装饰奇异，然男女大小率谙汉语，习尚杂于番汉，智能不亚汉民。对于前项十五年县府布告，均能津津乐道，奉为圭臬。十六年县府自治，编设区、村，土、汉一体，无分畛域"①，《甘肃通志稿》载，清代甘肃诸土司所辖有番民和土民，"土民或操汉语，或番语，或蒙古语，多数奉佛而间奉回教。蒙语者，亦不用蒙文而用番文，或回文，其原不可考"，"河州东乡三十六会土民，亦操蒙语，而奉回教"②，可见民族交往交融之复杂程度。土司势力的衰微，土民和汉民的趋同是贯穿清代一直到民国的大趋势。

第二节　流动与隔离下的民族分布与交往

"如果人口分布是天定的，那么人口流动便是历史的发动机"③，清代是河湟地区民族分布定型的时期，也是河湟文化圈最终形成的重要时期，通过蒙古的军事征服、宗王镇戍、土官制度、屯田与移民等政策，大量内地及西域人群迁入，使河湟地区的人口组成更为丰富。明代有大量汉族迁居于此，同时，回族、撒拉族、东乡族、保安族、土族和裕固族作为新的民族共同体登上了历史的舞台，朱元璋宣称："天生元朝，太祖皇帝起于漠北，凡达达、回回、诸番君长尽平定之。太祖之孙以仁德著称，为世祖皇帝，混一天下，九夷八蛮，海外番国，归于一统。"④ 清代，河

---

① 《青海省政府咨请蒙藏委员会取消青海土司呈文》，载米海萍、乔生华辑《青海土族史料集》，青海人民出版社2006年版，第136页。
② （清）许容修：《甘肃通志稿·甘肃民族志·民族三·族姓三》，《中国西北文献丛书》第一辑《西北稀见方志文献》第二十七卷，兰州古籍书店1990年版，第489页。
③ ［美］塞缪尔·亨廷顿：《文明的冲突》，周琪等译，新华出版社2013年版，第176页。
④ 《明太祖实录》卷198，洪武二十二年十二月甲子，台北："中研院"历史语言研究所校印1962年版，第2977—2978页。

湟地区人口分布在变动中渐趋稳定，其中以汉族、回族和藏族人数最多、分布最广泛，呈"大聚居"态势，蒙古族、撒拉族、土族、东乡族、保安族、裕固族和少量满族散处其间而有迁移变动，表现为"小聚居"或"散居"的特点。

一　汉族的迁入和分布

中国历史上的移民主要有两类，一类是政策性移民，另一类是迫于生计自发，甚至是"非法"移民。1800年前后，中国的人口已经超过了3亿，清朝面临人口迅速增长的压力，必须通过多种途径安排过剩人口，"无地的贫民人数增多了，许多人从人口稠密的地方迁出。在这些移民定居的地方，交通可能依然不发达，政府统治依然无力"①，地广人稀的甘青游牧地区就接纳了许多这样的内地汉族移民。

清政府在西北边疆加强军政管理，发展驿传交通的同时，继续推行移民实边、屯田固围、以边养边的政策，大批内地人口不断移入河湟地区，随着屯田民地化和屯田者身份的变更，汉族的人数不断增加，成为河湟地区开拓和经营农业生产的主要力量，其人口分布也呈现出新的特点：一是逐渐由明代的军事边防据点型转变为清代的农村分散型，发生了由点到面的扩散，且渐趋稳定；二是随着人口不断增加，人地矛盾激化，其活动地域开始向地广人稀而土壤、气候、雨水适宜垦殖的非汉族地区和低海拔游牧区扩展。如青海贵德十屯（今青海省贵德县、尖扎县、同仁市）的居民大都为明代自江淮一带迁来的汉族，清中叶时，又有许多汉族陆续从河南、河北、山东、山西和陕西等地移居至河湟各地。关西布隆吉尔与青海大通河为西北要冲之地，新设镇标后"兵多民少"，驻军粮饷转输艰难，平定罗卜藏丹津叛乱后，年羹尧奏：

> 边内地方宜开垦屯种也。查西宁边墙内俱属可耕之田。布隆吉尔地方现在修筑城垣，请将直隶、山西、河南、山东、陕西五省军

---

① ［美］费正清、刘广京编：《剑桥中国晚清史 1800—1911 年》（上卷），中国社会科学院历史研究所编译室译，中国社会科学出版社 1985 年版，第 16 页。

罪人犯尽行发往大通、布隆吉尔等处，令其开垦。①

雍正帝阅这一条款后批曰："恐此等之人未必习于耕种，又无室家可以羁留，于边塞之处，少当留意耳"②，诸王大臣根据这一批示改定为：

  查西宁本处人民与驻大通三千兵丁之子弟亲戚情愿往种者，正不乏人，大通河地方不必发遣犯人，惟布隆吉尔地方远居边外，愿去之人甚少，应如所请。行文刑部并直隶、山西、河南、山东、陕西五省，佥妻军犯内，除盗贼外，有能种地者即发往布隆吉尔地方，令地方官动支正项钱粮，买给牛具籽种。三年后照例起科。③

这里的变动不只是把年羹尧提出的两个发遣地改为一个，更重要的在于年羹尧提出的发遣对象是"军罪人犯"，清廷出于罪犯无家室难以羁留边地的考虑，改为发遣"佥妻军犯"。各类移民活动增加了汉族人口，而且造成汉族同少数民族杂居相处的态势，增加了各民族的相互交往，与汉族杂居的少数民族受汉族的影响日益加深，即便以游牧为生的藏族，清政府也有引导其逐步从事农耕生产的计划。

政策性移民常被封建王朝视为"拓边工具"，"汉族人口的增加深刻地改变了河湟地区的人文生态面貌，同时也使当地的社会秩序发生了大的变化，王朝国家仰赖众多的汉族移民及其子孙稳固了统治，同时也试图以人口占多数的汉族移民及其社会影响力来进一步影响当地的社会结构"④。清代，丹噶尔厅的汉族大都为移民，据传"皆自南京移民实边到此，拨地居住"，但其实大半为山西、陕西、四川和甘省东南各府移民，相邻的宁夏府最多，"因工商业到丹，立室家，传子孙，遂成土著"⑤。

---

  ① 《清世宗实录》卷20，雍正二年五月戊辰，中华书局1985年版，第335页。
  ② 《清世宗实录》卷20，雍正二年五月壬戌，中华书局1985年版，第329页。
  ③ 《清世宗实录》卷20，雍正二年五月戊辰，中华书局1985年版，第335页。
  ④ 李健胜、郭凤霞：《国家、移民与地方社会：河湟汉族研究》，人民出版社2015年版，第35页。
  ⑤ （清）杨治平编纂，何平顺等标注：《丹噶尔厅志》卷6《人类》，《青海地方旧志五种》，青海人民出版社1989年版，第316页。

那么，是不是汉族移民都会成为移居地区的强势力量，推动少数民族的"汉化"？答案是否定的，河湟地区也有"由汉入番"的情况。汉族向河湟边地的迁徙活动，自汉代以来不绝于书。宋代有"唐失河湟未久，司空图诗云：汉人尽作边人语，却向城头骂汉人"①的记载。明代，内地许多汉族大规模移居河湟，其中大量为屯兵及其家属，西宁府贵德、保安四屯，"屯兵之初，皆自内地拨往，非番人也。故今有曰吴屯者，其先盖江南人，余亦多河州人。历年既久，衣服言语，渐染夷风，自认为土人，而官亦目为番民矣"②，有些汉族仍保留着自己的文化，如甘肃临潭的汉族至今仍有江淮遗风，但是还有一部分汉族逐渐融入游牧群体，出现汉族移民当地化的现象。

二 蒙藏格局的变迁和基本定型

清代，蒙古在安多地区的影响被彻底削弱，清政府加强了对蒙古族、藏族和藏传佛教的管理，实行蒙藏隔离政策，完全主导了这一地区民族格局的走向，蒙古贵族主导甘青藏区的历史也彻底结束。清朝"隔绝蒙藏"的政策是通过实行地域上的强行分隔，以期在政治上隔绝蒙古族与藏族，在清统治初期青海混乱的局势下，对于安定青海社会、稳定时局、维护国家统一，产生了一定的积极效果，在几十年时间里，蒙古族、藏族一直处于相对安定的状态。但这种人为的强制隔离政策和保守的贸易政策，限制和束缚了人们相互贸易、互换所需的权利，远远不能满足蒙藏人民的生活需要，严重损害了畜牧业经济的发展，掠夺他人财产也就成了部分贫苦牧民补充交换的一种特殊手段，因此，河南藏族还牧河北的经济要求发展为民族纠纷和冲突，最终导致统治政策的失灵。

（一）蒙古族的迁徙及影响

明代，在河湟及其周边活动的蒙古部落主要是卜儿孩部和永邵卜部。清初，卜儿孩幼子达赖黄台吉及其孙麦力干共同管理西宁西川多巴贸易市场，麦力干率部万人驻牧于今门源、大通县北及皇城滩一带。麦力干

---

① （宋）刘克庄编：《后村诗话》卷1，《文津阁四库全书》集部第495册，商务印书馆2005年版，第631页。

② 《西宁府续志》卷5《武备志·番族》，青海人民出版社1985年版，第208页。

叔父达赖黄台吉去世后，他自称黄台吉，康熙二十三年（1684）去世，其子南力木嗣其位，也称黄台吉。该部蒙古有很多人和土族融合，今天互助和民和的土族中仍认为自己是蒙古人格日勒图的后裔，① 现在的土族妇女仍保留着将辫发装入辫套，垂于胸前的蒙古旧俗。

　　清代，蒙古族大多活动于青海西部塞外，生活在河湟内部的人口不多，大多已与当地的藏族、汉族等融合，青海湖周围游牧的蒙古族与藏族互动频繁，对河湟地区的族际关系与文化产生着深刻影响。雍正元年（1723），罗卜藏丹津煽惑青海蒙古各部台吉反清，烽烟遍及青海各地。十月，雍正皇帝命川陕总督年羹尧为抚远大将军总理军务，以四川提督岳钟琪为奋威将军，率军平叛。雍正二年（1724）二月大败之，罗卜藏丹津遁逃准噶尔。叛乱平定后，清政府设置西宁办事大臣管辖青海事务。为了削弱青海蒙古的势力，清政府以黄河为界划分蒙藏两族驻牧，河北及环青海湖四周为蒙古族居住，河南为藏族居住，令各守其地，禁止相互逾越。那彦成对西番实行清汉奸、责成头目定贸易之所、限粮茶之数的政策，对安定番地起到了较好的效果。自此，青海始同内地，蒙古势力逐渐被削弱，而藏族日渐强盛，青海驻防形势发生了重大变化。居于河北的青海札萨克蒙古25旗与河南藏族本系世仇，因此，清政府认为隔断蒙古族与藏族的联系是首要任务。清朝一直在摸索对游牧民族的管理经验，但因统治阶级观念落后和历史条件的局限，采取强制隔离被视为最节约统治成本的方式。《青海善后事宜十三条》中规定"青海部落宜分别游牧居住也"②，《禁约青海十二事》中规定蒙古族、藏族"恪守分地，不许强占"③，年羹尧条奏：

　　　　青海蒙古宜照喀尔喀之例，分其旗分编为佐领，各管各属，定有分界。而原属番人勿许管辖，另行安插，使权不归一，去其羽翼。因命理藩院侍郎鄂赉，会同副都统达鼐，于雍正三年出口，振赏穷乏，分编佐领。查明青海蒙古乃二十九家，即分为二十九旗。……

---

① 李克郁：《土族（蒙古尔）源流考》，青海人民出版社1993年版，第33页。
② 《清世宗实录》卷20，雍正二年五月戊辰，中华书局1985年版，第331页。
③ 《清世宗实录》卷20，雍正二年五月戊辰，中华书局1985年版，第336页。

> 二十九旗扎萨克王、贝勒、贝子、公、台吉，俱系世职，颁授印信册诰。①

雍正九年（1731），上谕"青海王、贝勒、贝子、公、台吉等：尔等俱系顾实汗之子孙，自祖宗以来，依附内地边疆，恪顺供职。我圣祖仁皇帝视尔等如子孙，抚育六十余年。宠遇之隆，至优极渥"②，清前期，蒙古贵族仍然是满人治理青藏地区倚靠的重要力量。

根据年羹尧提出的《青海善后事宜十三条》，雍正三年（1725）设立"青海蒙古二十九旗"，各旗由札萨克（旗长）统领，以黄河为界，青海湖以北地区7旗，以南地区10旗，以西地区8旗，河北25旗，黄河以南4旗，另有察罕诺门汗特别旗。封禁、隔离的政策还在同一民族内部实行，青海蒙古族和硕特、土尔扈特、辉特、绰罗斯、喀尔喀各成一部，分别游牧居住，各旗之间划定游牧边界，规定不得强占，不得相互统属，不得私自往来。

蒙古人户逃入藏族的情况较为普遍，"蒙古三十旗，其河北二十五旗以黄河阻隔，姑勿具论，即就河南五旗言之，其地广袤千余里，无处不与番地相通"③，因河南蒙古与藏区相通，双方文化、语言接近，贫苦蒙古常因不堪忍受盘剥，逃入藏地。嘉庆六年（1801），贵德所清查藏族内所有蒙古人户，"番目"呈出一百二十余名口，署循化同知佘景奎禀报："'嘛呢哇并新旧昂觉等在于番族内查出蒙古人九十户，共三百二十名口，已交郡王纳罕达尔济差来头目搬回游牧。尚有官受一族逃往蒙古人户，俟查交后另行禀报'等语。看其光景，番众尚为恭顺。奴才行令该郡王，将交回人户严加管束，勿致再行脱逃。其未经查交人户，仍饬令佘景奎上紧查交外，理合附片奏闻"④，通过这样的户口清查，清政府不仅掌握

---

① （清）杨应琚纂：《西宁府新志》卷20《武备志·青海》，《中国西北文献丛书》第一辑《西北稀见方志文献》第五十五卷，兰州古籍书店1990年版，第335页。

② 《清世宗实录》卷108，雍正九年七月庚辰，中华书局1985年版，第435—436页。

③ 《为蒙古地方安设卡伦，请再详议，以昭慎重折》（嘉庆六年五月初四日），载哲仓·才让辑编《清代青海蒙古族档案史料辑编》，青海人民出版社1994年版，第26页。

④ 《台布片》（嘉庆六年九月初二日），载哲仓·才让辑编《清代青海蒙古族档案史料辑编》，青海人民出版社1994年版，第29页。

了逃亡蒙古的具体人数,还检验了对藏族部落的管控能力。

清代中后期,各蒙古札萨克王、公、台吉等任性贪残,不恤其下,致使野番频繁抢掠,"河南"蒙古甚受其害,"河北"蒙古亦多避入内地。那彦成勒令各归牧地,并令河南野番扫数回巢。据肃州、山丹、张掖、东乐、永昌、平番、西宁、大通等县查明,寄居内地的蒙古户口有12000余人,其贫穷无力者4300余人。①

(二) 藏族大迁徙

清代河湟地区的藏族人数众多,分布广泛,部族名称繁多。明万历时西宁卫有25族,②清朝雍正时平定青海,番人悉入版图,贡马输粮,"以巴燕戎东有碾邑番民一十二族,西有宁邑番民一十六族"③,各族设有百户、百长和乡约,添设西宁抚番通判。贵德厅熟番5族(旧有54族)、生番5族(旧有19族)、野番19族(旧有8族,户口强盛)。循化厅有口内熟番12族、口外西番49寨、口外南番21寨。④ 河湟藏族信仰藏传佛教红教和黄教者均有,以黄教势力为大,亦有知汉学、崇儒术者。

雍正四年(1726),首任青海办事大臣达鼐会同西宁镇总兵周开捷清查藏族各部户口,划定地界,以藏族各部酋长所辖户数的多少分授千户、百户等职。清代中期,河湟藏族的数量有较大减少,其中一个主要原因是大量人口迁至青海湖北。黄河南的藏族经过一段时间的休养生息,人口增长很快,人地矛盾突出,他们以"河北(黄河流经的龙羊峡、贵德、循化以北和青海湖、湟水以南地区)地土肥饶,河南则水草不能皆好。……迨后丁口日繁,互有强弱"⑤,而河北蒙古人口减少,多有空地等原因,开始了由河南向河北的大迁移。乾隆四十三年(1778)六月,

---

① (清)许容修:《甘肃通志稿·甘肃民族志·民族三·族姓三》,《中国西北文献丛书》第一辑《西北稀见方志文献》第二十七卷,兰州古籍书店1990年版,第479页。
② (清)杨应琚纂:《西宁府新志》卷19《武备志·番族》,《中国西北文献丛书》第一辑《西北稀见方志文献》第五十五卷,兰州古籍书店1990年版,第312页。
③ (清)杨应琚纂:《西宁府新志》卷9《建置志·城池》,《中国西北文献丛书》第一辑《西北稀见方志文献》第五十五卷,兰州古籍书店1990年版,第234页。
④ (清)安维峻总纂:《甘肃全省新通志》卷42《兵防志·番部》,《中国西北文献丛书》第一辑《西北稀见方志文献》第二十四卷,兰州古籍书店1990年版,第454—455页。
⑤ 那彦成:《平番奏疏》卷2,沈云龙主编《近代中国史料丛刊续编》第四十六辑,台北:文海出版社1977年版,第110页。

钦差理藩院侍郎博清额会同法福礼奏:"河南有阿里克番子四百余户,因屡被果罗[洛]克抢劫,现在归入蒙古佐领内住牧,应请一并搬至河北,分在五族[旗]暂住,随同蒙古属下人等一体当差"①,引发了乾隆元年(1736)至咸丰八年(1858)"河南"藏族大规模迁牧"河北"。道光三年(1823),那彦成安插河南藏族野番刚咱族、汪什代客、千布录、都受、完受、曲加、公洼、拉安等族于黄河南,咸丰八年(1858),西宁办事大臣福济奏请仍将其1747户,18420口移驻青海湖环湖及河北戈壁,②最终于咸丰九年(1859)形成"环海八族"。

清代后期,在周围从事农业生产的民族的影响下,相当数量的河湟藏族弃牧从耕,附城种地,被编入里甲,成为纳粮应丁的里民,与汉族和其他民族杂居,河、湟、洮、岷一带的农业区形成了一些藏族聚居点,撒拉族聚居区也有很多"番庄"。《西宁府续志》载:

> 凡切近河、洮、岷州内地番人,与百姓杂处者,向通汉语,自归诚后,今已改换内地服色,无庸设立土千、百户。但就其原管番目,委充乡约里长,令催收赋科,久则化番为汉,悉作边地良民。其去州、县、卫所较远之部落,现在有地耕种者,令按亩纳粮;其黑账房种类,游走无定,畜牧为生者,择可耕之地,教令垦种,十年起科。③

同治年间,河州仍有藏族活动,但人数较少,左宗棠曾说:河州"全境周五六百里,回多汉少,杂以番众"④,沙马族本为河州中马十九族之一,乾隆时被纳入里民,变成岷州卫的沙马里。同治以后,河州藏族基本和其他民族融合,在户口统计上就以民户的身份出现了。同治年间陕甘回族、撒拉族起义后,河湟地区许多流离失所的汉族和回族难民不断迁往藏区,在藏区民众的欢迎、支持下,安家扎寨,开辟田园,对民

---

① (清)长白文孚著,魏明章标注:《青海事宜节略》,青海人民出版社1993年版,第9页。
② (清)康敷镕纂:《青海志》卷1,台北:成文出版社1968年版,第40—41页。
③ 《西宁府续志》卷9《艺文志·川陕总督岳钟琪安集民番疏》,青海人民出版社1985年版,第389—390页。
④ 罗正钧:《左宗棠年谱》,岳麓书社1983年版,第234页。

族经济文化的交流和发展产生了深远影响。

藏传佛教寺院的僧人数量也不可忽视,在清朝扶持下,河湟地区"喇嘛最多,寺庙最盛",藏传佛教寺院数量急剧增加,僧团规模大幅度增长,康熙年间的郎谈将军谈到"番下愚民,无日不修庙寺,渐增至数千余所。西海境诸民尽衣赭衣,鲜事生产者几万户"①,西宁府共有番寺200余处,河州卫"番僧甚多,所在动以千计"②,雍正初,年羹尧奏折称"查西宁各庙喇嘛,多者二三千,少者五六百"③,雍乾年间河湟地区的纳粮和插帐番族人口共计约193524口,参考雍乾时西藏僧人数量与生产性人口的比例是1∶3,按此计算,则番僧有64508人,番人共有口约258032,即清中期番族的人口数量应在25万人以上。④道光初年,那彦成仍奏报"有拉布浪、宗卡、隆务三大寺,招住喇嘛不下二三万人"⑤,可见寺院人口数量一直在膨胀。

清朝并非实行彻底的民族隔离政策,实现西北边疆内地化,将各民族纳入"中国"的一统格局始终是清王朝的目标。捍卫中央政府的权威,打破内部阻隔是保障政令畅通的基础。嘉庆十一年(1806),青海蒙古王公请求在蒙番交界添筑三城,设官驻兵,代为防守,被驳回,因"蒙古、番族皆系天朝臣仆,大皇帝一视同仁,无从区别。今若为尔等建筑城座,是欲将番族隔绝划出界外,已属不可。况青海为西藏往来大路,达赖喇嘛等遣使年班入贡,每岁经由。尔等赴西藏熬茶,亦路所必经。番族见蒙古边界既筑城驻守,又复经行其地,亦必以为逾越界限,从起〔此〕抢夺肇衅迄无已时,尚复成何事体"⑥,蒙古贵族和清政府在对青藏地区

---

① (清)杨应琚纂:《西宁府新志》卷34《艺文志·奏议》,《中国西北文献丛书》第一辑《西北稀见方志文献》第五十五卷,兰州古籍书店1990年版,第480页。
② (清)梁份著,赵盛世等校注:《秦边纪略》卷1《河州(卫)》,青海人民出版社1987年版,第35页。
③ 《清世宗实录》卷20,雍正二年五月戊辰,中华书局1985年版,第333页。
④ 参见贾伟《明清时期河湟地区民族人口研究》,民族出版社2013年版,第76—77页。
⑤ 那彦成:《平番奏疏》卷2,沈云龙主编《近代中国史料丛刊续编》第四十六辑,台北:文海出版社1977年版,第114页。
⑥ 《遵旨晓谕青海蒙古王公,令其自行防守,并派员前赴尚那克地方踏勘有无关碍(隘)安插野番各事宜折》(嘉庆十一年七月二十四日),载哲仓·才让辑编《清代青海蒙古族档案史料辑编》,青海人民出版社1994年版,第52页。

的管理中产生博弈，蒙古希望筑城驱逐藏人，划定边界以维护既有领地，而清政府则强调"蒙古、番族皆系天朝臣仆"，不应有藩篱之别，并防止蒙藏因此起衅，激化民族矛盾，从而驳回筑城之请，是清朝统治者"大一统"思想的具体体现。

三 土族人口及分布

土族自称"蒙古尔"，或"察罕蒙古尔"，其族源与蒙古人有密切关系，还融合了较多藏族和汉族的成分。明代居于青海河湟地区的土达是土族的主要来源。① 比利时神甫许让（LeP·L·Schram）于 1911—1922 年在土族（蒙古尔）地区居住了十年，他认为西宁地区居住着"自称蒙古尔而汉人称之为土人的人，土人之意为'本地人，当地人'"，"土人"是汉人对他们的称呼，他们自称"蒙古"或"察罕蒙古"，而蕃人称蒙古尔人为"嘉霍尔"，"'嘉'（Cha）意为汉人，'霍尔'（Hor）是吐蕃人对吐蕃北部游牧部落的称呼，因此这个词的意思是汉化蒙古人"②。另外，据《西宁府新志》载，明初在土族地区封授的 14 家土司中，除 2 家之外，其余 12 家土司之先世皆系蒙古人。关于土族的人类学资料中也有相当部分反映着其源于蒙古的历史记忆，互助、民和、大通的土族中流传着他们的祖先是来自一部分蒙古人以及蒙古人与霍尔人通婚的传说，青海民和地区的土族老人说："我们是鞑靼人，我们的祖先也是在北边草地住帐篷，过游牧生活的"，互助白崖庄的土族人也说：土族人"原是鞑子，是成吉思汗西征时来的。大汗部下在青海的互助、民和及甘肃的东乡各留下了一队人马，他们的首领就是格日勒图，其塑像供在佑宁寺石崖上的一座佛堂里。这些兵马原准备进藏的，后来不知什么原因，没有

---

① 关于土族的族源主要有"吐谷浑说"和"蒙古人或蒙古人为主说"，目前学界大多倾向后者。持此观点的主要有：陈玉书：《关于土族的来源问题》，《历史研究》1962 年第 6 期；陶克塔呼：《土族源流新议——兼谈土族的历史斗争》，《民族研究》1982 年第 3 期；李生华：《土族绝非吐谷浑后裔——对土族族源研究若干问题的思考》，《青海社会科学》2004 年第 4 期；崔永红、张得祖、杜常顺主编：《青海通史》，青海人民出版社 1999 年版；李克郁：《土族（蒙古尔）源流考》，青海人民出版社 1993 年版；杨绍猷、莫俊卿：《明代民族史》，四川民族出版社 1996 年版；秦永章：《甘宁青地区多民族格局形成史研究》，民族出版社 2005 年版。

② [比利时] 许让：《甘青边界蒙古尔人的起源、历史及社会组织》，李美玲译，青海人民出版社 2007 年版，前言第 1 页，第 13 页。

进藏而定居下来"①。据辛存文的调查，"民和县三川土族地区石崖上有个崖尔寺。寺内所供的神名叫郭尔朵的的（'的的'：三川土语，爷爷的意思）。据说：郭尔朵是蒙古人，成吉思汗的大将，带兵打西藏，退兵时找不到马镫，便同部众在三川一带居留下来，和当地的妇女结了婚"②，藏文史籍《佑宁寺简志》记载："从前，大地梵天江格尔汗（即成吉思汗）的大臣格勒特带领部属来到这里（青海互助地区），现在的霍尔（土族）多为他们的后裔"③，以上两则口述传说与上引藏文史籍《佑宁寺简志》中的记载完全相符，说明元代甘青地区的一部分蒙古驻军是土族的主要来源。④ 明代有大批汉族移民进入同仁地区，成为土族形成的一个来源。《秦边纪略》记载明代聚居于河州等地土人的来源，说："其先世夷人，居中土已久，服食男女与中国无别，且旧与汉人连姻，与汉人言，则操汉人音，又能通羌夷语，其实心为汉，非羌夷所可及云。"⑤ 大通卫土民风俗朴实，讲土话，俱通汉语，男子服饰大领长袖，也有穿汉服者，妇女戴帽，辫发用红棉绳贯青铜钱垂脑后，耳坠大环，或银、铜不一，无多首饰，足穿腰袜，衣服无论粗细布绸，杂五彩束以大带，至今土族的传统服饰仍然保留了这些特点。土族崇信藏传佛教，子弟多送与僧为徒，至清末，读书考明经的逐渐增多，也不乏博通经史之人。清代中叶许多汉人陆续从四川、甘肃等地迁入今互助境内，与土族杂居，互相通婚，也逐渐融入土族中。⑥

四　信仰伊斯兰教的人口分布

清代陕甘信仰伊斯兰教的民族的大迁徙活动，从人口规模、迁徙路

---

① 李克郁：《土族（蒙古尔）源流考》，青海人民出版社1993年版，第33页。
② 辛存文：《民和土族东伯府李土司世系考察》，《青海民族学院学报》1981年第3期。
③ 桑木吉珠门巴·洛桑坚巴措成著，毛继祖译注：《佑宁寺简志》，载《佑宁寺志（三种）》，青海人民出版社1990年版，第10页。
④ 李克郁：《民和三川地区土族来源之传说》，《青海民族学院学报》2005年第3期；鄂崇荣：《多元历史记忆与族群认同变迁——从土族神话传说看民和土族认同的历史变迁》，《青海民族学院学报》2008年第2期。
⑤ （清）梁份著，赵盛世等校注：《秦边纪略》卷1《河州（卫）》，青海人民出版社1987年版，第35页。
⑥ 《土族简史》编写组：《土族简史》，青海人民出版社1982年版，第33页。

线、迁徙距离、迁徙时间等各方面来看，都是中国历史上空前的一次民族迁徙活动，在新的历史条件下，逐渐形成了新的聚居点，对河湟地区社会生活和文化格局的影响延续至今。

（一）回族的分布

清代回族已遍布全国，大散居、小聚居的分布特点形成，各地都有回回的自然村落，并普遍修建清真寺，与汉族大面积杂处，"吴景敖在《清代河湟诸役纪要》中记载：'伊斯兰教之流传于中国西北部，由来甚久，……迄明末清初，西起瓜、沙，东至环、庆，北抵银、夏，南及洮、岷，所谓甘回即东干回之足迹，盖已无地无之。'"①，回族的广泛分布对河湟地区的文化产生了重要影响。

清代甘肃省的辖区包括今青海、宁夏部分地区，"甘省本属边地，向来回民散居各属，多于汉民，城乡村镇所在皆是"②，白寿彝先生认为："狄道、河州夙为回薮，土著汉民不过十之三，类多为回所役使，谓之从教户"③，但从甘肃省的总体情况看，回族的人口比例不会高出汉族，"民三回七"之说似乎言过其实。河州自元明以来就是较大的回族聚居区，《清实录》载"甘省回民甚繁，河州聚处尤众"④，且与其他民族呈杂居之势，宗教人才辈出，经济活跃，素有"小麦加"之称。雍正时期，"西安省会及东西附近属邑回众最多，而甘属自平凉西北至于宁夏，比屋皆是，他如西宁、河州、甘凉所在多有"⑤。乾隆时期，甘肃是回族分布较密的地区，"甘肃自省垣及所隶府、厅、州、县，大半参居回民"⑥，清代中期以后，回族人口开始迅猛发展，"以生以息，户口之蕃亦臻极盛"⑦，

---

① 吴万善：《清代西北回民起义研究》，兰州大学出版社1991年版，第164—165页。
② （清）奕䜣等总裁：《钦定平定陕甘新疆回匪方略》卷29，《中国西北文献丛书》第三辑《西北史地文献》第十一卷，兰州古籍书店1990年版，第358页。
③ 杨毓秀：《平回志》卷5，载白寿彝编《回民起义》第三册，神州国光社1952年版，第175页。
④ 《清高宗实录》卷290，乾隆十二年五月壬寅，中华书局1985年版，第804页。
⑤ 中国第一历史档案馆编：《雍正朝汉文朱批奏折汇编》第14册，雍正七年三月十七日，陕西总督岳钟琪谨奏，江苏古籍出版社1989年版，第843页。
⑥ 杨毓秀：《平回志》卷3，载白寿彝编《回民起义》第三册，神州国光出版社1952年版，第107页。
⑦ 易孔昭、胡孚骏、刘然亮：《平定关陇纪略》卷1，载白寿彝编《回民起义》第三册，神州国光出版社1952年版，第247页。

同治前河州和西宁府城乡可考的回族聚落共有108处，①主要集中在今天的河州、循化、化隆和西宁等地，至道光时已有大寺二百二十座，小寺一千多座。②

大多数信仰伊斯兰教的民族最早通过绿洲丝绸之路进入今甘肃地区，河西走廊是回族的主要聚居地之一。清代中后期，西北地区频繁发生穆斯林群众的反清斗争，河湟地区每次都是战争的中心，造成大规模的人口死亡，也掀起了人口迁移的浪潮。顺治五年（1648），一部分回族群众翻越祁连山，渡过大通河，进入河湟地区，得到麦力干等蒙古首领的招抚，在当地开荒垦田，定居于北川营、白塔儿等地。郎谈在《请禁西宁寺庙诸番给蒙古纳进疏》中提道："白塔等处居民，乃顺治六年因回番丁国栋等作乱，惧罪逃于白塔等处，开田立舍，招聚逃亡，累至万户。"③此后，河西走廊基本上没有大规模的回族分布，大量回族迁徙到河湟地区，这是清代回族分布的一个重大变化。这些回族在蒙古人的势力范围内，与蒙古族、汉族贫民共同垦殖，必然会发生民族交往交流交融。

同治元年（1862），清政府认为"回民则近城驿非所宜，近汉庄非所宜，并聚一处非所宜"④，将大批回族迁徙到"水草不乏，川原相间，荒绝无主，各地自成片断者"⑤的"三边二梢"地区，实行回汉隔离政策，西宁、多巴、丹噶尔厅的回族人口锐减，河州成为全国最大的一个成片的穆斯林聚居区，奠定了以后临夏回族自治州的基础。人口减少、迁移，加上清朝政府一系列善后措施，改变回族原有的聚落形式，其社会组织的形式发生了重大变化，与其他民族的杂居更为普遍，从而促进了各民族文化的交往和交融。

---

① 路伟东：《清代陕甘人口专题研究》，上海书店出版社2011年版，第249、267页。

② （清）龚景瀚编，李本源纂修：《循化厅志》卷8《回变》，台北：成文出版社1968年版，第182页。

③ （清）杨应琚纂：《西宁府新志》卷34《艺文志·奏议》，《中国西北文献丛书》第一辑《西北稀见方志文献》第五十五卷，兰州古籍书店1990年版，第480页。

④ 杨书霖编：《左文襄公（宗棠）全集》奏稿卷41，沈云龙主编《近代中国史料丛刊续编》第六十五辑，台北：文海出版社1979年版，第1619页。

⑤ 杨书霖编：《左文襄公（宗棠）全集》奏稿卷41，沈云龙主编《近代中国史料丛刊续编》第六十五辑，台北：文海出版社1979年版，第1619页。

(二) 撒拉族①的分布

撒拉族自称撒拉尔，简称撒拉，汉文史籍中对其称谓有十多种，如《元史·百官志》称为"撒剌"，《新元史·氏族表》称为"撒拉儿"，《明永乐实录》称为"沙剌"，《明宣德实录》称为"沙剌簇"，《清实录》称为"萨拉""萨拉尔""撒拉尔"，（乾隆）《循化志》称为"撒喇"等。撒拉族信仰伊斯兰教，风俗习惯与回族类似，主要聚居在今青海省循化撒拉族自治县、化隆回族自治县甘都镇、甘肃省积石山保安族东乡族撒拉族自治县（简称积石山县）的大河家镇，是河湟地区特有的少数民族。

元朝，撒拉族首领韩宝被任命为积石州世袭达鲁花赤，《清史稿》载其名为韩宝元，为"撒拉尔回人"。明初，韩宝归附，被封为世袭百户。《循化厅志》载撒拉族"始祖韩宝，旧名神宝，系前元撒剌尔世袭达鲁花赤。洪武三年五月邓大夫不（下）归附。六年，收集撒剌尔世袭百户，拨河州卫，征黑白二章哑等处。四月，授值字六百五十六号世袭诰命一道，昭信校尉管军百户职衔。十八年，拨河州卫右所管军，故，子韩撒都剌袭。二十五年，征罕东等处番贼。二十六年，钦赐金牌一面，纳马一百二十匹"②。自明代至清代前期，撒拉族属于河州番族之一。《边政考》将撒剌族列入河州卫西番纳马十九族之内，称"河州番……撒剌族，男妇一万名口，纳马"，10000口即2000户左右。顾炎武在临洮府所属的纳马番族五十六族中列有"撒剌族"③，《河州志》载河州的中马番族中有"撒剌族"，在州西积石关外二百里，本为藏族居地，因韩宝有功特赐。

清初，撒拉族依然被安置在土地平坦、宜农宜牧的循化街子工一带，韩宝后人韩愈昌于康熙年间归附，其子韩炳抚番有功，雍正七年

---

① 关于撒拉族的研究参见芈一之《撒拉族政治社会史》，香港：黄河文化出版社1990年版；《撒拉族简史》编写组《撒拉族简史》，青海人民出版社1982年版；杨建新《中国西北少数民族史》，宁夏人民出版社1988年版；芈一之《撒拉族的来源和迁徙探实》，《青海民族学院学报》1981年第3期；胡振华《撒拉族及撒拉族研究》，《中国穆斯林》2023年第5期。

② （清）龚景瀚编，李本源纂修：《循化厅志》卷5《土司》，台北：成文出版社1968年版，第125页。

③ （清）顾炎武撰，黄珅等校点：《天下郡国利病书·陕西备录下·临洮志·茶马》，上海古籍出版社2012年版，第2121页。

（1729），岳钟琪奏请将"韩炳、韩大用二人各给与土千户号纸，令分辖回族"①，管辖河州撒拉地方。撒拉的"工"相当于乡，每工由若干村庄组成，"雍正以前并无工名，故雍正七年册但称草滩坝等十一庄。据韩光祖（撒拉族土司）云雍正八年征棹子山，调兵三千协剿，始分十二工名目"②。

雍正时，撒拉族人口有所增长。雍正五年（1727）十月，西宁撒拉土司呈报户口时，统计为 1600 余户，雍正七年（1729），岳钟琪上奏 6000 余户，③ 乾隆二十九年（1764），"撒喇族共二千七百九户，大口三千四百九十七口，小口三千五百八十八口"④。据贾伟统计，"乾隆四十六年的苏四十三起义之前，撒拉族当有户 3903，按其相近的口内十二族番族的口户比 5.75 计，则有口 22442"⑤。最初清朝官方认为撒拉族与回族并无区别，清代的一些官方文书及私人著述中对其有"撒拉番回""循回""撒拉回子"等称呼，乾隆时才下令调查河州、循化厅等处的回族种类，从而认定"撒拉回"为一个独立的民族共同体。

清代，土司领导下的撒拉尔回兵是撒拉尔地方的重要保安力量，多次被征调赴陕北、关中、南京、西昌、长城沿线、居延海等地参与一些军事活动，《清实录》中多次出现撒拉尔回兵"情殷报效""著有劳绩""着加恩赏"的记载。撒拉尔回兵的活动一方面显示了自蒙元以来信仰伊斯兰教的族群大量移入河湟地区，并在清代发展成为了独立的民族共同体，另一方面反映了清代河湟地区的内地化进程，同时显示了撒拉族内部阶层的划分、民族认同与国家认同的辩证关系。

自乾隆四十六年（1781）起，撒拉族在战乱中遭遇重大损失，许多人口死亡，有的被流放，导致河湟地区的撒拉十二工减少为八工。至清

---

① （清）龚景瀚编，李本源纂修：《循化厅志》卷1《建置沿革》，台北：成文出版社1968年版，第20页。

② （清）龚景瀚编，李本源纂修：《循化厅志》卷4《族寨工屯》，台北：成文出版社1968年版，第92页。

③ （清）龚景瀚编，李本源纂修：《循化厅志》卷1《建置沿革》，台北：成文出版社1968年版，第19页。

④ （清）龚景瀚编，李本源纂修：《循化厅志》卷4《族寨工屯》，台北：成文出版社1968年版，第93页。

⑤ 贾伟：《明清时期河湟地区民族人口研究》，民族出版社2013年版，第85页。

末，撒拉族经过百余年的恢复与发展，人口有所恢复，有相当数量的撒拉人跨过黄河，向北方迁移，进入藏族聚居的巴燕戎地区开垦耕种，或从事商贸活动。同治年间，部分撒拉人迁往甘肃省积石山县一带。光绪二十一年（1895），河湟事件发生后，又有一批撒拉人迁至新疆伊宁地区。这一系列迁徙最终构成了撒拉族的分布格局。

（三）东乡族和保安族的分布

东乡族自称"撒尔塔"，信仰伊斯兰教，因居住在甘肃河州（今甘肃临夏回族自治州，简称临夏州）的东乡地区而得名，历史上曾被称为"东乡回""东乡土人""东乡蒙古""蒙古回回"等。东乡族的族源成分复杂，由历史上聚居于此的各民族长期交往融合而成。元以前，河州东乡地区的主要居民是汉族和藏族，蒙元时期，成吉思汗曾将蒙古人和信仰伊斯兰教的色目人编入"探马赤军"，其中包括撒尔塔人。蒙古征西北时，河州是其重要的屯戍要地，大批"探马赤军"驻扎于此，成为东乡族的一个来源。汉族和藏族也是东乡族的重要来源，如唐汪川的唐姓东乡人、汪姓东乡人，东乡县锁南地区的康家、王家、张王家，汪家集的张家、高家等都说自己的祖先是汉族，羊腊家地区的杨姓东乡人则说他们的祖先是藏族。① 明代中叶，东乡地区推行里甲制度，归入明朝地方政府的管辖，由"兵"化"民"。清康熙时，河州知州王全臣在东乡地区清理地亩，厘定税例，建立了社会组织。今天东乡族主要聚居在甘肃省东乡族自治县、积石山保安族东乡族撒拉族自治县、广河县、临夏县、和政县和酒泉市等的一些乡镇。

保安族，历史上曾被称为"保安回回"，其族称来源于原居住地——青海省同仁县隆务河边的保安城。保安族信仰伊斯兰教，与回族的文化特征十分接近，明清时期周围的土族和藏族仍称其为"回回"。元世祖后期，"探马赤军"编户入籍，成为民户，他们以驻军垦牧的形式在同仁境内隆务河两岸定居下来，成为保安族的来源。明洪武时期，在同仁地区设置保安站、保安堡，万历时设"保安营"，后扩建为保安城，隶属河州卫，置都指挥使，管辖同仁十二族，即"保安十二族"，保安族居住在保安城、下庄、尕撒尔（当时俗称"保安三庄"）一带，自称"保安人"，

---

① 杨绍猷、莫俊卿：《明代民族史》，四川民族出版社1996年版，第231页。

"保安"由地名变为族名，明代中后期逐渐形成了独立的民族共同体。同仁是今青海省黄南藏族自治州（藏族称"热贡"）的州府所在地，与贵德县、循化县和夏河县相邻，除数量最多的藏族村庄外，隆务镇的主要居民有回族和撒拉族，四寨子①的主要居民为土族，是青海省唯一的国家级历史文化名城，热贡艺术被列入世界非物质文化遗产代表作名录，藏乡六月会、土族於菟舞、热贡藏戏等被列入国家级非物质文化遗产名录，是热贡艺术之唐卡、雕刻、堆绣的集中创作地。隆务镇的隆务寺是安多地区藏传佛教的六大寺院之一，为全国重点文物保护单位。如此丰富多彩又独具特色的文化遗产正是历史上这一地区多民族长期交往交流交融的产物。

清朝咸丰、同治年间，保安人被迫离开河湟地区，迁居到河州，即今甘肃省积石山县的大河家、刘集一带定居，聚居在大墩村、梅坡村和甘河滩村，即"保安三庄"。积石山县是甘肃省唯一的多民族自治县，也是全国唯一的保安族聚居地，大河家镇有汉族、回族、保安族、东乡族、撒拉族、藏族和土族共同居住，七个民族使用汉语、东乡语、撒拉语、保安语、土族语和藏语。

蒙元时期至明朝初年，由于和硕特蒙古进驻青藏高原，驻牧于汉藏边界偏西的河湟地区，有和藏族形成联合威胁西北边疆安全之势，明清王朝为防止其联合东侵，将大量汉族移居移戍于此，即便如此，游牧区和农耕区的边界始终存在，并且随着不同时期游牧民族和汉族关系的变化发生边界的有限移动。河湟地区是汉族、回族、藏族和蒙古族的聚居区，在他们之间的过渡和缓冲地带，形成了撒拉族、保安族、东乡族和土族等一些人数较少的民族共同体，这些民族在长期的交往交流交融过程中，实现了一定程度的互利共赢，也形成了许多共性。

在血缘和体质特征上，土族、撒拉族、保安族和东乡族都与汉族、藏族和蒙古族有密切的关系。根据最新的体质人类学和群体遗传学研究，"蒙古语族人群结构在男性和女性中保持一致，保安族、东乡族、土族聚

---

① 13 世纪末到 14 世纪初，四寨子的先民陆续在保安隆务河两岸建立了四个屯寨，分别是季屯、李屯、吴屯和脱屯。[（清）龚景瀚编，李本源纂修：《循化厅志》卷 4《族寨工屯》，台北：成文出版社 1968 年版，第 96—97 页]

为一类",阿尔泰语系人群结构中男性聚类分析结果是保安族、东乡族、土族和维吾尔族分为一类;女性聚类分析结果是保安族、东乡族、蒙古族聚为一类,土族、撒拉族和维吾尔族等聚为一类。且"相同语族的人群具有相似的头面部类型,相同语族的人群大都聚在一起",研究也发现了不同语族人群间混合的证据,从科学角度证明中国阿尔泰语系(突厥语族、蒙古语族和通古斯语族)内部的人群具有复杂的交往和融合的历史。① 东乡族的体部特征与回族、保安族最为接近。②

马成俊等人在田野调查的基础上,指出循化撒拉族和周边藏族具有共同的祖先隐喻、共同的社会结构、共享自然资源和共通的语言文化,二者之间的"许乎"(藏语,意为朋友)、"达尼希"(撒拉语,意为认识的人或熟人)关系揭示了这两个民族保持着长期的互惠互济和互利的亲密关系,同时遵循彼此尊重、和而不同的交往原则。③ 这些民族的文化都受到汉族、藏族和蒙古族的影响,比如裕固语、土族语、撒拉语、保安语和东乡语中就有很多汉语、藏语和蒙古语的成分。再如撒拉族的传统服饰与回族、藏族、蒙古族和汉族的服饰都有相互影响和交融的痕迹,体现了撒拉族为适应环境、充分利用自然资源和生产资料的灵活性,也体现了河湟地区民族交界地带游牧文明与农耕文明的交流互动。在建筑装饰艺术方面,回族砖雕、汉族木刻、藏族彩绘常常融合应用于各类经堂庙宇等公共建筑中。在物质文化及非物质文化领域都有普遍的体现。

经济方面处于民族交界地带的诸民族都采用宜农则农、宜牧则牧,农牧兼营的生产方式。撒拉族、东乡族和保安族善于经商,其所居之西是蒙藏族牧区,东边是汉族农业区,因此他们长期以来都是汉藏贸易的中间人,回族和撒拉族常深入藏区收购毛皮、药材、野生菌类、各类畜牧业产品贩卖到农业区,再把茶叶、布匹、盐、农业生产用具等贩卖到

---

① 参见张咸鹏等《中国阿尔泰语系人群头面部的表型特征》,《人类学学报》2023年第3期。
② 参见宫磊等《东乡族的体部特征及其30年来的变化》,《天津师范大学学报》(自然科学版)2023年第6期;孙思雨等《中国西北地区4个少数民族的体部特征》,《南京师大学报》(自然科学版)2023年第2期。
③ 参见马成俊、刘子平《"许乎"与"达尼希":撒拉族与藏族关系再研究》,《中华民族共同体研究》2023年第5期。

藏区，连接了一个牢固的商业贸易网络，从某种程度上讲，经济分工比民族划分更具有现实意义和社会影响力，各民族在经济交往中形成了一套共同遵循的交易准则、行为规范和价值观，并外化为形式多样的文化形态，以保障彼此间的沟通与合作共赢。

第三节 民族杂居的区域个案：西宁府

明洪武六年（1373）设西宁卫，清雍正二年（1724）改置西宁府。西宁府"一线东通，三面外暴，如以孤缒悬弹丸，掷之羌戎掌中。而又设有市口，诸货辐辏，不特五方杂厝，有不远数万里而至者"[①]，既具有"堂皇篱落，自为中外"的战略地位，又是边地商贸往来的重镇。本节通过对各类文献的梳理，以西宁府为例，说明清代河湟地区复杂的民族居住格局，从而勾勒出该地区民族交往和文化交流的基础条件。

一 西宁府三县的民族杂居

（一）西宁县

西宁县为"西陲重镇"。西宁卫边堡有巴暖三川，可耕可牧可守，"汉土杂居，番夷环处"，土人皆李土司所部，熟番、生番其目不可考；古鄯驿[②]"其东皆土人番族，语言不通"；巴州堡，"土人自守，倍于兵民。汉人无居此者，山高而地瘠也"；下川口，亦为土人所居，以山地为主，"稼穑艰难，瓜果非饔飧物也"；上川口，交通便利，"高山深谷可四达焉"，李土司所居；老鸦城，据险扼要，汉土杂居，卓子山一带皆为黑番所居，瞿昙寺在西七十里，寺皆黑番所居；碾伯城，为西宁一大镇，交通便利；平戎驿，南北皆夷，土番杂居，"有乡田同井之风"，亦有黑番、西夷住牧；西宁卫是重要的互市场所，"自汉人、土人而外，有黑番、有回回、有西夷、有黄衣僧，而番回特众"，"黑番强半食力为人役，回回皆拥资为商贾，以及马贩、屠宰之类"；南川口，有熟番十三族住

[①] （清）杨应琚纂：《西宁府新志》卷3《地理志》，《中国西北文献丛书》第一辑《西北稀见方志文献》第五十五卷，兰州古籍书店1990年版，第178页。

[②] 唐为鄯城县，即唐龙支县。鄯城在今之西宁。

牧，俱纳夷添巴；西川口，祁土司所居，为防夷要害之地；镇海营，为西宁门户，茶马互市之通衢也。① 西宁"治之土民，亦有汉族"，韩土司"所辖名撒拉回，语言与缠头同，然番民亦有附入撒拉者"，可见西宁县是一个典型的民族杂居地区。

今青海湟水西川北岸的多巴（或作多坝），为互市之地，"居然大市，土屋比连，其廛居逐末，则黑番也。出而贸易，则西宁习番语之人也。驮载往来，则极西之回与夷。居货为贾，则大通河、西海之部落也。司市持平则宰僧也，至于那颜独无之。多巴岂非内地，而顾为夷之垄断哉"，达赖所部与麦力干所部宰僧之一皆居多巴，②"黑番、回回筑土室成衢，为逆旅主人"③。北川营，有大量"回之叛亡而附西夷者，及汉人之亡命"移居至此。清初，麦力干率部万人驻牧于今门源、大通北及皇城滩一带，顺治五年（1648），"回回叛乱，逃亡于此汉人及回，筑高堡、庄田、水磨、斗车，种麦、豆、青稞，凡牛、种皆系麦力干所给，而岁纳添巴，若种屯田法也。其地横亘百数十里，村堡相望，中有白塔，因谓之白塔儿"④。

白塔儿，因地有塔，蜃灰垩之，故名。"山环地衍，其土沃润，其道西夷错杂。厥革：貂鼠、白狼、艾叶豹、猞猁狲、元狐、沙狐、牛皮、鹿、麋、羊羔。厥货：镔铁、金钢钻、球琳、琅玕、琐幅、五花毯、撒黑剌、阿魏、哈剌、苦术、绿葡萄、琐琐葡萄。厥牧：马、骆驼、犏牛、牦牛、羱羊、羱羊。厥居：土屋、平房、木几榻。厥人：汉、回错杂，各为村落，弓矢佩刀，未尝去身。厥贡：则输之于夷，夷亦莅以宰僧，董

---

① （清）梁份著，赵盛世等校注：《秦边纪略》卷1《西宁卫·西宁边堡》，青海人民出版社1987年版，第58—68页。《秦边纪略》中的"黑番"指藏族，"黄番"指裕固族，"西夷"指明中叶以后进入甘肃、青海地区的蒙古族。
② （清）梁份著，赵盛世等校注：《秦边纪略》卷1《西宁卫·西宁边堡》，青海人民出版社1987年版，第68—69页。注："宰僧，夷之头目，即'长官'之意。'那颜'为主事者，也是汉语'长官'之意。
③ （清）梁份著，赵盛世等校注：《秦边纪略》卷1《西宁卫·西宁近边（疆）》，青海人民出版社1987年版，第77—78页。
④ （清）梁份著，赵盛世等校注：《秦边纪略》卷1《西宁卫·西宁边堡》，青海人民出版社1987年版，第69页。

麦、粟、力役之征，如民牧焉。四方之夷，往来如织。"① 此地居民来源复杂，族类多样，梁份注曰："其人，男耕女织，且有老学究授四书、毛诗章句者。其地之汉人，则西宁之亡命，回回，则顺治八年之叛党，各仍其俗，共居于此。其添巴则纳麦力干。分地给种，皆麦力干所为也。宰僧，夷目总名"②。

东川威远堡，有尔阁隆寺，为黑番所居。以上为西宁卫所属，雍正初年改西宁府，附西宁一县，包括碾伯县。黑番尔阁隆族人数较多，驻牧于西宁北一百五十里红崖沟的纳夷人添巴，居庄浪之西山连城者有五百余家，为中马番族，不纳夷人添巴。碾伯西二十里有掌吉儿壑，山石峭峙，六月可冰，无人居住，偶有湟、庄番族在此游牧。庄、湟交界处棹子山，山顶平坦，自山麓至山腰，多茂草，当地土著在此耕植畜牧，番人依山游牧。

自西宁东南接河州界起，向东北接庄浪界，为西宁近边疆属地。包括巴羊绒川，近内地，水草丰茂，本为番族住牧，后河曲蒙古人口日益滋繁，便趁冬日以坚冰为桥，渡河游牧于此，番人不得不向北迁徙至石扎巴。西宁之南归德峡，"番族居之，而斗租石赋，不入县官"，"皆纳夷添巴"③，镇海之西有东西俱尔湾，"旧为内地，安插黑番"住牧。

（二）碾伯县

碾伯县，今青海海东市乐都区，境内湟水也称碾伯河。明洪武五年（1372），设碾伯卫，洪武十九年（1386）废，置碾伯右千户所，清康熙六年（1667），碾伯千户所乃属西宁卫。雍正二年（1724），西宁卫改为西宁府，碾伯所改为碾伯县，隶属甘肃省西宁府，包括今青海海东市乐都区、民和县及化隆等县的部分地区。至乾隆九年（1744），由碾伯南山后藏民二十族及西宁南山后藏民十六族，合并设立了巴燕戎格通判厅。至此，碾伯县南部今属化隆县的部分地区已划出。"碾伯地接戎、羌，僻

---

① （清）梁份著，赵盛世等校注：《秦边纪略》卷1《西宁卫·西宁近边（疆）》，青海人民出版社1987年版，第78页。

② （清）梁份著，赵盛世等校注：《秦边纪略》卷1《西宁卫·西宁近边（疆）》，青海人民出版社1987年版，第78—79页。

③ （清）梁份著，赵盛世等校注：《秦边纪略》卷1《西宁卫·西宁近边（疆）》，青海人民出版社1987年版，第72页。

在西壤,汉、番杂处。民情坚刚,荷戈执戟,修习戎行。西番夷民,多重射猎,畜牧资生。汉民勤习耕稼,罕知贸迁。草莱未辟,士鲜知文。然民俗质朴,物力滋丰,三代遗风,犹见于今"①,所设土司有李、祁、赵三姓,世袭指挥同知,冶、阿、辛、甘、朱、剌六姓,世袭指挥佥事,其中李、祁、冶三姓族最繁衍,代有名人。② 全县辖番族共89族。③

（三）大通县

大通县,清初为青海蒙古部落游牧地,年羹尧、岳钟琪平定罗卜藏丹津叛乱后,"因番民归附内地甚众",于雍正三年（1725）奉旨设官建城,以安置归附藏人,筑大通、永安、白塔三城,分兵驻守,设大通卫。雍正五年（1727）,设大通镇总兵,雍正十三年（1735）,改总兵为副将。乾隆二十六年（1761）,改为大通县。清末仍被视为"开化未久",不可比于内地。④ 大通河发源于祁连山,东流入湟河,"北接凉州,东连白塔,南通青海,西界甘州",是河湟地区最重要的河流之一,因其"水不甚深,其地可耕可牧,毡裘之君长在焉。且他夷所居,不过施毡帐逐水草耳。惟河源之夷,为栋为椽,茅覆灰墁,有宫室之规,而夷人曾不深居,乃有牧无度,非禀性使之然与。河源之间,招纳流亡,牧羊孳马,溉种深耕,为根本地"⑤。大通河流域土地较为开阔平坦,可以耕种,水草大善,夏凉冬温,"顺治十六年（1659）,麦力干于此开地伐木、陶瓦、大营宫室,使其长子南力木居之。而麦力干往来于黄城、酸茨之间。其长子招集流亡,种麦豆,畜牛马,竟如内地矣。黄城、酸茨、三角、白塔、昝卜及青海之曲先卫,皆其部落,凡事悉来禀命,其诞生罔不毕集"⑥。

---

① 李天祥纂集,梁景岱鉴定,景朝德标注:《碾伯所志·习尚》,《青海地方旧志五种》,青海人民出版社1989年版,第115页。

② 李天祥纂集,梁景岱鉴定,景朝德标注:《碾伯所志·土司》,《青海地方旧志五种》,青海人民出版社1989年版,第112页。

③ 李天祥纂集,梁景岱鉴定,景朝德标注:《碾伯所志·番族》,《青海地方旧志五种》,青海人民出版社1989年版,第114—115页。

④ 刘运新等编纂,大通回族土族自治县民族古籍办公室标注:《大通县志》卷2《建置志》,《青海地方旧志五种》,青海人民出版社1989年版,第475—476页。

⑤ （清）梁份著,赵盛世等校注:《秦边纪略》卷1《西宁卫·西宁近边（疆）》,青海人民出版社1987年版,第80页。

⑥ （清）梁份著,赵盛世等校注:《秦边纪略》卷1《西宁卫·西宁近边（疆）》,青海人民出版社1987年版,第81页。

二　西宁府四厅的民族杂居

与明朝的"府州县"设置有所不同，清朝的行政建置为"府厅州县"，"厅"与清朝的疆域统辖、行政管理的深入发展相伴，尤其在省区交界地带和少数民族地区得到广泛设置，作为过渡性政区在边疆地区二元政治结构中发挥着独特的渐进式改革作用，最能反映清代政区建置的特色。① 厅的长官有同知和通判之分，按隶属关系又可分为直隶厅和散厅，直隶厅为统县政区，与府、直隶州平级，散厅为县级政区。

（一）贵德厅

贵德厅"背倚黄流，面临青海，河湟夹辅，松潘后屏"②，具有重要的战略地位。自元代正式列入版图，隶属吐蕃等处宣慰使司，明置归德所，仍隶属于河州卫，至清代已"久沐教化"，雍正四年（1726）改隶甘肃临洮府，"当时县治诸酋，外属青海蒙古，内隶各寺喇嘛，遂以贵德为青海之属地。其后鉴于罗卜藏丹津之乱，将贵德收归西宁。察汉诺门汗仍归青海，断其肩臂，青海始弱"③，乾隆三年（1738）改隶西宁府，乾隆二十六年（1761），设县丞。乾隆五十七年（1792）又裁县置厅，设抚番同知，其地"人有汉蒙番回之殊，俗分耕牧从猎之业"④，"丧尚佛事，人鲜读书，文物之化阙焉"⑤。

（二）丹噶尔厅

丹噶尔厅，今青海湟源县。明末清初，藏语称"东科尔"，蒙古语转音为"丹噶尔"。雍正三年（1725），划为西宁县属地，雍正五年（1727），

---

①　参见胡恒《边缘地带的行政治理：清代厅制再研究》，社会科学文献出版社2022年版，第81页。
②　（民国）姚钧纂，宋挺生标注：《贵德县志稿》卷2《地理志·形胜》，《青海地方旧志五种》，青海人民出版社1989年版，第703页。
③　（民国）姚钧纂，宋挺生标注：《贵德县志稿》卷2《地理志·古迹》，《青海地方旧志五种》，青海人民出版社1989年版，第710页。
④　（民国）姚钧纂，宋挺生标注：《贵德县志稿》卷2《地理志·风俗》，《青海地方旧志五种》，青海人民出版社1989年版，第715页。
⑤　（民国）姚钧纂，宋挺生标注：《贵德县志稿》卷2《地理志·风俗》，《青海地区旧志五种》，青海人民出版社1989年版，第715页。

岳钟琪平定青海之后，筑城，以为边防。乾隆九年（1744），设主簿，道光九年（1829），设丹噶尔厅，民国二年（1913）改名为湟源县。

丹噶尔厅"实汉番懋迁之区。乃孤悬塞外，时虞苦寒不毛。始而武弁弹压，继而主簿佐理。至道光中，汉、蒙、番、回错杂其际，以致构成边衅，措治者颇称疲难，因设抚边同知为之佐治。后虽同治中，迭经回变，田舍荒凉而犹赖地方自治之力，城垣固以保全。故光绪乙未（光绪二十一年，公元1895年）之变，又复自治旧规，全境晏然"①。"汉番懋迁之区"以及汉、蒙古、番、回杂居是丹噶尔厅的突出特点，因丹噶尔通西藏，近青海边陲，是为"中外咽喉"，是汉族、土族、蒙古族、回族并远近番人交易之所，正所谓"华夷杂处，耕作之交错，贸易之络绎，重译来王之摩肩而击毂，固已不啻已也"②。清中后期，西方探险家和商人的笔记中留下了不少的河湟社会资料，古伯察旅行到丹噶尔时，看到这里聚集了东部西藏人、西番人、红毛儿人、额鲁特人、倮罗人、汉人、青海鞑靼人和穆斯林，他对如此多民族、部族汇集的场面惊叹不已，称这里"是一座真正的巴别塔"③。

（三）巴燕戎格厅

巴燕戎格厅，曾名摆羊戎厅。初为巴燕戎城，本为西宁县和碾伯县属地，系各营适中扼要之区，四面番回杂处，且土地平旷，水草丰茂，东有碾伯县番民十二族，西有西宁县番民十六族，有多处可以垦荒的土地。乾隆三年（1738），西宁道佥事杨应琚、巴燧游击杨普议请设游击一员，筑土城一座。乾隆四年（1739），杨应琚又议请添设西宁抚番通判一员，管辖各番、汉民人垦种，征收番粮、处理番案等事宜。④乾隆九年（1744），置巴燕戎格厅，隶属西宁府。城内有关帝庙、城隍庙、真武庙、文昌宫与观音庙等祠庙，城周藏传佛教寺院众多。

---

① （清）杨治平编纂，何平顺等标注：《丹噶尔厅志》序言《丹噶尔厅新志序》，《青海地方旧志五种》，青海人民出版社1989年版，第148页。

② （清）杨治平编纂，何平顺等标注：《丹噶尔厅志》卷7《艺文·碑碣类·创建北极山紫霄观碑记》，《青海地方旧志五种》，青海人民出版社1989年版，第340页。

③ ［法］古伯察：《鞑靼西藏旅行记》，耿昇译，中国藏学出版社1991年版，第349页。

④ （清）杨应琚纂：《西宁府新志》卷9《建置志·城池》，《中国西北文献丛书》第一辑《西北稀见方志文献》第五十五卷，兰州古籍书店1990年版，第234页。

(四) 循化厅

循化厅据番境上游，东南有白石山，西北有积石山，倚黄河为险固，为西陲要地，境内番族众多。雍正八年（1730），清廷于此地设循化营，乾隆二十七年（1762），移河州同知于循化，称循化厅，乾隆五十七年（1792）改隶西宁府。根据光绪二十年（1894）九月，循化厅抚番府长上呈的一份档案，① 可以详尽地了解循化厅所管境内各村庄及寺院的情况，呈现出这一地区民族分布的微观格局。

表 1-1　　　　　　　循化厅所管境内各村庄及寺院情况一览

	共计	村庄	寺院	民户	头目	佛僧	其他
东乡	撒回12庄，礼拜寺12座，撒民694户	撒回清水工7庄	礼拜寺7座	撒民486户	头人韩五十三，土司韩膺禄、韩起忠		属河州界，无驿站，系山径小路，不能行车，只容步骑
		撒回孟打工5庄	礼拜寺5座	撒民208户	头人马和者、马什子，土司韩膺禄、韩起忠		
东南乡	撒回汉番2712户，番僧398名	张哈工撒回11庄	礼拜寺11座	612户	头人韩且令、马老三，土司韩膺禄、韩起忠		驿站2处，系山径小路，不能行车，只容步骑
		起台沟番民5寨	古雷寺	770户	头目拉郎昂锁	番僧220名，佛僧加仓	
		老鸦族汉回民	哈家寺			番僧25名，汉僧35名，张佛僧下娄仓	
			篱笆寺院	155户			
		珍珠族汉回民		497户	土司韩廷佐		
		川撒族汉回民		122户	乡约李荣		

---

① 《阜厅境内四至八到山川路径寺院营汛市镇古迹及汉回番撒民户折》，青海省档案馆，档案号：7—永久—4080。

续表

共计	村庄	寺院	民户	头目	佛僧	其他
	牙党族汉回民		18户	总练达吉		
	白藏族汉回民	白藏寺院	347户	乡约王世成	汉僧65名，佛增吉唐仓	
	仰化族汉回民		31户	土司王化清		
	端言族汉回民	金昌寺	37户	乡约赏过官	汉僧20名	
	红崖族汉回民	红崖寺	116户	乡约李顺仓	汉僧33名	
	回回族汉回民		7户	头目崔贤成		
南乡	崖慢工撒回4庄	礼拜寺2座	270户	头人马瞎民，土司韩膺禄、韩起忠		
	夕厂沟番民5庄	寺院1座	170户	果哇①加老管	番僧35名	
撒回番民3779户，番僧6003名	甘家川住牧帐房6头	甘家什作亥寺	番民190户	千户，由拉卜楞放工拭卜	番僧27名	
		白石崖寺			番僧50名	
		拉卜楞寺			番僧3000名，佛僧嘉木样总管	出境蒙古界

---

① 果哇，或称"郭哇"，意思是"头人"，是部落的最高军政长官。因为部落隶属于寺院，而由寺院选派。任期没有限定，属于世袭土官。

续表

共计	村庄	寺院	民户	头目	佛僧	其他
	火力臧番民22庄		680户	头目三喇嘛九麦		
		古的寺院			番僧200名,佛僧雪尕仓	
	上下南拉番民20庄	沙沟寺	280户		番僧70名,佛僧岁仓总管	
		观音完尔寺			番僧73名,佛僧雪尕仓	无驿路,系山径小路,不能行车,只容步骑
	隆哇番民		260户	红布①果麦		
	札喜寺				僧28名	
	卡家寨番民26庄	卡家寺	420户	千户完的并	番僧100名,佛僧江洛昂	
		卡家乃坑塘新寺			番僧120名,岁仓管	
	黑错寨10庄	黑错寺	879户	头目千贯加	番僧2100名,佛僧夕只仓	
	阿木掇合寨8庄	阿木掇合寺	630户	由拉卜楞选放什吉哇喇嘛	番僧200名,由拉卜楞寺选放工拭卜	出境系蒙古界

---

① "红布"的意思是"官",和"果哇"都是部落的最高军政长官。《清稗类钞》载青海番族"尊称人为红布,译言大人也"(徐珂编撰《清稗类钞》第5册《风俗类·青海番族之起居》,中华书局1984年版,第2217页)。

续表

	共计	村庄	寺院	民户	头目	佛僧	其他
西南乡	撒回番民4870户，番僧3155名	街子工撒回11庄	礼拜寺7座	678户	土司韩起忠、韩膺禄，头人韩努		无驿路，系山径小路，不能行车，只容步骑
		查家工撒回7庄	礼拜寺5座	494户	土司韩起忠、韩膺禄，头人韩赤心、韩进忠		
		中库沟番民7小庄	中库寺	120户	百户拉秀加	番僧38名	
		边都沟番民22庄	边都寺	548户	千户看卜加六头，百户6名：看卜化、周加、乃墙完的、才老、俄大吉、多吉先	番僧400名	
		狼家番民3庄		105户	头目拉隆加、老人旦旦尕		
		恩占木番民7庄		233户	千户慈志木		
		双朋番民6庄		220户	红布旦只		
			瓜什济寺			番僧210名，佛僧瓜什济仓，昂锁浪巴	
		阿巴拉铁勿帐番		130户	百户尕洛		
		（保安营）脱屯1庄	脱屯寺	236户	红布千贯	番僧200名	

续表

共计	村庄	寺院	民户	头目	佛僧	其他
	什吉仓番民4庄		138户	红布尖措		
	攒都番民3庄		70户	红布巷吉加		
	加吾番民4庄		340户	红布乃亥才旦		
	吴屯2庄	上下寺院2座	455户	红布还周	番僧500名	
	李屯2庄	寺院1座	97户	红布龙本	番僧100名	
	季屯1庄		199户	土把总王加		
	隆务7庄	隆务寺	310户	昂锁乃巷	番僧1700名,佛僧沙力仓	
	沙布浪番民3庄		120户	红布拉麻		
	多哇番民1庄		74户	红布完干		
	什江隆番民1庄		160户	红布周加		
	随握弄番民2庄		250户	红布道勿		

续表

共计	村庄	寺院	民户	头目	佛僧	其他
插帐生番共2780户	瓜什济帐房		250户	昂锁夕拉木禀乃亥	隆务寺昂锁总管	择水自茂盛之地游牧无定，距厅城或五六站，或七八站不等，接连蒙古交界
	汪加帐房		300户	头目尼尕先		
	多哇帐房		190户	百户札希加		
	管受族帐房		430户	千户端住		
	贺尔族帐房		510户	千户阿道		
	麦受族帐番		100户	百户且夫旦		
	沙布浪族帐房		300户	千户仁吉加恩		
	慢受族帐房		80户	百户喇嘛本沙		
	勿纳族帐房		200户	百户一旦木		
	叶什郡族帐房		100户	千户管巴加		
	加咱族帐房		320户	千户吉仓加		

续表

	共计	村庄	寺院	民户	头目	佛僧	其他
西乡	撒回番民1425户，番僧150名	临城草滩坝撒回1庄		120户	头人韩山白、韩老三		系山径小路，不能行车，只容步骑
		瓦匠庄汉回民		86户	头人马四十九		
		托坝威尕拉2庄		166户	头人马尕四个、陕来成		
		苏只工撒（撒）回4庄	礼拜寺2座	316户	土司韩起忠、韩膺禄，头人韩阿力、韩五十		
		查汉大寺工撒回4庄	礼拜寺2座	224户	土司韩起忠、韩膺禄，头目马五十六、马阿力		
		尕塄番民4庄	尕塄寺	210户	果哇	番僧150名	
		卑塘番民2庄		60户	头目管巴		
		曲卜藏番民3庄		93户	果哇		
		下隆务番民5庄		150户	昂锁尕尕		
北乡			河源庙			汉僧20名，首僧唐庚栋	

续表

	共计	村庄	寺院	民户	头目	佛僧	其他
东北乡	汉回民803户	汉零藏族汉回民		148户	乡约赵积伏、周进祥		系山径小路，不能行车，只容步骑
		马营集汉回买卖人		127户	集约汪福开		
		鸿化族汉回民	鸿化寺	528户	乡约陈起云、马四十九、张尕英、石伏贵	僧20名	

资料来源：笔者整理，档案原始数据明显有误者，已径改。

根据这份档案可以看到，循化厅分东乡、东南乡、南乡、西南乡、西乡、北乡和东北乡，每乡的庄数、户数、礼拜寺名及数量、寺院名及数量、"番僧"人数、"佛僧"人数、"汉僧"人数等都有详细记录，每庄（寨）的头目有头人、土司、乡约、总练、千户、百户、集约、老人等，还有以藏语称谓的红布、果哇、昂锁等，这些头目的姓名都有清晰记录，所载民族种类有"撒回""番民""汉回""插帐生番"，甚至有"汉回买卖人"这样的职业区分。还记录了每乡的驿站情况、道路通行情况、距厅城的里程数、是否与蒙古接壤等信息。由此可见，循化厅撒拉族、藏族混居的情况较为突出，清政府对各民族已经有了清晰的区分和较为深入的了解，对民族地区的基层治理已经相当成熟。

小　结

总的来说，清政府主导下河湟地区的民族格局表现为：迁徙不定的蒙藏游牧社会中，藏族的千百户制度、蒙古族的盟旗制度仍然切实有效。土族、撒拉族的土司制度虽已衰微，但是尚未正式废除。蒙藏地区寺僧治民的政教合一制度是藏传佛教昌盛的产物，清雍正年间的整顿取缔了一部分寺院的治民权，但藏传佛教仍在一些地区和部落中牢固地维系着，深远地影响着蒙藏社会。清代陕甘回族的大迁徙活动使原聚居区被打散，小聚居被消灭，拆散了原血缘体系，形成大散化，使原来汉、回杂居的局面，变为汉、回分居。由于伊斯兰教的纽带作用，回族又很快形成了新的小聚居点，大规模的人口迁徙和小范围的人口流动对河湟地区文化的发展影响深远。

国家通过固有的政治意识形态为某种预期的未来做出规划，使得自身的利益得以表述，并通过将其行为社会化的过程中致使一种偶然发生的社会安排能够获得恒久化，在民族聚落的形成和居住空间的分解两个过程中体现得尤为明显。

清朝巩固了中国多民族大一统的政治体制，结束了历史上游牧民族与农耕民族长期对峙的局面，加强了游牧经济与内地综合经济之间的联系，全国经济体系的依赖程度不断加强，河湟地区的农业、手工业、商业贸易和城镇交通业也都比前代有了较大的发展，人口流动增加，客观上打破了民族封闭的壁垒，为河湟地区各民族的交往交流交融提供了条件。

人口流动一定程度上改变了河湟地区人力不足的局面，使人口达到相对均衡，分布趋于合理，对河湟地区的开发起着不可估量的作用，也有利于缓和内地因人口急剧增长造成的人地矛盾。人口的迁移也有利于各民族文化的共同提高，汉族要在生产方式、生活习俗、宗教信仰、语言文字差异较大的少数民族地区生存下来，就不仅要保持和发挥原有的文化优势，还必须吸收当地民族文化中的先进或有利的因素，以适应当地生产与生活条件的需要。作为土著的非汉民族在与汉族杂居、共同生活生产的过程中，也必然受到汉族生产技术与生活习俗的影响，在各民族的交流互鉴中，形成了你中有我、我中有你、共同发展、共同提高的局面。

由于时代和阶级的局限，以及受到有限技术手段的制约，清朝的边疆治理依然没能超越"羁縻"的范式和"分而治之"的基本政策，不能自信地面对和正确处理民族间的流动和交往。清政府对河湟地区也一度实行人口封禁、经济封禁和资源封禁的消极防范，采取了严禁蒙藏各旗越界游牧与畋猎，限制内地居民私自进入蒙藏地区垦种、经商，私自与蒙藏妇女通婚等措施，但各民族交往交流交融的历史趋势是无法阻挡的，日益发展的民族往来，人口流动的浪潮与民族隔离政策之间产生了尖锐的矛盾冲突，清政府的强制隔离政策最终难以为继。

第 二 章

经济活动中的文化互动

经济生活是影响民族关系的重要因素之一,在个体或人群之间的资源竞争和分配中,有合作、妥协和对抗,文化在其中扮演着辅助的角色。河湟地区形成了一些商贸中心,大寺院为中心聚居的人口规模,远远超过一般的部落或蒙旗,形成了较为稳定和集中的消费市场。回族是重要的贸易中介,汉族、回族与蒙古族、藏族等民族形成了互补和依存的经济关系,影响到通婚、收养及日常生活民俗等各个方面。

在进行文化研究时应特别重视经济因素,王希恩指出,政治认同包括国家认同,也包括各民族共同的利益认同和命运认同,"利益认同最直接、最有力","利益认同可以弥合文化认同,也可以分解文化认同。物质需求相比精神需求总是更直接、更基本"。① 对普通民众而言,文化主要表现为一种与生俱来,渗透于日常的无意识惯习,但经济需求、生存压力才是人类无法回避,也无法通过精神力量去克服的首要现实问题,当经济利益与文化发生冲突时,人们会有理性的考量和选择,或者对文化加以改造,或者使二者并行不悖。考察河湟地区各民族在经济方面的互补、合作与竞争情况,对认识文化特点具有重要意义。

第一节 经济利益驱动下的民族交往

河湟地区形成了许多商贸中心,为民族交往提供了场所,各民族的

---

① 王希恩:《马克思主义理论和实践中的民族主义》,社会科学文献出版社 2020 年版,第 398、399 页。

经济互补，不仅表现在物质产品的互通有无上，更重要的是，多样的经济形态为人们选择多种生产方式提供了可能性，比如有相当数量的汉族流入牧区，从事畜牧业生产，游牧民也会尽可能利用土地，经营粗放农业。

一　各民族的经济交往与互补

宗教活动促进经济交流的典型是以寺院为中心的市场形成，游牧民族居住分散，参加宗教集会是进行商品交流的重要途径。以大寺院为中心聚居的人口规模远超一般的部落或蒙旗，形成了较为稳定和集中的商贸中心和消费市场，如鲁沙尔是塔尔寺附近著名的蒙藏贸易市场，"鲁沙尔在塔尔寺旁，为一宗教市集，每年蒙藏人民至塔尔寺礼拜，乘便在此交易货物"[1]。拉卜楞寺"独成一区，普通人不能居住，东约三四里为商业地带，为汉回藏经济中心。其贸易之大宗，为出口之皮毛，入口之粮食杂货。南番（即在拉卜楞南部一带之藏人）每年秋季以大宗皮毛运至此间，交易粮食布匹而归，每年贸易总额，约二百万元，商业权十九在河州（即临夏县）回人手中"[2]。明代敕建的乩藏大寺位于循化厅治东一百四十里，河州西六十里，"规模宏昌。每逢四月八日，远番男妇朝谒，多带土产、牛马、皮缨等物，与州民互市"[3]。贵德所产羊毛系由南番各番族每年春秋驮运至城中，每年售出十万余斤，羊皮多系鲁仓、都受、汪什代克一带藏族每年春季运送至城中，各皮商争相收购，运往天津，计每年出售三万多张。"湟源当入藏大道，为汉回蒙藏互市之所，尤为羊毛贸易之最大市场。"[4] 此地经商的蒙古人和藏人多为喇嘛，资本由寺院提供，贸易规模大，但是贸易范围不能超出本省境内。汉商以陕西、湖北、山西等地商人居多，大致分为四类：第一类为开铺坐贾；第二类为出口贸易商人，获利较大，但易被抢劫，需要当地有名望和实力的番目保护；第三类为歇家，主要接待蒙番商人；第四类为提篮行贾，每日上

---

[1] 张其昀、李玉林：《青海省人文地理志（续）》，《资源委员会月刊》1939年第1卷第6期。
[2] 长江：《中国的西北角》，天津大公报馆1936年版，第88页。
[3] （清）王全臣纂修，永靖县地方史志办公室编，刘电能、沈文学校注：《河州志校注》卷4《古迹》，甘肃文化出版社2017年版，第183页。
[4] 张其昀、李玉林：《青海省人文地理志（续）》，《资源委员会月刊》1939年第1卷第6期。

街零售。秋冬间,兰州商贾到西宁、丹噶尔厅与河州等地收购皮毛、牲畜、盐和鹿茸、牛黄、麝香等名贵药材,再行销东南,毛绒制品经陆运贩卖至津沪,或通过黄河水运、驼载至包头,再经陆运至津沪。自内地转运至河湟地区的商品主要有各种洋货、布匹、茶和铜铁锅等各类杂货。

汉族和回族在经济形态上有很多共同点,比如他们有很多人都从事农业生产,拥有小片土地,穆斯林村庄和汉族村庄交替分布,当村庄发展到一定规模乃至成为镇子时,汉族和穆斯林混居的比例就相对较高了。在职业分工上,汉族和穆斯林民族体现了很好的分工、互补和合作。穆斯林倾向于从事更具风险的职业,如开旅馆、做生意、跑马车、做脚夫、当兵等,而汉族在需要一定知识水平的职业方面具有优势,比如教师、医生、政府官员、手工业者等,"汉族村庄里有穆斯林开的旅店,也可以在穆斯林村落中看到汉族人开的铁匠铺。穆斯林开的旅店有画着茶壶图像的小招牌,不仅有其本民族的人频繁光顾,因为他们不吃其他民族的饭菜,而且也颇受汉族人的青睐,因这些小旅馆干净整洁,食物很合口。据此,在汉、穆杂居的社区里,穆斯林往往垄断着旅店业"①,汉族的技艺和穆斯林的商业精神之间形成"完美的合作"。

河湟地区的一些特色手工业也较为发达,各民族使用的生产、生活工具反映了经济及民俗生活的特点,也能反映各民族贸易和交流的情况。刀具是蒙古族、藏族生活的必备之物,他们使用的小刀有三寸、五寸、七寸以至满尺等名目,"随身佩之,以宰割牛羊及寻常需用"②。马镫,"售于蒙、番者极多"③,锅叉,"专供蒙、番炊爨之用。尝以干牛粪为薪,火炽而茶熟矣,游牧者亦颇便利"④,磨扇,以骡马及驴推转之,"最小者径尺许,以一人手力转运之,专磨炒面之用,蒙、番用者极多,几

---

① [美]罗伯特 B. 埃克瓦尔著,苏发祥编译:《甘肃、青海交界地方的文化关系研究》,载《藏族与周边民族文化交流研究》,中央民族大学出版社2013年版,第31—32页。
② (清)杨治平编纂,何平顺等标注:《丹噶尔厅志》卷4《矿物》,《青海地方旧志五种》,青海人民出版社1989年版,第270页。
③ (清)杨治平编纂,何平顺等标注:《丹噶尔厅志》卷4《矿物》,《青海地方旧志五种》,青海人民出版社1989年版,第271页。
④ (清)杨治平编纂,何平顺等标注:《丹噶尔厅志》卷4《矿物》,《青海地方旧志五种》,青海人民出版社1989年版,第271页。

于无帐不有，汉民亦有用者"①。蒙古族、藏族常使用的马刀，"连柄长三尺许，制成售于蒙、番。然汉人之出口贸易者，亦必佩刀以自卫。近年行内地者，亦多佩刀之矣"②，矛头"其柄以木，长丈许，利刺。远不合内地之用"③，磨扇、马刀等工具不仅蒙古族、藏族使用，在汉族中也颇为流行，并逐渐盛行于内地，有些工具则不适合内地。

  国家对重要生活物资的贸易进行管控，是加强边疆治理的重要举措。清政府在政治上巩固了西北边疆之后，对当地一些重要的生活物资也进行了干预，这是加强边疆治理的举措，客观上也有利于资源在全国范围内的再分配和充分利用。如青海的盐资源丰富，有青盐、黑泥盐、土中盐块和红盐池等。距西宁县西五百里、丹噶尔厅城四百余里的青盐池，盐系天成，取之无尽，味道比其他盐更为甘美，且极易提取，据说还有治疗目痛赤涩、吐血溺血、齿舌出血的功效。青盐池均在蒙古地界，附近蒙古人以铁勺捞取，贩至市场贸易，各地俱依赖青海之盐，但盐的运输极为不便，仅有蒙古驮运，脚价颇重，方志记载青海盐池"内地人民不能前往，惟蒙古驮载至县属之丹噶尔地方，与汉番民人易换布匹、炒面等物，转运赴城，分卖与小贩……宁地番回杂处，日食熬茶，非盐不可。偶值蒙古少出，即苦淡食"④，海盐价格不稳定，随蒙古贩运多寡起伏，且"边远之区，道路艰阻，商旅无多，俾国宝与古钱听其兼行，则军民受益，不可与内郡较也"⑤，因此朝廷一直未对其征税。雍正二年（1724）平定青海后，年羹尧以西海盐池自古皆属内地，且为蒙古往来必经之道，疏请收复盐池，驻扎官兵，但最终因恐征税会导致盐价上升、于民未便，并引起蒙古人民的不满而作罢，直到清同治时才开始增收少

---

① （清）杨治平编纂，何平顺等标注：《丹噶尔厅志》卷4《矿物》，《青海地方旧志五种》，青海人民出版社1989年版，第271—272页。

② （清）杨治平编纂，何平顺等标注：《丹噶尔厅志》卷4《矿物》，《青海地方旧志五种》，青海人民出版社1989年版，第270页。

③ （清）杨治平编纂，何平顺等标注：《丹噶尔厅志》卷4《矿物》，《青海地方旧志五种》，青海人民出版社1989年版，第270页。

④ （民国）姚钧纂，宋挺生标注：《贵德县志稿》卷3《人文志·盐法》，《青海地方旧志五种》，青海人民出版社1989年版，第758页。

⑤ （民国）姚钧纂，宋挺生标注：《贵德县志稿》卷3《人文志·钱法》，《青海地方旧志五种》，青海人民出版社1989年版，第761页。

量厘金，每年仅数十两，河州的土盐税金仅十三两，光绪三十三年（1907），始改青海蒙盐为官盐，设商局征课。

因某些特殊物品的管控，各民族有进行走私贸易的情况，丹噶尔厅有水峡口，是回族与西番相通的重要隘口，西番每偷运硝磺铅铁马匹售予回民。道光二年（1822），那彦成查办巴燕戎格厅回民马噶奴"纠约庄邻番回二十四人置备口粮、杂货，各持器械，潜运出口，向野番换羊皮、羊毛。……该厅熟番回民常至野番族内贸易"①。民间走私从一定程度上反映了内地与边地、游牧与农耕之间物质交换的强烈需求，在这种驱动下，各民族产生了频繁的族际交往。

那彦成对此采取了一些限制措施，制定了规范民族贸易的各项规章制度，以达到"稳定社会"的目的：第一，固定贸易时间和地点，以便加强监管。青海蒙古每年三四月及八九月到指定的丹噶尔、乌什沟、察汗鄂博、西河滩等处售卖羊只、皮张、羊毛等物，内地商民携带丝绸、布匹、杂货前往交易，内地羊客须在西宁办事大臣及西宁镇道会商委员的稽查之下进行交易，不能前去蒙古游牧处所交易，以防止夹带闲人，流为汉奸。第二，加强对歇家的管理。道光时，清政府规定，"西宁、大通、循化、贵德、丹噶尔各属地方文员并哈喇库图尔营员将所有城关歇家，无论在官在私均一律造具花名清册，由官经管，并将向来招接何旗蒙古、何族番子，注明彼此不许牵混"②，道光二年（1822），西宁城内注册的蒙古歇家有18家，藏族歇家21家，土民歇家4家，共计43家。③

总体上来说，贸易多由外省商人获利，汉族主要依赖农业，清代河湟地区的民众仍较为贫困，如贵德县"有事则军马云屯，小民供役维艰。承平亦因远处羌夷诸货毕至，虽大利咸归他省之人，而边民亦获房租代

---

① 那彦成：《平番奏疏》卷1，沈云龙主编《近代中国史料丛刊续编》第四十六辑，台北：文海出版社1977年版，第82页。
② 那彦成：《平番奏疏》卷1，沈云龙主编《近代中国史料丛刊续编》第四十六辑，台北：文海出版社1977年版，第71页。
③ 参考贾伟依据《那彦成青海奏议》的统计。贾伟：《明清时期河湟地区民族人口研究》，民族出版社2013年版，第240页。

鬻之息。然经营多出于回民，而汉人养生送死多赖于农。兼农事不勤，常苦于贫"①，清代维持生计一直是河湟各族人民面临的首要问题。

二 "汉奸"——经济交流的中介

清朝中后期西北边疆出现了比较突出的"汉奸"问题。"汉奸"一词，清雍正时开始出现并频繁使用，乾隆和嘉庆时期大量出现，道光时达到了最高峰。②清代官书档案中"汉奸"可以指"违背清代法律规定，在沿海、边地交流贸易的汉人"，清末，"汉奸概念超越了民族界限，其它非汉民族的人如果出卖国家利益也被视为汉奸"③。

清政府一直对内地汉族与边疆民族的交往心存疑虑。乾隆三十年（1765），南疆发生乌什之变，清政府认为内地贸易商人与维吾尔族民众互相杂处是事变的主要原因。那彦成认为，"番案"频发也是由于"汉奸潜行出口，私与野番勾结。始仅贩卖粮茶，继且导引抢掠"④。道光、同治年间，河湟地区有人或当歇家徇私舞弊，或深入蒙番地区进行走私贸易，蒙旗和番族中都有为数不少的汉族。嘉庆十二年（1807）十月初五日，军机大臣字寄奉上谕，答说："汉人私入番地来往勾通，不但诓骗资财牲畜，致启番众劫夺之渐。甚且透漏内地消息，指示内地路径，其酿恶不可胜言。嗣后非但通事人等不准私入番界，即内地民人凡有通晓番语者私自潜往即系汉奸，亦当普行禁止，以杜勾结。"⑤河湟地区"汉

---

① （民国）姚钧纂，宋挺生标注：《贵德县志稿》卷2《地理志·物产》，《青海地方旧志五种》，青海人民出版社1989年版，第729—730页。

② 吴密对清代"汉奸"一词的指称进行了较为全面的归纳和研究，以近代背景下清朝与西方互动关系下产生的"汉奸"作为论述重点，参见吴密《清代官书档案所见汉奸一词指称及其变化》，《历史档案》2010年第1期。黄梅对清代西南边疆的"汉奸"问题进行了研究，指出"汉奸"对西南边疆的危害，以及清朝政府的治理措施，参见黄梅《清代西南边疆地区"汉奸"问题述论》，《云南师范大学学报》（哲学社会科学版）2015年第2期。

③ 吴密：《清代官书档案所见汉奸一词指称及其变化》，《历史档案》2010年第1期。

④ 那彦成：《平番奏疏》卷1，沈云龙主编《近代中国史料丛刊续编》第四十六辑，台北：文海出版社1977年版，第81页。

⑤ （清）那彦成著，宋挺生校注：《那彦成青海奏议》，青海人民出版社1997年版，第70页。

奸"话语兴起于"蒙藏地区草场纠纷案件频发的过程中"①，也有泛化和模糊的特征。那彦成认为，"欲除外患先绝内奸，风闻西宁之丹噶尔、哈拉库图及贵德、循化、巴燕戎格各属回汉民人并熟番，私贩茶叶、火药、口粮，潜往番帐贸易者，日久熟习，即是汉奸"②，也就是说，"汉奸"并不是一个民族概念，也不专指汉族，而是指非法沟通内地与"番帐"，包括进行贸易的汉、回、熟番等人。

"汉奸"造成的影响主要有以下几个方面：第一，"偷运粮茶军火，渡河接济"③野番。第二，参与抢劫销赃，野番抢劫之后，"牲畜什物带交汉奸，潜赴西宁、贵德、循化或甘凉等属，偷出口隘，销卖易换茶叶、火药"④。第三，造成蒙藏关系的紧张和蒙古的人口逃徙流动。嘉庆二十四年（1819），陕西巡抚朱勋、西宁办事大臣秀宁奏："内地奸民及贫穷蒙古潜入番地，沟通教诱，以致野番日益狡滑（猾），不俟冬令冰结，动以千计。蒙古孱弱不能自卫，纷纷逃避"⑤，蒙古各扎萨克王公台吉对部民的残酷盘剥常导致蒙古贫民联合"野番"抢掠其主。汉族先进的生产技术、开化的社会思想及灵活的经济运作模式，对边地民族社会有很大贡献，但是被清政府视为阻碍管理和控驭的因素，那彦成认为："野番之偷渡本贪水草，其抢劫蒙古亦其世仇，于河北路径情形无由知悉，自有汉奸勾引煽惑，始扰及沿边一带，且现在拿获汉奸蒙古审明抢案，其冒装番子抢劫者十之七八，其勾结番子抢劫者不过十之二三。野番等远在一二千里之外，汉奸蒙古假托其名而冥顽无知，致居下流之恶"⑥，"又有

---

① 王海兵：《生计与越界：清中期青海边地的族际互动与社会控制》，《青海民族研究》2017年第4期。
② 那彦成：《平番奏疏》卷1，沈云龙主编《近代中国史料丛刊续编》第四十六辑，台北：文海出版社1977年版，第44—45页。
③ 那彦成：《平番奏疏》卷1，沈云龙主编《近代中国史料丛刊续编》第四十六辑，台北：文海出版社1977年版，第85页。
④ 那彦成：《平番奏疏》卷1，沈云龙主编《近代中国史料丛刊续编》第四十六辑，台北：文海出版社1977年版，第22页。
⑤ 《派兵会哨番目献贼交赃蒙古地方宁谧折》（嘉庆二十四年十二月初八日），载哲仓·才让辑编《清代青海蒙古族档案史料辑编》，青海人民出版社1994年版，第63页。
⑥ 那彦成：《平番奏疏》卷3，沈云龙主编《近代中国史料丛刊续编》第四十六辑，台北：文海出版社1977年版，第240—241页。

内地奸民从而勾结教诱，以致蒙番伙结，扰及沿边一带，是欲断蒙番之内线，必先惩办汉奸，而欲禁野番之北渡，必先清查蒙古"①，"内地奸民"与贫苦蒙古、藏人（"熟番"）联合，用粮食、茶叶、火药等物资与"野番"交换羊毛、羊皮，由"走私"形成了一个族际接触的链条。因此，清政府出于维护稳定的需要，"相当努力地阻止汉族及其权益向长城以外的发展"②。

　　清朝有许多条例禁止汉人向"汉边"以外迁移，也有谕令禁止番民"私进内地"，反映了清政府对于汉人渗透到边疆民族地区的担忧，因"汉奸"一般掌握多种民族语言，对内地和蒙藏地区的情况都较为熟悉，难免传导各种军政消息，引发民族流动等不稳定因素，给清政府的民族隔离政策和民族地区稳定造成威胁。因此，清朝实行了许多清查"汉奸"的行动。首先，尽可能地实行隔离政策，包括四个方面：一是阻止蒙番民族的混杂，二是防止各民族的自由流动，三是防止边地民族向内地的流动，四是防止汉族向边地民族渗透。道光初年，"汉奸、蒙古大半装番劫夺，必使黄河以北不留野番一人，则汉奸、蒙古均无可假借，遇有抢案，亦可辨其名目，立予擒拿"③。其次，利用藏传佛教的力量，派遣喇嘛前往劝谕，那彦成曾派遣"喇嘛乙希多而济、札木洛硕等潜往晓谕"，说明藏传佛教对游牧野番有一定的影响力。

　　"汉奸"现象是内地人民与边疆人民交往加深的体现，是内地汉族到边地谋取生计的一种选择，反映了内地人口的膨胀，同时说明民族及文化差异并不能阻碍利益的联合。汉族灵活的头脑结合游牧民族的强悍与机动性，对清政府的边疆社会稳定造成了一定的冲击，同时也在考验清政府的社会治理能力。

---

　　① 那彦成：《平番奏疏》卷3，沈云龙主编《近代中国史料丛刊续编》第四十六辑，台北：文海出版社1977年版，第256—257页。
　　② ［美］拉铁摩尔：《中国的亚洲内陆边疆》，唐晓峰译，江苏人民出版社2005年版，第164页。
　　③ 那彦成：《平番奏疏》卷2，沈云龙主编《近代中国史料丛刊续编》第四十六辑，台北：文海出版社1977年版，第177页。

三 经济纠纷中的文化冲突

民族交往中必然会产生纠纷和摩擦,如果从正向的角度观察,纠纷和摩擦正好反映了民族接触的深度,民族关系的加深,共同体的形成也是在差异、冲突、调适的过程中动态演进的。

河湟边地一些民族通过劫掠的方式获取生产生活资料,引起了清政府的高度关注,因此有较为丰富的文献留存,也为深入认识民族交往的形态提供了可靠的资料。嘉庆二十三年(1818),一伙"番匪"偷窃熟番马匹,二十五年(1820),引领角昂族野番一百余人抢劫黄番牛羊一千余只,道光元年,再次引领角昂族野番一百余人抢劫不认识蒙古马牛羊五百余匹,六月,"俱穿戴番衣番帽"抢劫蒙古牛羊。① 后经那彦成审讯,"装番肆行抢劫"一案嫌犯共15人,其中有河州县回民4人,河州汉民1人,肃州回民2人,张掖汉民2人,中卫县回民1人,大通县回民1人,西安府高陵县回民1人,西安府咸阳县汉民1人,咸阳县回民1人,西安府长安县回民1人。② 道光二年(1822)十二月,那彦成访闻"各旗贫穷蒙古抢掠本旗或别旗蒙古,并有勾引野番,及假冒野番强劫之案",因"蒙古素惧野番"③,抢劫牛羊的劫匪经常穿戴"野番"衣冠。道光三年(1823)正月,"野番全数渡河,查出历年抢窃官马、赃物及熟番妇女"④。随着清朝官员对抢劫类番案的侦查日益深入,发现此类案件多假冒"野番"之名,其实有蒙古族、汉族和回族的广泛参与,那彦成对此有详细的报告称:

---

① 那彦成:《平番奏疏》卷2,沈云龙主编《近代中国史料丛刊续编》第四十六辑,台北:文海出版社1977年版,第138—140页。

② 据那彦成《平番奏疏》卷2(沈云龙主编《近代中国史料丛刊续编》第四十六辑,台北:文海出版社1977年版,第137—138页)整理,其中马有才、马栋良、马栋虎与张伏为河州回民,唐承得为河州汉民,黄连与赵尚元为肃州回民,李春秀与马得林为张掖汉民,马顺为中卫回民,张保娃为大通回民,虎玉能为西安高陵县回民,岳兴为西安咸阳汉民,米文祥为咸阳回民,马花齐为长安回民。

③ 那彦成:《平番奏疏》卷2,沈云龙主编《近代中国史料丛刊续编》第四十六辑,台北:文海出版社1977年版,第157页。

④ 那彦成:《平番奏疏》卷3,沈云龙主编《近代中国史料丛刊续编》第四十六辑,台北:文海出版社1977年版,第207页。

野番冥顽成性，始贪河北水草，私来游牧，于蒙古之贫富，内地之虚实岂能知悉？自蒙古王公台吉虐其属下，其属下今更穷苦，反投野番谋生，因而导引野番抢掠其主。至内地歇家奸贩贪利，潜往贸易，无事则教引野番渐扰边境，有兵则潜与报信。总之，野番本不知为何处何人，有蒙古而抢及蒙古，有汉奸而扰及内地，近年来番势渐张，其弊在此。且至今日而抢案之是否野番更有不能遽定者，番子之辨只在衣冠，今则蒙古、回民、汉奸皆能为番子之衣冠，始仅勾结野番而为之乡导，继或并无野番而冒名肆掠，遇有抢案但云野番。贼去之后风传为汉奸，汉奸为谁，共有若干，即云回民是何处回民，蒙古是何旗蒙古，又有若干，均不得知。亦只概目以贼番二字，即现在贼番占踞河北，究竟何族，在何处，又何人为首，何族有蒙古，何族有汉奸，亦无人确指，总之向未能精心侦探，于彼中情形不悉，何由扼其要而操其命。①

贫苦蒙古、回民、熟番与内地"汉奸"勾结，并与野番联合，或改变衣冠，冒充野番，抢劫成风，致使"边隅为之不靖"②，甚至危及内地安全，如不及早惩办，"将来内地之患更甚于外番"③。那彦成指出，"番案"频发的主要原因有二：一是"蒙古王公台吉虐其属下"，二是"内地歇家奸贩贪利，潜往贸易"，而地方官员"未能精心侦探，于彼中情形不悉"，对抢劫团伙的民族构成、人数等的隐匿情况都没有详细地掌握。

"银占木与贵德属番械斗案"也是由经济交往引发的民族纠纷。光绪十年（1884）十月，循化厅所属恩占木、许日禾、乙日尕寺等，共十一庄藏民约一千三四百人，在赞尕滩验视军器，相约向贵德厅昂拉千户所管辖的什乃亥庄寻仇。据恩占木千户陈述，此事起因于光绪八年四月，什乃亥有数千藏民在恩占木地界放牧，恩占木藏民因此将其牲畜夺

---

① 那彦成：《平番奏疏》卷1，沈云龙主编《近代中国史料丛刊续编》第四十六辑，台北：文海出版社1977年版，第43—44页。
② 那彦成：《平番奏疏》卷2，沈云龙主编《近代中国史料丛刊续编》第四十六辑，台北：文海出版社1977年版，第161页。
③ 那彦成：《平番奏疏》卷1，沈云龙主编《近代中国史料丛刊续编》第四十六辑，台北：文海出版社1977年版，第46页。

下，后又被夺回，因此结下仇怨。事后两年，什乃亥将许日禾一人抓走，又盗取乙日尕寺僧人马数匹，于是相约报复。①循化厅档案记载：

> 恩占木、许日禾又名马八七庄，归银占木千户所管，距循化一百一十里，附近保安营，纳粮当差，在循化西番最为恭顺。什乃亥又名水乃亥，众只三十余家，有土房帐房，系卑厅迭禅寺所管，不纳粮，不当差，性极强悍，向为生番，距贵德马行两站，至保安三十里深山大硖，地最险要。②

恩占木是纳粮当差、"恭顺"的熟番，由银占木千户管辖，而什乃亥归寺院管理，不向官府纳粮当差，且"性极强悍"，显示了"距离—经济—政治管控—文化性格"四个要素之间紧密的联系，民族文化特征要求相适应的社会治理方式。这起事件的起因及官府处理结果并没有特别之处，但地方官员对当事双方文化差异的描述，显示了明显的态度和情感倾向，对我们认识民族性格有很大启发。贵德同知访闻案情，并上报情况如下：

> 恩占木聚众验器械一层，缘番子非比内地百姓，一家犯事一家抵案，番情如一人犯事阖族均摊，是以每遇一事必由千户头人传知，则阖族番众齐集空地，群坐共议。如其中有一人不合本意，即行哄散，次日再议。成千百上，必须人人尽词而后已。又番子平日每人随身携带一枪一矛一刀，纵在家中腰刀亦不离身。又好逞强，今日打仗，明日迎敌，惯说大话，彼处闻知亦即齐人，虽寡众不敌，而言语总不让人。官家一经访闻，不能不派人弹压，番子既见官人，尤复各诉各理，强悍之气愈不可遏。知者番性之常，不知者见其人众，带有器械，即为聚众验器械。责任所关，又不敢不随时报明，先顾考成。迨后番子或因彼众我寡，或因地居险要，均难力

---

① 《青海大臣为银占木与贵德属番械斗给循化厅营的札》，青海省档案馆，档案号：7—永久—2741。

② 《贵德同知为银占木与贵德属番械斗上的详》，青海省档案馆，档案号：7—永久—2741。

争,已经有人阻拦当乡,随即散归。既至委员到境,事外头人托故远避查视地方,则番众人等安堵如故。访闻案情,则番俗之议事并非聚众,此张都司初报聚众验器械,谈主薄、刘把总覆查实在之情形也。①

上述材料包含几个信息,第一,藏族部落仍然保持着部民平等和集体议事的传统,部落结成统一整体,决策及行动保持高度一致性,利益和风险均共同承担;第二,蒙古族、藏族等民族有随身携带武器的传统,喜欢显示争强好胜的英雄主义气概,如果不了解这一特点,"携带武器聚集"极易引起地方官府的高度紧张,这种风俗确实容易导致冲突升级,并酿成严重后果;第三,距离行政中心的距离、交通情况及武装力量的机动能力,是决定官方力量在边疆民族地区执行能力的重要因素,因此清政府已经十分重视掌握各村寨距离中心城镇的道路情况。

第二节 "番人"的经济文化特征与区分

"番"字在古代文献中早已有之,是封建王朝对周边少数民族的一种歧视性称呼。明代"西番"主要指今甘肃、青海、四川西北及其交界地区的藏族,《明史》载:"西番,即西羌,族种最多,自陕西历四川、云南西徼外皆是。其散处河、湟、洮、岷间者,为中国患尤剧。"② 明代有"生番"与"熟番"之别,主要以是否朝贡和中茶纳马为标准。清代河湟地区的藏族有熟番、生番和野番之分,政府对其管理有齐民编户—因俗而治—边缘游离三种程度上的差异。三类番人所处的海拔高度及相应的气候条件、植被特点不同,空间分布上距城远近不同,经济生产方式区别为游牧、农耕或兼而有之,生活方式区别为流动和定居,③ 文化上也有差异。

---

① 《贵德同知为银占木与贵德属番械斗上的详》,青海省档案馆,档案号:7—永久—2741。
② 《明史》卷330《西域传二》,中华书局1974年版,第8539页。
③ 周伟洲将甘青藏区的社会组织划分为三种类型,即"居于城镇、营汛或附近,主要从事农业和半农半牧生产的藏族社会组织;居地离城镇、营汛较远,以游牧为生的藏族社会组织,以及以大寺院为中心的'政教合一'的藏族社会组织"。参见周伟洲《清代甘青藏区建制及社会研究》,《中国历史地理论丛》2009年第3期。

一 三类"番人"的主要特征

（一）熟番

清代河湟地区的藏族部落众多，政府对熟番的情况最为了解。西宁沿边一带藏族大多是熟番，平定罗卜藏丹津叛乱之前，被蒙古贵族役使，向蒙古及寺院服役及纳贡。自雍正年间投诚内附，清政府将归附的藏族部落纳入编氓，安插定赋，纳粮贡马，比之前的负担有所减轻。靠近卫所厅治的藏族部落常出入市镇，其原有部落的血缘关系逐渐淡薄，地域关系日益增强，许多部族（部落）的名称也逐渐被庄堡地名所替代，成为地方行政机构管理下的"编户"，向政府交纳赋税，纳粮贡马，是为"熟番"。贵德、循化两厅境内的熟番每寨数十户、数百户至千余户不等，设有千户、百户与昂锁等土官管理，每户纳青稞一斗，穷苦者也可酌减，各寨有歇家负责征收粮赋，多以河州回民充任。

循化厅藏族大多为种地纳粮的熟番，但居住形式既有庐舍，也有蠡帐，甚至纳粮部落也以蠡帐居多。如咸丰八年，移居河北循化厅的藏族有珍珠族、老鸦族、乩藏族、红崖族、端言族、回回族、仰化族、古迭族、川撒族、牙党族、鸿化族、灵藏族，其中古迭族"有庐舍，畜牧为业，无田亩粮额"，其余各族均种地纳粮，居庐舍，牙党族兼有蠡帐，共有庐舍二千六百三十六户，鸿化族户口最多，为五百四十三户，所辖民庄寺院六十六处。八工撒拉番回由土司韩光祖总管，皆种地纳粮。撒拉回族居撒拉川，本为番人所居，"自明及国朝属于河州领茶中马，为番族十九之一。其人梗顽不驯，素称难治"[①]。河州、贵德、保安四屯番民皆种地纳粮。口外西番四五九寨、边都沟七寨、下龙布六寨均种地纳粮，居庐舍。上龙布一十八寨，仅有麦受寨畜牧为业，其余均种地纳粮，少庐舍，多蠡帐。合儿五寨均种地纳粮，有庐舍，亦有蠡帐。阿巴喇八寨仅有阿巴喇寨以畜牧为业，其余皆种地纳粮，有庐舍，亦有蠡帐。南番二十一寨，同治十三年拨归洮州买吾八族后存十五寨，多蠡帐，少庐舍，其中十三寨为种地纳粮，仅章哇寨畜牧为业。[②]"塞外"玉树纳克书等三

[①] 《西宁府续志》卷5《武备志·番族》，青海人民出版社1985年版，第207页。
[②] 《西宁府续志》卷5《武备志·番族》，青海人民出版社1985年版，第207—215页。

十九族皆为贡马番族,曾隶属西宁府管辖,每百户常年贡马一匹,纳折征银八两,后因被灾流离,豁免无力输纳者。藏族所纳之粮应以青稞①为主。

熟番和生番还有一个区别在于粮食生产能否自足,熟番所产粮食能够自给,而生番则不能,据那彦成所说,贵德"熟番五十四族,附城种地,无须买粮"②,而生番还需要"进口"③购买或者请票换粮。

(二)生番

河湟藏族主要由循化、贵德两厅管辖,"其所居之地,在循、贵两厅屯民之外者,名为熟番。熟番之外居住者为生番,生番之外立有中外界限,方为蒙古游牧。是番子在内,蒙古在外"④。番族部落处在汉族与蒙古族之间。根据那彦成的调查,贵德有生熟野番三种,熟番五十四族,生番十九族,野番八族。循化只有生番和熟番二种,熟番十八族,生番五十二族,⑤贵德"生番十九族,住居贵德之东南,畜牧为生,亦距河稍远"⑥,其中"东路生番十五族,亦系种地度日,设有时缺粮,均在巴燕戎格村庄就近买食,少来贵德搬运。西路如刚咱族、千布枲等族,南路如完受、他受、都受等族,皆系野番插帐住牧,距城二三百里不等,均

---

① 青藏高原是世界上最早栽培青稞的地区。青稞,在藏语中称为"乃",是高寒农业区的主要粮食作物,耐寒性强,生长期短,高产早熟,适应性广,是藏民的主要食粮、燃料和牲畜饲料,而且也是啤酒、医药和保健品生产的原料。在海拔4500米以上的局部高海拔高寒地带,广袤的草原深处,青稞是唯一可以正常成熟的作物。

② 那彦成:《平番奏疏》卷4,沈云龙主编《近代中国史料丛刊续编》第四十六辑,台北:文海出版社1977年版,第342页。

③ 雍正二年,年羹尧拟定《青海善后事宜十三条》,其中载"甘凉西宁宜筑新边而别内外也。……今应于西宁之北川口外,由上下白塔(今青海大通)至巴尔托海,至大通河,至野马川,至甘州之扁都口,筑新边一道,计程五百余里,计日三年可就,则前此蒙古、西番扰攘之区,悉为内地矣"。此处"口"应指"北川口"。

④《为蒙古地方安设卡伦,请再详议,以昭慎重折》(嘉庆六年五月初四日),载哲仓·才让辑编《清代青海蒙古族档案史料辑编》,青海人民出版社1994年版,第25页。

⑤ 那彦成:《平番奏疏》卷2,沈云龙主编《近代中国史料丛刊续编》第四十六辑,台北:文海出版社1977年版,第113、114页。

⑥ 那彦成:《平番奏疏》卷2,沈云龙主编《近代中国史料丛刊续编》第四十六辑,台北:文海出版社1977年版,第113页。

须进口买食"①。生番的特点是"游走无定,畜牧为生者,择可耕之地,教令垦种,十年起科。仍令修造庐舍,使有恒产,不致游走;其不产五谷,无可耕种者,令酌量贡马。此种部落,与切近内地者不同,自应就其原有番目,给与土千、百户职衔,颁发号纸,令其管束"②,政府计划对生番进行逐步分批地改造。

有时清代官员或文献中所说"野番"可归为"生番",这类野番虽然距城遥远,插帐游牧,但仍在政府的管控之内,如前文所述贵德西路和南路的野番"按年赴城,兑换粮茶,虽期分三次,但各换各粮,不肯汇总,只可责令各族千百户带领各户按家口多寡分领粮票,仍汇入该族户口总册核明相符,以杜浮冒"③。清朝政府将生番购买粮茶纳入管理体制,或通过西宁办事大臣,或转至附近同知衙门,或交由寺院喇嘛办理,以此给予制约,"野番素无统属,游牧散处或由就近喇嘛等代为请票,或查明该番等族中酌立千户、百户、百长统辖该族,代为请票"④,但是仍有僧人、蒙古、河南番子、汉奸等走私接济,"蒙古口粮向准在青海大臣衙门起票换买,惟每票定限一年缴销,是以蒙古属下奸狡之徒即将票张卖给野番,每一票可以易粮数次"⑤。

为了防止官私歇家从中谋私渔利,请票制度在蒙古族和藏族中都有实行。雍正三年(1725),规定距州县、卫所较远的黑账房游牧部落,令"酌量贡马",雍正四年(1726),清政府在撒拉各工查田定赋,茶马互市作为国家制度被废止,民间贸易兴起,但仍有游牧民族零星贡马的情况,可以说"以票易粮"是政府给西北蒙藏游牧民族的"国民待遇",也是替代茶马互市的一种控驭手段。

---

① 那彦成:《平番奏疏》卷4,沈云龙主编《近代中国史料丛刊续编》第四十六辑,台北:文海出版社1977年版,第342—343页。
② 《西宁府续志》卷9《艺文志·川陕总督岳钟琪安集民番疏》,青海人民出版社1985年版,第390页。
③ 那彦成:《平番奏疏》卷4,沈云龙主编《近代中国史料丛刊续编》第四十六辑,台北:文海出版社1977年版,第343页。
④ 那彦成:《平番奏疏》卷1,沈云龙主编《近代中国史料丛刊续编》第四十六辑,台北:文海出版社1977年版,第73页。
⑤ 那彦成:《平番奏疏》卷1,沈云龙主编《近代中国史料丛刊续编》第四十六辑,台北:文海出版社1977年版,第50—51页。

（三）野番

黑账游牧的生番极易转变为野番，所谓"野番"指完全脱离政府管控的藏族游牧部落，野番的主要特点是"从不入城，亦不听征召，深居山谷，往来自由。其头人不能约束，有名无实，年久身故，不请更替，有无头人，地方官亦无从稽查。即不服属蒙古，渐生欺凌。始而偷窃，继而抢劫。始不过一二人，三五人，继遂数十人百余人，结队成群，日久习为固然，蒙古深受其害，加以蒙古不能体恤属下，多方苦累，因而属下之人与番贼勾通，以图报复。或又〔有〕携带妻子逃入番地以避诛求，甚且潜入番寨为之主谋"①，其实"野番"中常常夹杂着贫苦蒙古族、汉族、回族等群众。

野番抢掠以获取财物为目的，相邻的蒙古人是首当其冲的劫掠对象，"野番抢掠只为谋食，先抢蒙古，蒙古无可抢乃及内地"②，一些蒙古贫民因不堪欺凌，也逃入番地或和藏族联合进行抢劫，历年参与抢劫蒙古之案中，青海郡王那罕达尔济旗下蒙古甲札寨人最多，其头人策合洛父子苦累不堪，不得不逃避番人，迁徙以寻求庇护，同时因此上奏"伏查贵德等处边外野番向不种地，以打牲为业，亦无一定住处。偷抢牲畜以致伤人，原系事所当有。但近来蒙古守卡人等并不加意防范，甚至彼此勾通，肆行劫杀，实为可恨。且番子蒙古互相抢劫，在番子生性愚蠢，从不到官控诉。而在蒙古遇事，则必报明内地，为之缉贼追赃……今蒙圣明指示，令将此等邻近蒙古之番子归于青海办事大臣就近管理"③。

在中国传统社会中，居住集中的族群之间的交流相对频繁，关系相对紧密，从而可能形成相对严密的社会组织结构，官府也易于控制，国家权力的渗透也就相对深入和广泛。而分散居住的人群彼此之间相对疏远，官府控制的难度较大。"野番"体现了打破空间限制，自由流动的特点，在经济上占有一定优势，因而也享有极大的政治自由，常常对社会

---

① 《筹办青海各事宜折》（嘉庆四年十一月初一日），载哲仓·才让辑编《清代青海蒙古族档案史料辑编》，青海人民出版社1994年版，第18—19页。

② 那彦成：《平番奏疏》卷1，沈云龙主编《近代中国史料丛刊续编》第四十六辑，台北：文海出版社1977年版，第21页。

③ 《复奏为蒙古番子应就近归青海办事大臣管理折》（乾隆五十六年八月十五日），载哲仓·才让辑编《清代青海蒙古族档案史料辑编》，青海人民出版社1994年版，第17页。

秩序和民众生活造成威胁，是清政府进行防范的主要对象，考验政府的管理能力和智慧。对于"野番"的管理，那彦成曾提出在边要地方"拨添弁兵，增设塘汛"，清宣宗谕："甘肃西宁镇属之康家寨堡，为汉回番民杂处之区。且山后插帐野番，往往勾结熟番，乘间出没，地方最为紧要"①，支持了那彦成的提议。

但是，在交通和通讯条件极为有限，行政及军队机动性较弱的情况下，封建政府对流动人口的管理仍然力不从心，而藏传佛教则能起到"管束众番诚心劝善，于边务亦有裨益"②的作用，在对蒙古族、藏族征收赋税、晓谕政策，协助办理案件时经常有喇嘛的参与和协助，因其"无礼义，尚气力，专信红、黄二教喇嘛。每劫人货财，以为布施功德，其俗然也"③，即使"素无统属"的"野番"也"敬奉喇嘛，所有屡次被劫之案，半系堪布包带客商买卖，并非堪布之物"④。嘉庆十二年（1807）九月，兴奎等奏《拟善后章程五条》，包括"一、无票通事不准私赴番地。一、传谕喇嘛等不准与匪番念经。一、蒙古户口令其造册呈报，以凭稽查，并谕令不准穿用番子服色。一、循、贵二厅同知应请不拘旗汉，以便易于得人"，十月，此章程得到批复，其余条款都得到了支持，"惟严格各寺喇嘛不准滥与番子念经一条与理不合。番性冥顽，惟敬喇嘛，正可藉此化导，若不准各寺与匪番念经，岂不阻其向善之心"⑤。利用藏传佛教进行劝谕管理收到了很好的成效，移居青海湖北的藏族有"贵德十六族、循化十一族，约一万七八千人均已对喇嘛等顶经发咒，永远不过河北滋事"⑥，这些"野番"实际上已转化成为"生番"。

---

① 《清宣宗实录》卷83，道光五年六月戊辰，中华书局1986年版，第344页。
② 那彦成：《平番奏疏》卷3，沈云龙主编《近代中国史料丛刊续编》第四十六辑，台北：文海出版社1977年版，第238页。
③ （清）杨治平编纂，何平顺等标注：《丹噶尔厅志》卷6《人类》，《青海地方旧志五种》，青海人民出版社1989年版，第319页。
④ 那彦成：《平番奏疏》卷1，沈云龙主编《近代中国史料丛刊续编》第四十六辑，台北：文海出版社1977年版，第51页。
⑤ （清）长白文孚著，魏明章标注：《青海事宜节略》，青海人民出版社1993年版，第24页。
⑥ 那彦成：《平番奏疏》卷2，沈云龙主编《近代中国史料丛刊续编》第四十六辑，台北：文海出版社1977年版，第178页。

（四）主要特征及区分

熟番、生番和野番的划分有多重标准，过去学界主要以距城远近、经济形式和文化特点（如是否掌握汉语）为区分，除此之外，中央对其控驭的程度也是区分三类"番人"的重要标准。本书从空间、经济、社会组织、文化特征等十个维度上，对三类"番人"的特点和差异总结如下：

表2-1　　　　　　　　　河湟地区三类"番人"特征比较

	熟番	生番/野番	野番
地理空间	居于城镇、营汛或附近	居地离城镇、营汛较远	离城镇、营汛偏远
居住形式	庐舍、屬帐	庐舍、屬帐	屬帐
经济形式	种地纳粮/半农半畜牧	半农半牧/游牧	游牧
粮食来源	粮食自足，纳粮贡马	粮食半自足，象征性贡马	不自足，抢劫或交换
社会组织	编户齐民，乡约、里长	政教合一，土千户、百户	无政府的部落游牧
管理机构	州县卫所、千百户等	千百户等，定期会盟	脱离国家管控
文化特点	出入城市，渐染教化，久则化番为汉，悉作边地良民	"听仍旧俗"，实行传统的习惯法	"深居山谷，往来自由"，实行传统的习惯法
宗教信仰	以藏传佛教寺院为中心	以藏传佛教寺院为中心	原始宗教和劝谕喇嘛
妇女地位	较低、重要劳动力	较高、重要劳动力	较高、重要劳动力
包括族群	藏族（"番人"）	藏族（"番人"）	藏族（"番人"）、汉族、贫苦蒙古族、回族

资料来源：笔者整理。

将一些清代官员所说的"生番"和"野番"归入一类，是因为这类"野番"依然没有脱离政府管理，只是程度不同而已，真正的"野番"完全脱离政府控制，甚至脱离藏传佛教寺院的管控，之所以产生混淆，是因为"番人"内部一直存在着渐次分化的过程，不断有"野番"转化为"生番"，"生番"转化为"熟番"，反映了这个群体逐渐纳入中华民族共同体的过程。

自然地理环境影响和制约着人们对经济方式的选择。从局部或某一时期来看，农耕经济可以负担更多人口，但在一些特定区域，游牧经济的优势则非常明显，马克思认为闪米特人之所以优胜，与游牧经济提供的肉乳产品密切相关。有很多证据显示，河湟地区牧民的生活时常优于农民，"穷蒙古人总要比穷汉人多少要吃得好，穿得好，住得好"①，清代丹噶尔厅"渔海猎山亦谋生之道，而三十里外，皆为番帐住牧之所，汉民不能与之争也。畜牧牛羊之利，人皆知之，而番匪之抢劫堪虞。兼之牧地皆蒙、番之所有，汉民虽垂涎而不能也"②。"番人"群体内部的复杂性反映出河湟地区文化生态的丰富性。

拉铁摩尔认为在农牧混合的边缘地区，往往是游牧民中贫弱而没有权益的人，容易改事农耕，并被农业社会同化，"原来有钱有势、拥有大群牲畜、而且手下有人替他们干活的人，多半带着他们的家人部属远走，撤退到农业社会统治力量所不及的远方草原地带。至于游牧首领所提倡的农业，是一种附属农业，他们喜欢在武力监督之下，令外来的农民耕作"③。一些人类学的研究显示，原始的采集渔猎时代的人类生活并不比农耕生活更为艰苦，相反，人们有更多的闲暇时间，能够摄入更加全面的营养。埃克瓦尔通过实地调查，认为游牧生活与定居生活相比更有优越性，清代河湟地区常常出现定居人口向游牧人口转化的现象，这有助于我们破除"汉族本位""中原本位"或"农耕本位"的研究框架。

二 "由生而熟"的民族发展趋势

河湟番人部落纳入国家治理的进程不一，但"由生向熟"是总体趋势。清代一直有投诚番民内附，西宁办事大臣的设置，到《青海善后事宜十三条》等法令的制定，都明确显示了清政府取代蒙古贵族，对番人

---

① ［美］拉铁摩尔：《中国的亚洲内陆边疆》，唐晓峰译，江苏人民出版社2005年版，第68页。

② （清）杨治平编纂，何平顺等标注：《丹噶尔厅志》卷4《植物》，《青海地方旧志五种》，青海人民出版社1989年版，第268页。

③ ［美］拉铁摩尔：《中国的亚洲内陆边疆》，唐晓峰译，江苏人民出版社2005年版，第144页。

进行直接管理的决心，是中央政权强化的体现，但是"由生而熟""化生为熟"并不是国家治理单一作用的结果，其中还包含"番人"群体基于自身发展的需要做出的主动选择。

政府和寺院更便于对定居藏族施加力量，定居生活比游牧生活有更高的保障和舒适度，但是"牧民在社会关系中享有较多的自由，在解决世仇和进行抢劫时更为强悍，在整体上也更为忠诚可信"。牧区的妇女地位也要明显高于农区，她们在事务安排方面拥有更多的发言权，对家庭财富享有所有权，这是因为牧区妇女完全操持了打酥油、做奶酪、挤牛奶等工作。其实农区妇女承担的家庭工作并不比藏区妇女少，但是没有同等的家庭地位，一方面是受到儒家观念的影响，另一方面是因为游牧经济下，男人很多时间并不在自己的帐篷里居住，而是出外放牧，或者跑马帮，到农区交易，妇女需要独自操持家庭，所以在蒙古族、藏族中一直有尊重妇女、重视妇女的观念和传统。

自雍正初年到民国初的统计，西宁、碾伯、大通、贵德的投诚番族包括土房番族，"均有田亩庐舍，务农纳粮与汉民同"，归附的"野番"户口更多，"均系插帐游牧，夏秋则住水草茂盛之处，春冬则住朝阳温暖之地，住址无定"①。乾隆六年（1741），河州捏贡川可垦荒地甚多，安置"番族且他尔家、花尔旦等牧放牲畜，以资衣食，生聚甚繁。从前招中茶马，今则承纳番粮，犹内地汉民也"②。乾隆五十六年（1791），陕甘总督勒都统奎会奏："除西宁等属黄河以北，各番族抚绥日久，耕牧为生，与齐民无异，毋庸议外。其循化、归德两处番众在黄河以南与蒙古南五族札萨克游牧处所地界毗连，远近不一，内循化所属熟番十八寨内屯，贵德所属熟番五十四寨族，俱耕种地亩，完纳番粮，住居土房，已成村落，设有千户百户乡约等头目管理，各番俱听约束，不敢滋事。"③

---

① （民国）姚钧纂，宋挺生标注：《贵德县志稿》卷3《人文志·番民户口》，《青海地方旧志五种》，青海人民出版社1989年版，第753—755页。

② （清）龚景瀚编，李本源纂修：《循化厅志》卷2《山川》，台北：成文出版社1968年版，第40页。

③ （清）龚景瀚编，李本源纂修：《循化厅志》卷8《夷情》，台北：成文出版社1968年版，第175页。

小　结

经济、文化和民族关系发生着频繁而复杂的互动，相同或相似的经济方式可能产生相同或相近的文化，文化类似可能导致经济上的联合，但经济类型相似也可能导致竞争和冲突；不同经济生产方式可能导致差异显著的文化类型，但可能产生经济上的合作和互补。共同的经济利益也可能使不同文化类型的人群发生联合，也可能导致不同文化之间的宽容、合作、交流和互渗，三者之间复杂的互动关系可以通过图2-1给予简明的示意：

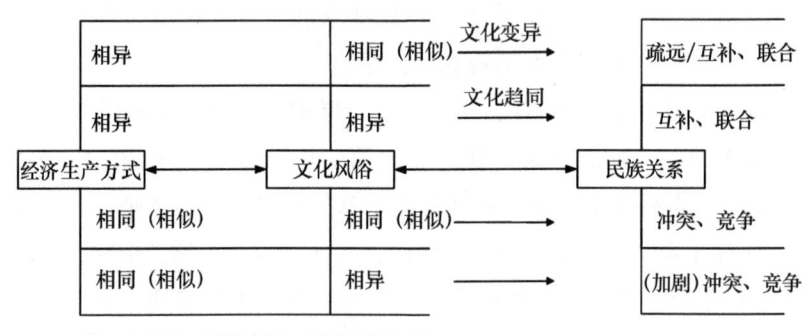

经济生产方式	文化风俗		民族关系
相异	相同（相似）	文化变异	疏远/互补、联合
相异	相异	文化趋同	互补、联合
相同（相似）	相同（相似）		冲突、竞争
相同（相似）	相异		（加剧）冲突、竞争

注：包括同一民族内部、不同民族之间。

图2-1　经济、文化和民族关系互动示意

资料来源：笔者绘制。

王朝时代的"边疆"是一片边界模糊的广阔地带，从经济上看具有极强的混合特点，文化的交叉和重叠也是必然。由环境所致，"有些汉族边疆移民从粗耕转变为农耕与畜牧并重的混合经济，有些则干脆放弃农耕，专力畜牧。同时，有些游牧民族也在畜牧之外加上农耕，有些则完全从畜牧转到农耕，成为汉人。转变趋势是倾向于游牧经济还是农业经济，则由边疆的复杂关系而定——根据历史循环中移动性的重要性的增降而定"①。在为谋求生计的动力下,清代河湟地区各民族形成了深刻联系的经济共同体,通过经济交往发生的各种族际关系中,隐含着共性的社会规范和内在统一的经济秩序。

  总体上来说,清朝的贸易政策相对保守,对民间经济发展主要采取限制的态度。对于清政府来说,首先要保证边疆民族地区的安宁与稳定,或者说清政府尚缺乏眼界和实力,推动边疆民族地区的经济开发和建设,各民族在固定的空间内活动,减少交往和摩擦,降低政府管理的成本,是其首要目标。与其他经济形式相比,商业突出体现为人群的流动和接触,影响更为广泛,对社会秩序的冲击更大。时至今日,河湟地区各民族依然延续着传统的贸易合作方式。2020年7月,笔者在青海考察时看到很多城镇的商店都是由回民经营,藏族将生产的各类畜牧产品及山上采摘的野蘑菇等,送到回民开的商店里进行售卖。

---

① [美]拉铁摩尔:《中国的亚洲内陆边疆》,唐晓峰译,江苏人民出版社2005年版,第69页。

第三章

地方信仰与宗教文化

宗教具有较强的区分功能，是促成不同文化圈形成的重要因素。共同的宗教信仰是一种强大的文化聚合力，信仰同一宗教的不同族群具有相互认同的基础，交往更为密切，但信仰不同宗教的群体之间也有多种形式的交流，一些重大的宗教节庆活动往往是各族群众集会和交流的重要途径。官方及地方精英也充分认识到了宗教信仰的强大功能，使其成为地方和民族区域治理中的重要手段。与内地相比，宗教对清代河湟地区的文化及民族关系产生的影响更为突出，渗透到了社会生活的各个方面，儒家文化、佛教文化、伊斯兰教文化共存并行，既有代表儒教正统的崇祀场所，又有地方信仰的空间，汉传佛教和藏传佛教寺院林立，信仰多元，宗教氛围浓厚。

第一节 河湟地区祠庙寺观的分布及类型

文化是人类生活的手段，必须满足和适应人类的需要，文化在形式上虽然会发生种种"变异"，"但自其所满足人类生活需要之功能上言，则绝对相同"[①]。基于人类共同的生存及发展需要，互补、互利、互惠成为河湟民族关系的主流，也是各民族求"和"的巨大动力。各族人民共同创造和享用的宗教、文艺、节庆活动，体现出"异中有同"的基本特

---

① [英]马林诺夫斯基：《文化论》译序，费孝通等译，中国民间文艺出版社1987年版，第2页。

征,实质上反映了该地区各民族之间政治、经济、文化诸方面的内在联系,体现了中华民族历史发展的整体性特点。

一 河湟地区祠庙寺观的分布概况

清代河湟地区宗教氛围浓厚,信仰混杂,各族群众普遍崇信宗教,各类庙宇祠堂林立。

(一)西宁卫(府、县)的祠庙寺观

中国历史上各民族的宗教信仰繁多,但最具文化特色、最有群众基础的仍然是天地君师崇拜。西宁祠庙寺观数量众多,据各类方志记载,祠庙有三类:一类为封建政府倡导,各地普遍崇信的祠庙,如文庙、关帝庙、城隍庙、社稷坛等;另一类为地方崇信的,体现自然崇拜的龙王庙、河源神庙、青海龙神庙等;还有一类将历代先贤、英雄、节烈与"有功湟中"的忠节名臣一起祭祀,如忠节祠、节义祠、昭忠祠等。

方志详记了历代汉传佛教寺院、塔院,道观名称、位置、兴建时间、历代兴废等情况,对藏传佛教寺院的位置、兴建历史、建筑特色、距城远近等情况的记载也非常详尽。表3-1根据《西宁府续志》记载的情况整理。①

表3-1　　　　　　西宁卫祠庙寺观一览

类型	名称	数量
祀庙	文庙、文昌宫、关帝庙、城隍庙、节义祠、昭忠(2处)、旌忠祠、旌节祠。八蜡祠、刘参政祠、杨公祠、殷公祠、马军门祠,均废	9(5)
坛壝	先农坛、社稷坛、厉坛、坛宇、风神坛	5

---

① 《西宁府续志》卷3《祠祀志》,青海人民出版社1985年版,第132—136页。

续表

类型	名称	数量
寺观	庆祝宫、海神庙、万寿阁（6处）、魁星楼（2处）、三皇药王宫、厩神庙、广嗣宫、三皇殿、穆公祠、屈先生祠、南寺（乾隆四十五年改建湟中书院）、广福观、南禅寺、寄骨寺、龙王庙、真武庙、兴龙寺	23
番寺①	西纳上寺、西纳下寺、塔尔寺、佑宁寺、麻家寺、吉家寺、贾尔吉寺、西纳新庄子寺、千佛台寺、刚岔寺、押必庄寺、阿探族寺、写尔刚寺、红觉寺、普崖奔巴尔寺、普崖净房寺、速吉寺、羊巴林寺、白杨沟寺、西纳多尔只寺、宝贝寺、巴哇族寺、石沟净房寺、白塔寺、小演教寺、华延寺、白扎尔的寺、弥陀寺、宁寺、觉化寺、圆觉寺、下沓扎寺、红庆寺、仙密寺、开佛寺、隆化国寺、安定藏经寺、纳令族寺、隆化禅寺、温朱古寺、西域寺、甘禅寺	42 共喇嘛二千二百四十四名

资料来源：笔者整理。

（二）丹噶尔厅的祠庙寺观

丹噶尔厅的民间信仰"如玉皇、真武、财神、药王、娘娘、菩萨之类，邑人皆奉香烟惟谨"②，但最为盛行的仍然是藏传佛教，境内以黄教格鲁派为主，间有信奉红教宁玛派的，"番僧特盛，土人信奉惟专"。因"汉番杂居，俗尚佛教，而黄寺称最，故名丹噶尔寺。莅斯土者，以番僧教溢于汉。故任其奉佛而不之禁，盖以其人治其人，亦未可厚非也"。丹噶尔厅主要祠庙情况列为表3-2。③

---

① 《西宁府续志》卷4《田赋志·西宁县番粮》，青海人民出版社1985年版，第148页。
② （清）杨治平编纂，何平顺等标注：《丹噶尔厅志》卷5《风俗》，《青海地方旧志五种》，青海人民出版社1989年版，第288页。
③ 据（清）杨治平编纂，何平顺等标注《丹噶尔厅志》卷5《宗教》、卷3《地理》整理，《青海地方旧志五种》，青海人民出版社1989年版，第295—296、225—234页。

表 3 – 2　　　　　　　　丹噶尔厅祠庙寺观一览

	名　称	位　置	喇嘛数额	备　注
西乡祠庙	札藏寺	距城西二十五里，宗家庄	喇嘛一百二十八名	隶于曲卜藏寺，系蒙古种族。有附近田土，至数千百石。惟寺僧渐少
	东科寺①	距城南五十里	喇嘛五十一名	东科寺则地土之广，田租之多，遍丹邑皆是也
	上拉拉寺（上拉暮寺）	拉石崖庄	喇嘛十三名	土人名上净房，为西藏所辖
	下拉拉寺（下拉暮寺）	拉莫布庄	喇嘛三十四名	土人名下净房，为东科寺所辖
			共二百二十六名	每岁共支衣单、口粮，仓斗青稞三百六十一石六斗
	关帝庙②	池汗托亥庄		
		拉卓奈庄		
		达尔化庄		
	牛王庙	达尔化庄		
	山神庙	塔尔湾庄		

---

①　东科寺源于今四川甘孜县的东谷寺，二世东科尔活佛云丹嘉措于明万历年间来青海，成为三世达赖喇嘛的弟子。

②　据《西宁府续志》卷3《祠祀志》载，丹噶尔厅关帝庙还有星泉庄一处，干沟庄一处。（青海人民出版社1985年版，第142页）

续表

名称		位置	喇嘛数额	备注
西北乡祠庙	关帝庙	李大庄		
		申中大庄		
		大路庄		
	菩萨庙	李大庄		
		申中大庄		
	圣母宫	大路庄		
	福海寺（新寺）	距城西北四十里，巴燕托亥庄，属湟源县	有番僧数十人	察罕诺门汉（通称白佛）光绪初创建。不给衣单、口粮，故无定额可稽
城内祠庙	玉皇庙、火祖庙、关帝庙、财神庙、城隍庙、文昌阁、昭忠祠、关帝庙坊、玉皇庙坊。承惠寺（金佛寺）：隶于东科寺。乾隆四十八年创修。道光元年重修			
东关祠庙	火祖阁、龙王庙、火祖庙、北极山庙（供奉文昌、真武、奎星、三清、三圣、土地、雹神）、文昌菩萨过街楼、东岳庙内附昭忠祠			
西关祠庙	火祖庙、厉坛（土人称为隍司行宫）、小山神庙、小龙王庙			
东乡祠庙	先农祠、佛爷崖庙、全神庙。			
南乡祠庙	各庄	全神庙、山神庙、菩萨庙、龙王庙、九神庙		
	哈拉库图尔士（土）城	关帝庙、菩萨庙		
	日月山卡	关帝庙、海神庙		
	纳隆口	三圣宫、火祖庙、奎星阁、衙门台番寺、关帝庙、山神庙		

资料来源：笔者整理。

清代地方官吏上任往往重视地方祭祀和学校的兴建，以化育百姓为第一要务。嘉庆五年（1800），知县李敦源上任拜谒城隍庙，见神像剥落，殿庑卑陋，乃捐清俸，倡义举，号召绅民捐款，重建此庙，据说"邑之乐施喜输者奔走争趋恐后"，约一年后完工，"入是庙者，由诚致敬，由敬知爱，渐渍渐濡，礼义足而孝弟（应为'悌'）之心生，亦化民之一道也。不犹愈于拜法门，翻贝叶，只求一己转轮也哉！"①城隍、关帝等信仰深深渗透着儒家的道德准则和社会要求，虽然清代河湟地区藏传佛教盛行，但是儒家传统文化仍顽强地彰显和固守着自己的领地，一些地方士绅不遗余力集资捐款修缮祠庙，以彰显儒家精神，通过这种方式对民众施加影响力。

（三）贵德县的祠庙寺观②

贵德县，明代为归德千户所，属河州卫，清初因之。乾隆三年（1738），改隶西宁府，五十七年（1792），改置贵德厅。贵德县有种地纳粮的熟番，有以畜牧为主、少部分种地完粮的生番和户口强盛、插帐游牧的野番。城内文庙嘉庆元年建，同治六年焚毁，光绪三年重建。城内关帝庙即山陕会馆。城西十二里有文昌庙，"每逢朔望，香烟甚盛，有事祈祷，灵应显著，久为汉番信仰祈福消灾之所"③，同治六年毁于战乱，光绪初年官绅汉番重修，其规模虽小，而金碧辉煌，形势巍峨。

表3-3　　　　　　　　贵德县祠庙寺观一览

类型	名称	数量	备注
坛庙	先农坛、社稷坛、风云雷雨坛、厉坛、文庙	5	
庙坛	关帝庙、关岳庙、玉皇阁、城隍庙、马祖庙、三官庙、三清殿、雷祖殿、观音殿（菩萨楼）、福神祠、承勤憨公祠、昭忠祠、真武殿、魁星阁、龙王庙、药王楼、三元阁、关帝庙（瓮城内）、老祖庙、文昌宫、南海殿、史家庙、郭拉庙、二郎庙、文昌庙	25	

---

① （清）杨治平编纂，何平顺等标注：《丹噶尔厅志》卷7《艺文·碑碣类·重修隍司庙记》，《青海地方旧志五种》，青海人民出版社1989年版，第339页。

② 据（民国）姚钧纂，宋挺生标注《贵德县志稿》卷2《地理志》整理，《青海地方旧志五种》，青海人民出版社1989年版，第740—747页。

③ 姚钧纂修：《（民国）贵德县志简本》，载王昱主编《青海方志资料类编》（下册），青海人民出版社1988年版，第1098页。

续表

类型	名称	数量	备注
番寺	珍珠寺	4	黄教喇嘛5名
	大佛寺（弘善寺）		喇嘛4名
	乜纳寺		黄教喇嘛24名
	毕家寺		喇嘛2名
	石家寺	7	喇嘛70名
	下工巴寺		黄教喇嘛170名
	迭禅寺		黄教喇嘛287名
	阿娃寺		黄教喇嘛61名
	国巴寺		黄教喇嘛27名
	结思丁寺		黄教喇嘛13名
	思古录寺		黄教喇嘛15名
	自石家寺以下的七座番寺，每年由县例准发衣单口粮一百五十八石五斗三升六合四勺		
	铁瓦寺	8	黄教喇嘛67名
	拉安寺		黄教喇嘛24名
	扎莫寺		黄教喇嘛70名
	却莫寺		红教喇嘛20名
	官壮寺		黄教喇嘛50名
	完受寺		黄教喇嘛37名
	年尔寺		黄教喇嘛90名
	尕旦寺		黄教喇嘛50名

续表

类型	名称	数量	备注
	白佛寺		
	上工巴寺（即涨佛寺）		
	坛东寺		
	南尊寺		
	思得六寺		
	庆善寺（即毕家寺）	11	
	加卜咱寺		
	木干寺		
	思宁额寺		
	瓦家寺		
	阿铁寺		

资料来源：笔者整理。

（四）大通县的祠庙寺观

大通县素为汉族、回族、藏族、土族杂居之地，汉族大多为内地移民，或以军队移入，或以商业移入，改县以后，原西宁十堡划归大通，除一堡为回族外，其余皆为汉族。大通县回族大多是清雍正年间，由河州、甘凉、西宁府属各邑逐渐迁入，"能耐劳苦，喜作零星贸易，兼充经纪牙侩。邑中金厂，为所充斥，煤矿亦占多数。但以溺于宗教，不好儒书，故其蛮野气质不能变化。然近来亦渐开通，诗礼之家，更复不少"①。

该地藏传佛教主要有红教和黄教两派，红教"虽诵经礼佛，而又兼习咀咒，呼风唤雨，驱鬼降魔，时或有应。但相率娶妻，一切行为，不遵戒律。且从其教者，尤多无赖，故势力已极衰弱。然该二教人民性质

---

① 刘运新等编纂，大通回族土族自治县民族古籍办公室标注：《大通县志》卷2《种族志》，《青海地方旧志五种》，青海人民出版社1989年版，第513页。

皆崇纯朴而守信约。……凡民俱以务农为本，兼奉佛法。近来亦有知汉学而崇儒术者。而又有别派二种：一曰'本卜'，一曰'端工'。本卜，辫发杂以黑索，缠头如斗大，上以绛色绸布裹之。娶妻生子，专习咀咒。端工，男曰'巫'，女曰'觋'。身着青衣，手执羊皮单鼓，击跳旋风，谓之'跳神'，又曰'喜乐'，亦兼驱邪疗病"①，由此可见，大通县藏族崇信佛教，"家有子弟，多送为徒"，并遗留有浓厚的原始苯教的成分和羌人信仰习俗，但"近时渐次开化，兼知儒术，亦有博通经史之士"②。大通县因其靠近湟中，联络诸羌，于雍正时立卫设官，视为内地，设立学校，"衣冠文物，渐与华同"，其祠庙情况如表3-4所示。③

表3-4　　　　　　　　大通县祠庙寺观一览

		名　称	备　注
城内坛庙	诸坛	先农坛、社稷坛、风云雷雨山川坛、厉坛	
	诸庙	文庙、文峰庙、武庙、城隍庙、火神庙、龙王庙、雷神庙、马王庙、昭忠祠	武庙"原奉关帝，今配岳王，改称关岳庙"
僧寺		窝尔错寺、老佛寺、朝藏寺、加尔多寺、班固寺、静房寺、平安寺、奴木气寺、张家寺	
		祁家寺	在祁家堡中，该堡之民均为番族
		广惠寺	原名郭莽寺，毁于兵。清雍正十年，敕赐重建④
		以上十一僧寺，推广惠寺僧主乃有呼图克图为大僧	

资料来源：笔者整理。

---

① 刘运新等编纂，大通回族土族自治县民族古籍办公室标注：《大通县志》卷2《种族志》，《青海地方旧志五种》，青海人民出版社1989年版，第514—515页。
② 刘运新等编纂，大通回族土族自治县民族古籍办公室标注：《大通县志》卷2《种族志（附僧寺）》，《青海地方旧志五种》，青海人民出版社1989年版，第516页。
③ 刘运新等编纂，大通回族土族自治县民族古籍办公室标注：《大通县志》卷2《建置志》《种族志（附僧寺）》，《青海地方旧志五种》，青海人民出版社1989年版，第484—485、515页。
④ 刘运新等编纂，大通回族土族自治县民族古籍办公室标注：《大通县志》卷2《种族志（附僧寺）》，《青海地方旧志五种》，青海人民出版社1989年版，第515页。

（五）碾伯所的祠庙寺观

至康熙十三年（1674），碾伯所有汉传佛教寺观共12座，"番寺"30座。① 有文庙一座，建于明成化十四年，关帝庙一座，城隍庙一座，建于明洪武十九年，② 为官方兴建的祭祀场所。另有民祀雷祖庙和真武庙，雷祖庙应为当地百姓祭祀雷神的庙，现已毁。真武庙在今海东市乐都区北五十里的武当山绝顶，每年农历四月八日有盛会，至今不衰。③ 碾伯街道东北六十五里解脱寺后有石佛山，"相传石佛甚灵，仓加各族熟番及黄河南生番拜祷者，络绎不绝"④，具体见表3-5⑤。

表3-5　　　　　　　　碾伯所祠庙寺观一览

类型	名称	数量
崇祀	文庙、关帝庙、城隍庙	3
	文昌宫、昭忠祠⑥	2
坛庙⑦	厉坛、回（疑为衍字）坛宇	2
民祀	雷祖庙、真武庙	2
	三官庙、百子宫、炎帝宫、火祖庙、奎星楼、龙王庙、华祖庙⑧	7
寺观	西来寺、古佛寺、赐福寺、越圣寺、浮杯寺、大佛寺、石佛寺、瑞云寺、玉皇阁、龙泉寺、积庆寺、兴国寺	12
	静修寺、宏济寺、羊官寺（禧寿寺）⑨	

---

① 李天祥纂集，梁景岱鉴定，景朝德标注：《碾伯所志·寺观》《碾伯所志·番寺》，《青海地方旧志五种》，青海人民出版社1989年版，第101—102页。

② 李天祥纂集，梁景岱鉴定，景朝德标注：《碾伯所志·崇祀》，《青海地方旧志五种》，青海人民出版社1989年版，第100页。

③ 李天祥纂集，梁景岱鉴定，景朝德标注：《碾伯所志·民祀》，《青海地方旧志五种》，青海人民出版社1989年版，第101页。

④ 《西宁府续志》卷1《地理志·山川》，青海人民出版社1985年版，第35页。

⑤ 李天祥纂集，梁景岱鉴定，景朝德标注：《碾伯所志》，《青海地方旧志五种》，青海人民出版社1989年版，第100—102页。

⑥ 《西宁府续志》卷3《祠祀志·祠庙》，青海人民出版社1985年版，第132页。

⑦ 《西宁府续志》卷3《祠祀志·坛壝》，青海人民出版社1985年版，第124页。

⑧ 《西宁府续志》卷3《祠祀志·寺观》，青海人民出版社1985年版，第137页。

⑨ 《西宁府续志》卷3《祠祀志·寺观》，青海人民出版社1985年版，第137页。

续表

类型	名称	数量
番寺①	莲花台寺、瞿昙寺（乐都县属）、药草台寺、普化寺、打不受寺、冶尔吉寺、工巴寺、古迭寺、汤尔源寺、兴宁寺、慈利寺、广惠寺、洛巴寺、弘通寺、延寿寺、如来寺、吉祥寺、静觉寺、龙沟寺、羊官寺、弘善寺、宝刚寺、鹫峰寺、开化寺、广教寺、宝佛寺、祁康哥寺、小西纳寺、静宁寺、卧佛寺	30

资料来源：笔者整理。

（六）河州卫的祠庙寺观

河州是今甘肃省临夏回族自治州的故称，自秦汉以来，这里先后设县、置州、建郡，丝绸之路、唐蕃古道和甘川古道在此交汇，为兵家必争、商贾云集的河湟重镇，有"西部旱码头"之誉。② 洪武四年（1371）始设河州卫，成化九年（1473），属陕西临洮府，清代仍置河州卫。据《河州志》记载，清代河州的祠庙寺观具体见表3-6。③

表3-6　　　　　　　　河州卫祠庙寺观一览

类型	名称	备注
崇祀	城隍庙、关庙、禹王庙	
坛庙	社稷坛、郡厉坛	风、云、雷、雨、山川坛（康熙时俱废）
民祀	旗纛庙、马神庙、狱神庙、土地祠	

---

① 《西宁府续志》卷4《田赋志·碾伯县番粮》载19寺，共喇嘛七百三十六名。裁去旧志7寺，喇嘛二百二十五名。（青海人民出版社1985年版，第151—152页）
② （清）王全臣纂修，永靖县地方史志办公室编，刘电能、沈文学校注：《河州志校注》前言，甘肃文化出版社2017年版，第1页。
③ （清）王全臣纂修，永靖县地方史志办公室编，刘电能、沈文学校注：《河州志校注》卷2《祠祀》、卷4《古迹》，甘肃文化出版社2017年版，第98—99、181—183页。

续表

类型	名称	备注
寺庙	报恩寺	州东门内
	万寿寺	唐初建，以镇西番朵思麻之地。明代复修
	丙灵寺	即今炳灵寺，俯临黄河，有立佛高十余丈，石成五彩，地产檀香、异药。每遇孟夏、季冬八日，近远番族男妇来游，唐之古迹也。明御史立碑云："天下第一奇观"
	弘化寺	藏传佛教格鲁派寺院。明正统六年奉敕建，有僧世袭。清朝颁赐敕印
	马营寺	亦称灵藏寺，藏传佛教格鲁派寺院。住持僧世袭禅师，清朝颁赐敕印
	永昌寺	规模壮丽，有僧世袭。清朝颁赐番国师印并敕书
	乩藏大寺	四月八日，为远番男妇朝谒与州民互市之所
	定羌寺	又称太子寺，内有秦扶苏像
	石佛寺	正月十六日祷祀
	普善寺	明初建，僧世袭禅师，有金印。清朝荫袭
道观	飞阳子观、栖真洞、大隐庵、仙人洞、仙姑庵、万寿观、飞阳观	

资料来源：笔者整理。

河湟各地的宗教信仰兼具共同性、地方性和民族性，呈现出丰富多层次的思想世界，儒家正统崇祀仍居于核心地位，是国家意志的表征，各类民间祭祀反映民众的生活诉求，藏传佛教寺院大多有明清时期的赐名或敕赐匾额。

二　河湟地区祠庙寺观的类型

清代河湟地区的宗教信仰具有中国传统社会的一般特征，体现了中华文化的共同性。祭祀类型根据主导方可以分为官方祭祀和民间祭祀，根据崇信的特征可以分为制度性宗教和弥漫性宗教，根据信仰的对象可以分为天地自然神崇拜、人格神崇拜和地方神崇拜，不同类型通常有混融的情况，只能进行大致区分。

中国人的宗教信仰多元，极具包容性，但总体上来说，对天地、祖先和君师圣贤的崇拜最为突出。"天"是指导中国人精神世界运行的至高无上的拟人化力量，"天"之下又有分工不同、执掌各异的各种自然神管辖，且"天之正气，不以边陲而靳之也"①，以"天""地"共同观念和与此相关的自然力量为基础的信仰体系被各族群众所接受，具有整合多种地方信仰的功能。河湟地区龙王庙、雷神庙、火神庙、财神庙等崇祀盛行，用以保护社区抵御各类风险、灾害，关系到普通民众的现实诉求和人生福祉，展现了人类要求主导自身命运的主动性，更具有功能化倾向。

清代河湟地区普遍兴建的文庙、文昌庙（阁）、崇圣祠和关帝庙等代表儒家崇信的场所，一般位于城域中心，由地方官员主持修建，规模较大，祭祀不辍，所有举行官祭的时间都较为固定，有严格的仪轨程式，掌管祭祀仪礼是官员必备的修养，固守这些传统有助于促进封建王朝意识形态和社会文化的一致性。与之相应，破坏、扰乱官方祭典或不遵循约定俗成的祭祀程式，很可能被视为对国家权威的挑衅。崇拜人格神，对已逝的杰出人物或英雄的神化祭祀是中国宗教文化非常突出的现象。人格神一般分为两类：一是全国性知名的杰出人物，如孔子、关公等；二是对地方做出杰出贡献的人物。供奉这类神的场所通常叫"祠"，各地的忠节祠、节义祠、昭忠祠、名宦祠和乡贤祠等备受重视，这类祭祀依然是儒家价值观的外显，彰显的是正统观念要求人们恪守的道德信条和人生追求，也是延续地方文脉、增强地方凝聚力、维护基层社会秩序的重要手段。对以城隍为代表的地方守护神的崇信，是封建王朝控制与监督功能延展至地方的民间想象。

佛教、伊斯兰教和道教属于制度性宗教。汉魏之际，佛教和道教已享有广泛的认同，具有"自愿性宗教"的性质。佛教和道教拥有卷帙浩繁的宗教经典、较为严密的宗教组织和数量可观的人员，而且在长期的历史发展中早已渗透到世俗生活和官方的政治制度中。藏传佛教具有政

---

① （清）王全臣纂修，永靖县地方史志办公室编，刘电能、沈文学校注：《河州志校注》跋，甘肃文化出版社2017年版，第350—351页。

教合一的特性，其寺院遍布河湟地区，在蒙古族、藏族和土族等民族中具有强大的影响力，受到清政府的高度重视。伊斯兰教的宗教性质决定其对信众的精神领域、道德领域、教育领域和日常生活领域等具有强大的统摄力。河湟境内回民大小村庄建有清真寺，乾隆四十六年（1781）后数量骤减，乾隆五十四年（1789），循化地区登记入册的礼拜寺共五十九座，大寺九座，小寺五十座，① 街子工大寺为撒喇回民祖寺。清代中后期，伊斯兰教成为影响西北政局的重要因素。道教与民间信仰紧密结合，着重于个人对福、禄、寿等现实利益的追求，或对战乱和灾异的禳解。

雍正时期，清朝对河湟地区的统治取得了突破性的进展，由官方主导祭祀具有地方性和民族性的神祇，是将这一地区整合到统一封建王朝地理空间之内的重要举措，循化所建河源神庙就是一个十分具有象征意义的事件。顺治二年（1645），曾封黄河神为"显佑通济金龙四大王之神"，康熙三十九年（1700），加封为"显佑通济昭灵效顺金龙四大王"，尊崇之典视前代有加。② 雍正皇帝以黄河福庇兆民、功用卓著，江南、河南等省俱建庙宇崇祀，而河源处却无寺而建此庙，上谕：黄河"或结为冰桥，以济师旅；或淤成禾壤，以惠黎元；或涌出沙洲，作天然之保障；或长成隄岸，屹永固之金汤。他如济运通漕，安澜顺轨，有祷必应，无感不通"③。雍正九年（1731），奉旨在循化城北黄河南岸建河源神庙，设立神像，建成后，雍正皇帝赐匾"福佑安澜"，每年春秋由地方官择吉照例致祭，并由撒拉土千户韩炳、韩大用等就近稽管。寺内原有青衣僧4人，后因不通番语，土番不能信服，于乾隆元年（1736），另选黄衣僧（格鲁派僧人）坚参八些为首僧，并徒众19人入寺。雍正十三年（1735），太常寺卿奉旨祭祀河神，称"一入甘省界，百姓扶老携幼，欢呼跪迎。致祭之日，番族回目，四远毕至"④，乡老称"自建庙以来，屡

---

① （清）龚景瀚编，李本源纂修：《循化厅志》卷6《寺院》，台北：成文出版社1968年版，第146页。
② （清）龚景瀚编，李本源纂修：《循化厅志》卷6《祠庙》，台北：成文出版社1968年版，第135—136页。
③ （清）龚景瀚编，李本源纂修：《循化厅志》卷6《祠庙》，台北：成文出版社1968年版，第135页。
④ （清）龚景瀚编，李本源纂修：《循化厅志》卷6《祠庙》，台北：成文出版社1968年版，第137页。

岁丰收,家室盈实,皆圣德之昭格也"①。河源之地"地隔遥边,人稀境僻",在此建庙的意义已远超感念黄河润物养民、泽被于世之功,不仅彰显了清代统治疆域的扩大,强化了皇权与"天"及其神力的关系,而且也发挥着教化番众、融合各民族黄河信仰的作用。乾隆四十七年(1782),乾隆帝又派遣侍卫阿弥达至青海勘察黄河河源,并以藏传佛教祀典举行了祭祀,此次勘察活动是在多民族参与下完成的。② 同治、光绪时,河源神庙两次毁于兵燹,光绪二十八年(1902),由番僧卡丹拜加参等募化修理。

宗教仪式可以视为"中央权威的内化(interiorizing)与众多主体外化(externalizing)之间的运动。在外化的运动中,共同体得以被定义;而在内化的运动中,共同体的各个单位则被认定成为内部的主体"③。19世纪末、20世纪初,清朝皇帝曾敕封了很多屡显灵迹的河神、湖神或山神,或敕加"显应封号"或"敕赐佑民衍则"封号,表彰它们保佑百姓免于洪灾和旱灾之苦,有功德于民,④ 其背后显示的正是封建王朝对社会方方面面管控程度的加深,国家作为最高的政权机构,履行了治水、求雨和驱虫等职责,这些仪式向广大民众显示,封建王朝代表人民祈求超自然力量的帮助,甚至在一定程度上有效地控制超自然力量,来自上天的神助有助于增强人们对政治权威的信心,成为封建王朝政治结构中的稳定因素。

第二节 青海湖祭祀与关公崇拜

在中华民族共同体的形成和发展中,共同信仰起到了重要的维系和认同作用。宗教的共性在于可以弥补知识技术所不及之处,在危险、未

---

① (清)龚景瀚编,李本源纂修:《循化厅志》卷6《祠庙》,台北:成文出版社1968年版,第138页。
② 参见刘惠《1782年阿弥达奉命勘察黄河河源史实考》,《中国历史地理论丛》2019年第1期。
③ 王斯福:《台湾的家庭和公共祭拜》,载[美]武雅士《中国社会中的宗教与仪式》,彭泽安、邵铁峰译,郭潇威校,江苏人民出版社2014年版,第135页。
④ 杨庆堃:《中国社会中的宗教》,四川人民出版社2016年版,第54页。

知与无法把握的情境中,人们便会求助于超自然力量,因此,宗教没有绝对的民族界域,只要其符合人们的精神需要,就会产生崇拜和信仰。"宗教信仰及仪式使人生重要举动和社会契约公开化,传统地标准化,并且加以超自然的裁认,于是增强了人类团结中的维系力。"① 象征符号具有权威性,常常成为统治机器的组成部分,青海湖祭祀与关公信仰都是地方"权力的文化网络"② 的重要组成,具有沟通地方与中央,联结皇权与神权,从而发挥文化符号稳定社会的功能,体现了国家权力运作构建共同信仰的两种途径。

一 海神祭祀:自下而上的"国家征用"③

蒙古族和藏族对青海湖的崇信由来已久。青海湖也被称为"西海",蒙古人称其为"库库诺尔"或"可可淖尔","库库(可可)"是"青"的意思,"诺尔(淖尔)"是"海"的意思,藏族称其为"错完布",还有"卑禾羌海""仙海盐池"之称。④ 汉代已在此置郡县,列为四渎之一,从唐代开始,青海湖祭祀就被纳入了国家祭祀系统,乾元三年(760),同州河西就有河渎祠、西海祠。⑤ 因历代对青海地区的统治不稳定,屡收屡弃,所以祀典不崇,对青海湖的官方祭祀是政府是否有效控制青海地区的标志之一。

(一)清代祭海会盟的制度化

青海大部分地区山高土厚,春夏之时雨泽苦少,青海湖被视为"西

---

① [英]马林诺夫斯基:《文化论》,费孝通等译,中国民间文艺出版社1987年版,第78页。
② 杜赞奇指出:国家和农民,"在达成共识的基础上接受某一偶像或符号,但却赋予该偶像或符号以新的含义",他在分析国家权力深入乡村社会的途径时,特别提出了"权力的文化网络"。参见[美]杜赞奇《文化、权力与国家:1900—1942年的华北农村》"中文版序",王福明译,江苏人民出版社2003年版,第3页。
③ 主要成果有杜党军、王希隆《关于清代祭祀青海神制度的两个问题》,《中南民族大学学报》(人文社会科学版)2010年第4期;李建华《清代青海湖祭海活动研究浅析》,《思想战线》2011年第S1期;王伟章《民间文化视阈中的青海湖祭海》,《青海社会科学》2011年第4期;储竞争《传承与变迁:青海湖祭海会盟及其政治功能述论》,《青海民族研究》2013年第2期;王志通《从帝制到共和:青海湖祭祀历史变迁的政治内涵》,《青海民族研究》2016年第1期。
④ (清)康敷镕纂:《青海记》,《中国西北文献丛书》第一辑《西北稀见方志文献》第五十五卷,兰州古籍书店1990年版,第144—145页。
⑤ 《新唐书》卷37《地理志一》,中华书局1975年版,第965页。

疆众流汇归总司水部之神",在游牧生产和生活中扮演着重要角色,具有庇佑水泽充盈,人畜平安、战乱中得保安全的神力,清代,西海有十三山,"番俗皆分祭之,而以大雪山为最"①。康熙五十六年(1717),遣喇嘛楚儿沁藏布兰木占巴、理藩院主事胜住等,"绘画西海、西藏舆图,测量地形,以此地为天下之脊,众山之脉"②。早期祭海会盟是蒙古族内部祈福禳灾,祛病消疾,求得一年丰收与平安的祭祀活动。青海湖周长七百余里,水中产无鳞鱼,夏秋远观如大海汪洋,碧波拍岸,厥草丰美,适宜游牧,号为乐土,亦为塞外奇观。今日游人观青海湖,不禁会感慨大自然造物之神奇,同时也能深刻体会为何周边民族将其视为神湖顶礼膜拜。

清朝将遥祭改为近海祭,必须由清朝政府派钦差大臣或西宁办事大臣主持祭祀仪式。清朝将青海湖祭祀纳入官方祀典始于雍正初年,雍正二年(1724)二月,奋威将军岳钟琪率兵追赶阿喇布坦温布等至伊克哈尔吉,"逼近山口,山势甚险,人马瘦乏,饥渴交困,乃结营暂歇,扫雪寻水,苦难得水。霎然地涌灵泉,从营外涧沟旋流充溢,官兵俱跃,咸呼圣天子万岁,称颂神助,一时人炊马饮,精神奋发,即起营入山,遂擒获贼首,此皆我皇上福与天齐,德威远布,青海水神阴翊效顺,能于塞外严寒之候发此泉水,以济军营,感应之理昭昭难泯。仰恳圣主赐以封号,以彰灵异"③。青海湖显现"神迹"不仅解决了军队迫切的补给问题,而且给恶劣的自然环境下,危险征途中的将士以精神的鼓舞,"将精神上的冲突中的积极方面变为传统地标准化"④。超自然感召力有助于发挥强有力的政治治理和统摄的作用,在人为构建中,实现了神力和皇权的统一。雍正三年(1725),雍正皇帝封青海神为"正恒",雍正四年(1726)四月,诏封为"青海灵显大渎之尊神,遣官致祭,严镌碑而志封号,以满、蒙、汉三体字为之,并为亭而蔽风雨焉"⑤。雍正皇帝对青海

---

① 《清史稿》卷79《地理志二十六》,中华书局1977年版,第2456页。
② 《清史稿》卷80《地理志二十七》,中华书局1977年版,第2477页。
③ 《为核销甘肃省在青海地方建立海神碑位用过工料银两事》(乾隆元年七月初五日),中国第一历史档案馆,档案号:02—01—008—000002—0004。
④ [英]马林诺夫斯基:《文化论》,费孝通等译,中国民间文艺出版社1987年版,第78页。
⑤ 《西宁府续志》卷9《艺文志·建修海神庙碑记》,青海人民出版社1985年版,第473页。

湖的祭祀不仅是政府控驭信众的手段，也包含了对神权的敬畏，皇权与神权的结合形成互为加强的关系，从制度到精神形成了全面而严密的统摄。

祭海会盟制度是清政府在蒙藏牧区实行的一项重要制度。青海之盟初为每年举行一次，乾隆十六年（1751）改为间年举行一次，会盟也如蒙古各部之制。会盟后，由西宁办事大臣向皇帝汇报。乾隆二十六年（1761）奏准："每岁青海会盟应需马匹，在西宁镇标营马内拨给马四十匹，沿途倒毙马匹作正开销。"① 乾隆三十八年（1773），五〔伍〕弥泰奏：青海龙神应仿名山大川例，岁修祭事。敕下礼部撰文颁行，每年秋间致祭，四渎典礼始全。具体内容是：青海蒙古各部首领每年会盟一次，在钦差大臣或西宁办事大臣的监督下，"选老成恭顺之人，委充盟长，不准妄行私推，以致生事滋扰"②，不得缺席，如果千户长、百户长等"凡会盟已经传知，如有推故不到者，千户等罚犏牛十五条，百户等罚犏牛十条，管束部落之百长等罚犏牛五条；如过期不到者，计日罚犏牛"③，祭海地点在青海湖东的察汉托罗亥。祭海仪式结束后到丹噶尔札藏寺（后改在东科寺）会盟议事，受理并裁决蒙藏各部之间一年来发生的重大民事、刑事案件，宣谕朝廷政令。道光以后，环湖藏族千户、百户也参加祭海会盟。由西宁办事大臣主持盟会，陕甘总督委派甘肃西宁府总兵官（或知府、丹噶尔同知等）陪祭。乾隆五十二年（1787）奏准：青海大臣巡视青海之年，由柴达木一路亲往致祭，星宿海等处山川之神，如值青海会盟及玉树会盟之年，差委司官前往致祭，④ 规定青海大臣每年致祭一次。

嘉庆三、四等年，"贼番扰掠，焚其亭而碑遂仔立"，嘉庆九年（1804）始每岁遥祀，欲建庙未果，后建海神庙，"河、湟、海、藏，咸

---

① 《钦定大清会典事例》卷699《兵部·邮政·给驿二》，《续修四库全书》第808册，上海古籍出版社2002年版，第706页。
② 《清世宗实录》卷20，雍正二年五月戊辰，中华书局1985年版，第331页。
③ 周希武编著，吴均校释：《玉树调查记》附录一，青海人民出版社1986年版，第191页。
④ 《皇朝续文献通考》卷154《郊社考八·山川》，《续修四库全书》第817册，上海古籍出版社2002年版，第632页。

受默护之福矣"①。嘉庆十年（1805），有蒙古王公陪祭不到，经当时办事大臣参奏罚服。嘉庆二十年（1815），蒙古王公以"夏间少雨，水草不丰，牲畜疲瘦，一时未能赶到。兼因六七两月黄河水浅，闻有番子时常过河，在郡王车灵端多普〔布〕、贝勒扎木巴勒多尔吉、公格勒克拉布吉及河南郡王达什仲甭等游牧内抢劫牲畜，伤害人命。我们虽未知详细，但闻野番偷渡滋扰属实。想系各家害怕，以致贻误。这都是我们糊涂蒙古的不是，实在辜负大皇帝天恩，只求宽恕"②，对此，西宁办事大臣福克精阿认为："兹逢祭海大典查旗公务，该王公等不能遵例伺应，仅以番贼滋扰藉口，是该王公等怠玩误公，自应据实参奏，以示惩儆。"③ 祭海会盟一方面有重要的管理职能，另一方面是国家权威的象征，也是巩固中央政府和边地蒙古关系的重要纽带。

对青海湖神迹的渲染和官方崇信一直在持续。咸丰九年（1859），豫师任西宁办事大臣，曾奏报时遇天旱，青海湖"夙昭灵显，率同官民遥望青海，虔诚祷祝，辄见云气自西南起，甘霖大沛。数年以来，每遇亢旱，屡祷屡应，岁得丰稔"④，因此请修海神庙，供青海之神牌位，为官民祷雨之所，并依传统改春秋致祭。之后，青海蒙古王公、台吉请求清帝为海神赐匾加封，陈情如下："我们蒙古百姓与内地农民不同，全靠牧养牲畜为生。我们地方海神，自从前蒙大皇帝敕封灵显神号，又每年遣官致祭，我们均叨人畜平安，水草畅茂，皆赖神灵保护。恳祈转奏大皇帝与我们海神赏赐匾额，并加封号"，并称"从前回匪变乱时，每到海面滋抢，辄有大雾弥漫，风雨骤至，伊等多免毒害，藉能瓦全，实赖海神护佑，历述灵绩，咸深感戴"⑤。

清后期，在今青海湖东岸修建了专门举行祭拜仪式的祭奠台，一直沿用到民国。1949年之后，虽然对青海湖的官方祭祀已经不复存在，但

---

① 《西宁府续志》卷9《艺文志·建修海神庙碑记》，青海人民出版社1985年版，第473页。
② 《蒙古王公等祭海误公，请旨办理以昭炯戒折》（嘉庆二十年九月十三日），载哲仓·才让辑编《清代青海蒙古族档案史料辑编》，青海人民出版社1994年版，第56页。
③ 《蒙古王公等祭海误公，请旨办理以昭炯戒折》（嘉庆二十年九月十三日），载哲仓·才让辑编《清代青海蒙古族档案史料辑编》，青海人民出版社1994年版，第56页。
④ 吴丰培编：《豫师青海奏稿·请修海神庙片》，青海人民出版社1981年版，第158页。
⑤ 吴丰培编：《豫师青海奏稿·请颁海神匾额片》，青海人民出版社1981年版，第159页。

民间祭拜几乎每年都会举行。当地人认为,青海湖是属羊的,所以每逢羊年,藏族人民便会扶老携幼远道而来汇集于青海湖沿岸周边,举行转湖祭拜活动,河湟西部地区的藏族、蒙古族、土族以及部分汉族也会加入转湖的行动。人们在祭拜青海湖时,常在湖边煨桑磕头,并将从藏传佛教寺院索来的经文等抛入湖中。河湟西部的人们一直盛行用青海湖的湖水"下宝瓶"的习俗,这种习俗在河湟地区许多回族群众中也颇为流行,可见它作为一种民间信仰,冲破了宗教条条框框的束缚,被人们广泛接受。

(二) 青海湖祭祀的"国家征用"

清代对海神的祭祀崇拜分为官方和民间,为满族、蒙古族、汉族、藏族各民族共有,清政府成功地将民族信仰转化为使国家政令法统化的工具,"象征性符号是可塑的,尽管它被完全扭曲,但它还能保持其内在能量,即动员、激励以及强制的力量"①,在对民族地区的治理中发挥了不可忽视的作用。西海神作为一个核心象征符号,被纳入清代祭海会盟仪式中,具有了更加丰富的内涵,在原有基础上发挥了更多作用。自道光年间开始,蒙藏共同祭海会盟,青海蒙藏之间的直接冲突和纠纷趋于缓和、减少,双方关系更加紧密有利于青海蒙藏地区的社会稳定和发展。通过会盟,清政府可以定期将游牧和居无定所的蒙古族、藏族召集在一起,并选出自己满意的盟长,使之忠实效命,掌握了各盟旗首领的任命权和蒙藏地区的司法权,从而加强了对这一地区少数民族的直接统治。

清代祭祀青海湖神的仪式具有丰富的内涵和重要的功能,实现了政府、民族、宗教三者的有机联系,是宗教力量和国家权威的结合,突出体现了清朝国家权力掌控民族信仰的象征符号,将其作为有力统治手段的过程。清朝统治者擅长整合各种文化资源为其大一统服务,满人入关之前就和蒙古贵族结为政治同盟,在借平定罗卜藏丹津叛乱削弱蒙古力量之后,清朝便将蒙古族、藏族历史悠久的"西海祭祀"传统转变为以国家为主导,兼顾施惠蒙古族、藏族及贯彻国家行政意图的官方祭典,

---

① [美] 杜赞奇:《文化、权力与国家:1900—1942 年的华北农村》,王福明译,江苏人民出版社 2003 年版,第 10 页。

实现了对青海湖祭祀的"国家征用"。① 通过自下而上的途径，清政府成功地利用了青海湖祭祀的传统，地方势力也认可并借助国家权力，强化了青海湖的神力，双方实现了双赢，是大众信仰在国家权力网络运作中的显著特点。

清末，在西北边疆危机日益加深的背景下，魏源基于游历考察，在其舆地学研究中进一步明确了西北陆地边疆的重要性，曾说："国家威稜震叠，际天稽颡，括地成图。东尽东海，南尽南海，西不尽西海，北不尽北海，而欲征图朔貊，飚轮弱水，厥制严武，至雄以博。窃钧档册之遗闻，诹都护之属吏。除盛京、吉林、黑龙江号东三省，为满洲根本重地，不属边防外，其西北藩服，疆以戎索，纲纪条列，可得而云"②，由此可见青海被正式纳入清朝版图的重要意义。

二 关公崇拜：自上而下"文化渗透"

关公崇拜是中国民间最为普遍的信仰，在关羽去世后的1000多年中，关公信仰不断被强化，关帝庙遍布全国，关帝的神性也被不断丰富，既是国家大力推崇的正统神灵，也是各个宗教竞相吸纳的对象，还兼具护法神、财神、行业神等多种身份。

（一）清朝对关公信仰的"规范"

关羽这位三国时期的历史人物在中国家喻户晓，《三国志》最早为其做传，之后，关羽的故事经说书、戏剧的一再演绎逐渐被广为流传，地位由侯升公进而封王成帝，由人变神，获得了"千古忠义第一人"的美誉，得到历代统治阶级的推崇。8世纪初，佛教将关羽吸收为伽蓝神，为其建庙。从宋代开始，关羽的塑像逐渐遍布各地，万历皇帝加封关羽为"三界伏魔大帝神威远镇天尊关圣帝君"，正式将其列入道教神祇系统。关帝在儒家文化中被奉为"武圣"，封建王朝不断给关羽及其后代各类加封，大力提倡其代表的"忠义"精神，而在民间，关羽则具有更加丰富的象征，由于自然经济和血缘集团逐步解体，新兴的商人社团及各类社

---

① 王伟章：《民间文化视阈中的青海湖祭海》，《青海社会科学》2011年第4期。
② （清）魏源：《西北边域考》，（清）王锡祺辑《小方壶斋舆地丛钞》第三帙，杭州古籍书店1985年版，第114页。

会组织需借助关羽的忠义象征来增强团结，保护共同利益，从而使关帝信仰更为普遍。① 关公所代表的忠义，既符合统治阶级的需要，又反映了下层民众渴望强有力的社会正义保护的诉求，关公崇拜与孔子崇拜体现了中国传统精神的两种价值取向，虽然全国规模的祭关活动比全国规模的祭孔活动晚了一千多年，但是关公在民间的影响力甚至超过了孔子。

清代祭祀关帝的信仰更加盛行。入主中原之前，满族统治者就开始崇拜关公，并对某些非官方的传说和解释加以禁止。顺治九年（1652），封关羽为"忠义神武关圣大帝"，1725年，清廷命令各省府州县"择庙宇之大者，置（关帝之）主供奉后殿"，这些关庙均受北京白马寺统辖。乾隆四十四年（1779），关羽被加封为"忠义神武"，四十八年（1783），加"灵佑"封号，嘉庆十九年（1814），加"仁勇"封号，道光八年（1828），加"威显"封号，咸丰二年（1852），加"护国"封号，三年（1853），加"保民"封号，五年（1855），颁"万世人极"匾额，六年（1856），加"精诚"封号，八年（1858），加"绥靖"封号。②

若边陲有兵戎之事，为了"赖神威镇护于边城"③，则对"武圣"关帝的祭祀格外隆重，1854年太平天国运动之时，清朝将对关帝的祭典提高到与孔子并列。普通民众与社会精英的关帝信仰并不一致，"乡村精英通过参与修建或修葺关帝庙，使关帝越来越摆脱社区守护神的形象，而成为国家、皇朝和正统的象征"④，将基层社会与官方上层在教义和组织上联结起来。在不同地区，关帝的教化作用也不同，清代河湟地区各民族中都盛行关帝信仰，关帝庙几乎遍布各府州县，除具有与内地相同的信仰内容外，还具有特殊的内涵。

（二）河湟地区的关帝信仰

河湟地区的关公祭祀体现了国家权力、民间崇信和民族宗教融汇的

---

① 黄华节：《关公的人格与神格》，台北：台湾商务印书馆股份有限公司1967年版，第227—229页。

② 《西宁府续志》卷3《祠祀志·祠庙》，青海人民出版社1985年版，第128页。

③ （清）杨治平编纂，何平顺等标注：《丹噶尔厅志》卷7《艺文·碑碣类·关帝庙创建功德记》，《青海地方旧志五种》，青海人民出版社1989年版，第338页。

④ ［美］杜赞奇：《文化、权力与国家：1900—1942年的华北农村》，王福明译，江苏人民出版社2003年版，第116—117页。

三重诉求，河湟边镇普遍有祭祀关帝的传统。丹噶尔厅共有关帝庙13处，雍正元年（1723）与丹噶尔城同建关帝庙，以镇边陲，初建时极其简陋，后经商民黄先长等人出资修缮，轮奂鼎新，"邑之绅士兵民登堂肃仰，瞻金容而如在其上。抑是戎夷羌番，入庙低徊，拜须眉而宁不汗下"①。丹噶尔城内关帝庙于筑城之初草创三楹，雍正十一年（1733），"增改殿宇，塑神象而规模略具。道光时重复修理，费几万金。在本境庙宇内最为壮丽、宏敞，而木石工程雕镂结构，后此者莫能继之云"②。贵德厅有关帝庙两座，关岳庙一座，其中一处关帝庙在城内正北街，即山陕会馆，每岁春秋并五月十三日致祭，祀以太牢，另一处在瓮城内。

同治年间，西北动荡，河湟地区民众更赖神灵护佑，在关公、城隍、火神、龙王等众多信仰中，关公被认为是最有神力的。丹噶尔厅"团勇与贼按（应为'接'）仗，每获神灵默佑，得机之先，父老传说者，不一而足。及承平后，援情奏请，颁有御赐匾额，关帝曰：'威震湟中'；城隍曰：'福庇西平'；火祖曰：'神功烜赫'；龙王曰：'宣威普佑'。本邑官绅敬谨钩摹，制成木匾悬挂。惟关庙正中旧匾，忽然落地，即众议新匾处也。亦以见国家景运正赫，神灵默迓圣贶于冥冥之中而特著灵异。不然，有丹以来，各庙悬匾以百计，可知兹之非偶然也"③。苏四十三"攻兰州城甚急，西门外即黄河滩，多石子。布政使王廷赞预令运城上，贼至掷之，故不得近。贼又于西门外关帝庙神座下掘地道，已至城内矣。实火药其中，方燃药线，忽大雨如注，线湿不能发，遂止。于是恨神不佑，尽拔其须而去。事平后，兰州感神之功，益崇像设庙宇，壮丽更倍于昔"④。康熙戊子年（四十七年，1708），舟曲锁儿头建龙王庙，庙内除彩塑观音、龙王之外，还有关圣帝君，祈愿"皇王万载，国土清平，边

---

① （清）杨治平编纂，何平顺等标注：《丹噶尔厅志》卷7《艺文·碑碣类·关帝庙创建功德记》，《青海地方旧志五种》，青海人民出版社1989年版，第338页。
② （清）杨治平编纂，何平顺等标注：《丹噶尔厅志》卷3《地理》，《青海地方旧志五种》，青海人民出版社1989年版，第225页。
③ （清）杨治平编纂，何平顺等标注：《丹噶尔厅志》卷8《杂记》，《青海地方旧志五种》，青海人民出版社1989年版，第397页。
④ 《清代述异·兰州大雨》，《清朝野史大观》（下）卷11，江苏广陵古籍刻印社1998年版，第1页。

疆宁谧，人畜兴隆，各会均亨福禄，众姓咸沾覆庇"①。总之，关公是中国上至皇帝推崇，下至平民仰赖的神，是中国人崇尚节义，祈求护佑的精神投射。

关帝信仰为藏汉人民共同敬奉。安多地区流传着关公的故事说，"藏民称关公'格萨尔'，称他的夫人为'珠莫'，西藏上边有一部落名'珠'，'莫'是指女性的一个字，'珠莫'就是珠那个地方的女人。西康有一座山，里边常隆隆作响，百姓们传说那是关夫人珠莫捣酥油的声音。关夫人是一切女性的模范，若说某一个女人像珠莫，那是恭维到极点的话了。西康人每饮一杯茶，都先向关公祝告几句话。怎样说我虽然忘了，但大意仿佛是'骑着赤兔马，日行千里路，察人间善恶的关老爷，请来唱茶！'藏人也有部《三国演义》②为两（疑为'西'）康人闲暇时最爱读的一部书。拉卜楞的藏民所以少读的缘故，据说拉卜楞对外的总保护神'乃琼陈雷加五'，当初是魏周的一员大将，曾败于格萨尔之手，若读此书，恐不为他所喜，因此也就无人攻读了"③。"中国藏区近代以来的关帝庙，从名称到建筑布局、式样、内外布置，供奉神灵、神灵塑像造型，神灵的祭拜仪式、节日，以及信众构成等等各个环节，均体现了很强的藏汉交融特征，可以说是藏区多元文化共存的典型表现之一。"④ 关帝信仰在河湟地区长盛不衰，直到 20 世纪初，在拉卜楞经商的山西商人还与当地藏汉群众共同捐资，在夏河县修建了一座"关帝财神庙"，拉卜楞寺六世嘉木样活佛、贡唐仓活佛等均有捐助。

在中华民族共同体的形成和发展中，宗教信仰起到了重要的维系和认同作用，"由下而上"和"自上而下"是两种基本路径，在清代河湟地区的民族信仰中均有典型的体现。关公崇拜与青海湖祭祀的共同点体现在：以皇权与神力相结合，反映了各族人民共同的心理需求，以偶然事

---

① 《舟曲锁儿头龙王庙碑》，载吴景山《甘南藏族自治州金石录》，甘肃人民出版社 2001 年版，第 83—84 页。
② 原书注有：即《格萨尔王传》，非《三国演义》。
③ 于式玉：《到黄河曲迎接嘉木样活佛日记》，《于式玉藏区考察文集》，中国藏学出版社 1990 年版，第 116 页。
④ 王川、刘波：《关公崇拜在近代中国藏区：一个藏汉民族文化交融的典型》，《藏学学刊》第 4 辑。

件为契机，有关键人物的推动，不囿于民族及地域边界，成为青海湖各民族共同的信仰，体现了中华民族在精神追求上的共享与共通。当然，二者也有差异，青海湖祭祀体现了国家对地方和民族文化符号的征用，是动用基层社会原有的文化力量，由下而上实现国家诉求的过程；与之相对，关公信仰则是统治阶级将官方文化符号向基层推广的典型代表，通过国家的文化政策、借助各类文艺形式，并得到地方或民族精英的支持；青海湖为自然神，护佑信众免受自然力的侵害；关公为人格神，能够满足信众免受战争之苦的世俗需求。总之，关公是汉族、满族、蒙古族、土族和藏族等民族，以及儒家、道教、汉传佛教、藏传佛教和地方民间信仰共同崇拜的重要神祇。

第三节　宗教对河湟文化的影响

不同宗教在具体的教义、崇拜对象和祭祀仪式等方面不同，但在满足人们的心理诉求，缓解人的精神压力，安慰世俗痛苦和规范道德行为方面具有共同性，正如拉吉斯·德布里所说，宗教在某些时候，不是"人民的鸦片，而是弱者的维生素"①。宗教势力的膨胀也会引发严重的社会问题，阻碍社会的发展，无论是在中国还是西方，都有充分的历史经验证明，宗教应该被限定在适宜的范围内发挥作用。

一　积极影响

世俗政权和宗教权力的结合是河湟地区的突出特点，宗教主导着信教群众的精神世界，寺院占有大量的人口、土地和社会财富，是强有力的经济体，在被纳入国家体系后，宗教势力通过获得官方的合法授权或支持，进一步增强其权威，从而在社会治理中具有举足轻重的地位。宗教的积极作用主要表现在以下方面：

(一) 承担多重社会职能，服务各族群众

清代蒙藏地区都是政教合一的社会结构，寺院担任社会管理的职能，

---

① 转引自［美］塞缪尔·亨廷顿《文明的冲突》，周琪等译，新华出版社2013年版，第81页。

僧侣扮演着多重角色和身份，包括教育、医疗、司法、学术研究、婚丧嫁娶，涉及人们生活的各个方面，具有广泛和深远的影响力，信教群众在精神信仰及日常生活上都对寺院及僧侣有非常强的依赖性。清代河湟蒙藏地区教育普及率极低，僧侣是唯一接受教育的群体，是知识的垄断阶层，是信教群众尊敬的群体。

藏文化有完善的医药系统，寺院承担着民族地区的医疗职能，拉卜楞寺设有医学院，藏语称"曼巴札仓"，由二世嘉木样活佛于1784年正式创建，是年，二世嘉木样活佛赴拉萨向八世达赖喇嘛汇报了拉卜楞寺医学院的筹建情况，达赖应其所请，委派著名的藏医药学家藏曼·益希桑布及其弟子多杰然卷巴、拉萨药王山寺的迈尔干·罗桑达吉等名医赴拉卜楞寺传授医理。继塔尔寺医学院之后，拉卜楞寺医学院成为安多地区又一培养医学僧侣的专门机构，为各族人民提供了重要的医疗服务。医学院学僧除参加全寺和本学院的各类法会和宗教活动外，主修藏医药学，以《四部医典》为教材，修习分为初级班、中级班和高级班3个学级，除学习藏医原理外，还要从事医学实践活动，每年的四月下旬、六月上旬和八月要外出采药，从七月下旬开始制药，制成的药有散、丸、膏三种，同时还要跟随医师给各地的患者看病治疗。

时至今日，藏区很多寺院仍由喇嘛亲自采药，采用传统工艺制药，因此，藏药的数量有限，除药材本身的功效外，活佛念经加持也对藏民的精神产生了一定的疗愈效果。每年拉卜楞寺正月法会期间，各族群众都会趁此机会去拉卜楞寺藏医院求医问药，除藏族、蒙古族群众外，还有很多汉族、回族也在等待问诊。笔者随机访问了几位汉族病患，他们称已是多次来拉卜楞寺看病，藏药的效果非常显著。

拉卜楞寺正月法会时，寺院要给群众赐"圣水"，这种药水应该是用甘草熬制的。藏族群众争相索要，每人都要喝上一口，参加节庆的汉族、回族群众也纷纷索要圣水。一位没能抢到"圣水"的藏族老奶奶示意笔者分一些圣水给她，盛在她手掌里，老奶奶自己喝了一口，将剩下的喂到小孙子嘴里，然后双手合十向笔者表示感谢。

伊斯兰教的清真寺和藏传佛教寺院类似，一直担任着学校和社会教化的职责，时至今日，还有很多群众在寺院接受基础教育、语言教育或职业技能教育，政府也经常通过清真寺进行国家政策以及法律的宣传和普及工作。

(二) 联系各族群众交往交流的纽带

有共同信仰的民族交往交流更为密切，形成了一定的文化认同。河湟地区一些著名的藏传佛教寺院，如拉卜楞寺、塔尔寺、佑宁寺、隆务寺等，成为蒙古族、藏族、土族和汉族共同的宗教活动空间和交往场所，以藏传佛教为中介，各民族在宗教信仰上形成了交集，体现了文化上的共同性。

河湟地区各民族普遍崇信佛教，佛教寺院兴盛，以黄教为最。信仰藏传佛教的民族主要有藏族、蒙古族和土族，对汉族的影响也很大，"青海风俗，南境似前藏，北境似西蒙，东与甘肃大邑交通，又略同汉俗。而人习讽经，性耽佛教，事事学步喇嘛，则全境皆然也"[1]，此述略有夸大，但清代青海境内藏传佛教盛行则属确实无疑。黄教寺院大都占地广阔，庙宇壮丽，殿堂奢华，装饰精美，祭祀丰饶，所谓"僧依于佛者也，佛妥于寺者也"[2]，依托外在形态更好地烘托宗教气氛，增加其影响力。

清代河湟地区重要的藏传佛教寺院，如夏河拉卜楞寺、湟中塔尔寺、湟源扎藏寺、互助土族佑宁寺中都有蒙古族、藏族和土族僧人共同学经习法。蒙古人自凉州会盟后皈依藏传佛教，成为藏传佛教的虔诚信徒。拉卜楞寺的檀越[3]是厄鲁特蒙古和硕特部首领固始汗之孙博硕克图济农一家，为了修建拉卜楞寺，博硕克图济农之子察罕丹津两次入藏敦请嘉木样华秀·阿旺宗哲活佛回籍建寺。1720年，清廷册封一世嘉木样为"扶法禅师班智达额尔法尼诺门汗"，1759年，乾隆帝又赐拉卜楞寺为"慧觉寺"，后嘉庆帝又赐名"寿禧寺"。拉卜楞寺是安多地区最大的藏传佛教格鲁派寺院，社会影响遍及京、蒙古、藏、川、青地区。[4] 河湟蒙古族聚居区也在河南蒙古亲王、各旗札萨克或部落头人的主持下修建了拉卡寺、达参寺、曲格寺和香扎寺等藏传佛教寺院，这些蒙古贵族还经常邀请拉

---

[1] 徐珂编撰：《清稗类钞》第5册《风俗类·青海蒙番之起居》，中华书局1984年版，第2215页。

[2] 《临潭重修重兴寺记碑》，载吴景山《甘南藏族自治州金石录》，甘肃人民出版社2001年版，第97—98页。

[3] 佛教用语，指施主。

[4] 陈中义、洲塔主编：《拉卜楞寺与黄氏家族》，甘肃民族出版社1995年版，第4页。

卜楞寺和塔尔寺的藏族高僧前来传法。

瞿昙寺位于今青海省海东市乐都区，从洪武二十五年（1392）开始修建，后明初四位皇帝历时 36 年修建完成，是明朝同青海藏区进行联系，推行"抚边"政策的枢纽。这座佛寺是青海省藏传佛教寺院中唯一采用汉式建筑风格的寺院，其飞檐、斗拱、画栋、藻井都具有明代北京宫殿建筑的特点。

佑宁寺位于今青海省海东市互助县，万历三十二年（1604）开始修建，① 之后，土族地区陆续修建了不少黄教寺院，基本实现了黄教化。清代，佑宁寺被誉为"湟北诸寺之母"，最盛之时僧众有 7000 余人，其规模和影响曾一度超过塔尔寺。② 通过章嘉、士观、松布等活佛的宗教活动，佑宁寺对汉族、藏族、蒙古族、土族、满族和裕固族的民族关系和民族团结做出了一定的贡献。土族在藏族寺院为僧者也不少，其中以民和三川土族僧人在塔尔寺者尤多。同仁的隆务寺在当地土族中也颇具影响，隆务河两岸的土族村寨都是该寺的香火村寨，各村均建有一定规模的隆务寺分属寺院。

通过藏传佛教，密切了蒙古族、藏族和土族的联系，加强了这些民族相互间的文化认同。藏传佛教各教派的活佛、喇嘛在藏族、蒙古族、土族和裕固族中有很高威望，他们对这些民族之间及各民族内部发生的矛盾、纠纷出面调解和安抚，为社会稳定，和谐民族关系起到了积极的作用。

汉族人口不断增长，在农耕和手工技艺方面具有优势，应对政府官员、商人等更加机敏，很多藏族村落会逐渐越来越像汉族村落，但是仍会保留对宗教的重视，在自然崇拜和对藏传佛教的信仰上几乎没有任何削弱，而且会深刻地影响汉族。河湟贵德有番俗，在墙角立一竿，上挂番文长帛，称为"嘛呢搭阙"，本地汉族也模仿此风俗，有《贵德竹枝词》载："屋角高标百尺竿，飘摇搭阙绕云端。问称借彼东皇力，披拂空中保治安"③，但是汉族信仰中包含的功利性依然占据主导，"亚洲地区的

---

① 蒲文成主编：《甘青藏传佛教寺院》，青海人民出版社 1990 年版，第 75 页。
② 蒲文成主编：《甘青藏传佛教寺院》，青海人民出版社 1990 年版，第 75 页。
③ 《西宁府续志》卷 10《志余·诗》，青海人民出版社 1985 年版，第 676 页。

藏族人及穆斯林身上体现出来的那种宗教热情和宗教献身精神，在汉族人中是看不到的"①。河湟地区的汉族本来就有信仰佛教的传统，藏族对佛教的虔诚笃信具有极强的感染力，汉族"在其日常宗教活动中，把大量的时间和金钱都投入到了佛教仪式中"，汉族与藏族在宗教信仰和实践上表现出彼此宽容，尤其是没有受过教育的汉族表现得更为彻底。汉族与藏族的共同生活中，虽然在文化习俗中也发生了种种变异，汉族平时在家敬佛、祀佛外，还经常到寺院烧香拜佛、捐钱布施，参加藏传佛教节日、法会等，唯独在丧葬习俗上坚持土葬。可见，藏族文化中，最为稳固和持久的无疑是藏传佛教信仰，而以祖先崇拜和家族延续为主要特征的宗法血缘关系是汉文化坚持的核心。

不同宗教团体上层之间也有交往和交流，伊斯兰教和藏传佛教是成熟的制度型宗教，信众的虔诚度都相当高，两个民族都具有较强的民族意识，但是这并不妨碍他们找到共同的连接点。史载顺治九年（1652）七月，五世达赖喇嘛赴京朝觐，途经青海境内恰喀布拉克时，"西宁城的回民掌教率50余人前来敬献重礼。询问掌教敬奉什么神，掌教答说敬奉的是天。认为大约与敬奉大自在天、遍入天相类似，向日月等礼拜"②。青海西宁东关清真大寺大殿脊顶中心的镀金鼎是拉卜楞寺的嘉木样活佛赠献的，借以表示与伊斯兰教徒的友好关系。该清真大寺在"唤醒阁"落成时，塔尔寺等藏传佛教寺院也纷纷派主持和僧众持珍品礼物前来参加落成典礼。③ 民国二年（1913）至三年，马麒倡议扩建东关大寺，"所需木料，决定由大通广惠寺（创建于顺治七年，当时名为郭莽寺，康熙时和塔尔寺、佑宁寺、隆务寺等齐名。一说为佑宁寺提供木料）的森林中采购，大殿所需板木、地板由互助地区供购。据说，那些擎天粗大的柱木，最初由于选购木料人员未说明用意，广惠寺不愿出售，后经说明用意，该寺僧侣以慷慨友善的态度，将所需的木料积极出售给清真大寺，

---

① ［美］罗伯特 B. 埃克瓦尔著，苏发祥编译：《甘肃、青海交界地方的文化关系研究》，载《藏族与周边民族文化交流研究》，中央民族大学出版社2013年版，第16页。

② 丹朱昂奔主编：《历辈达赖喇嘛与班禅额尔德尼年谱》，中央民族大学出版社1998年版，第99页。

③ 绽福寿：《西宁东关清真大寺》，载中国人民政治协商会议青海省委员会文史资料研究委员会编《青海文史资料选辑》（十至十二辑合订本），1982年，第94页。

以示大力支持，团结友好"①。东关清真大寺第二次改建时所需栋材由海东市乐都区的汉族范家提供，范家认为"回族修寺，汉族修庙，都是行善功德"，因而情愿献出。②

虽然汉族以儒家文化为信仰根基，但事实上，汉族在信仰方面一直是多元而开放的。民国六年（1917）西宁地区大旱，东关清真大寺的阿訇联合宗教上层人士、回汉群众共同进行了大规模的祈雨活动。循化撒拉族自治县查汗都斯乡的岩古录拱北，大约修建于清代中期，为甘肃临夏回族自治州和青海循化等地的回族、东乡族、撒拉族、保安族和部分藏族共同信仰，各族群众对拱北皆加以精心维护，是当地各族群众互相尊重、和睦相处的缩影。③

（三）战乱动荡之际，寺院为各族群众提供庇护

安定和平的社会环境符合各族人民的共同利益，任何时候各民族都不乏能摒弃狭隘之见的有识之士，号召民众共患难，同御辱，维护国家统一与社会稳定。同治元年（1862），丹噶尔厅塔尔寺阿嘉呼图克图从北京返回青海，适值回民事变，经原任西宁办事大臣玉通饬令，阿嘉呼图克图积极举办团练，"所有西宁五川七族被害难民，多有逃归该寺，该呼图克图均各给予口食，俾全性命。回贼屡犯寺宇，该呼图克图亲冒矢石，督带团勇，极力悍卫，保全佛寺，护救难民，并援解西宁城围。奉派出口，自备赍斧，调集番民，助剿贼匪，前后共历六年之久，昼夜勤劳，叠著功勋，以致积劳成疾，在丹圆寂。丹噶尔土民，以该呼图克图生前种种劳绩，未便湮没，连名禀由兼署丹噶尔同知刘肇瑞，护镇海协营副将王昇详请具奏追奖前来"④。同治二年（1863），西宁县田家寨人田成科，奉青海办事大臣玉通谕，"应塔尔寺阿家呼图克图之招，带勇剿西川

---

① 绽福寿：《西宁东关清真大寺》，载中国人民政治协商会议青海省委员会文史资料研究委员会编《青海文史资料选辑》（十至十二辑合订本），1982年，第93页。
② 绽福寿：《西宁东关清真大寺》，载中国人民政治协商会议青海省委员会文史资料研究委员会编《青海文史资料选辑》（十至十二辑合订本），1982年，第94页。
③ 马进虎：《河湟地区回族与汉、藏两族社会交往的特点》，《青海民族学院学报》2005年第4期。
④ 吴丰培编：《豫师青海奏稿·请加封阿嘉呼图克图片》，青海人民出版社1981年版，第61页。

匪，途遇匪骑百数十人"，战死。① 光绪二十一年（1895）五月，西川黑嘴尔愚民和多巴土匪率众造反，六月初一，黑嘴堡失陷，难民涌入宁城。初三，北川李土司所属十门庄失陷，多数殉难，余众逃入长宁堡。初六，长宁堡失陷，殉难男妇约三千余人，"逃出者悉入郡城，各处庙宇，伤民殆遍"②，寺院在中国传统乡土社会中扮演着重要的角色，在战乱之际往往成为各族民众的庇护所。

（四）清朝维护大一统的重要资源

清政府为了笼络信仰藏传佛教的民族，尤其是加强对蒙古各部的统治，承袭元明时期的政策，积极扶持藏传佛教，尤其是推崇藏传佛教格鲁派成为其统一和稳定蒙藏地区的工具，达到"以佛驭番"的目的，康熙曾表示国家宠信黄僧并非崇奉其教以祈福也，只以蒙古诸部敬信黄教已久，故以神道设教，借使诚心归附，以障藩篱。清朝对藏传佛教的政策以平定罗卜藏丹津叛乱为转折，之前因袭前朝政策，以扶持黄教、尊崇喇嘛为特点，制订了许多保护和扶持黄教的法规，对藏传佛教给予极大的重视，藏传佛教逐渐出现寺院数量急剧增加、僧团规模大幅度增长，寺院势力"欺凌贫民"，甚至参与叛乱的情况，这使清政府认识到宗教势力膨胀后的严重后果，从而加强了对藏传佛教僧侣、寺院的管理以削弱其势力。

鉴于藏传佛教尤其是格鲁派在藏族、蒙古族、土族、裕固族等民族中的广泛影响，清朝采取了"修其教不易其俗"的原则给予礼遇，利用和支持藏传佛教格鲁派，乾隆皇帝曾明确宣谕："兴黄教，即所以安众蒙古，所系非小。"在特定的历史条件下，"不易其俗"的政策有利于多民族国家的统一，民族地区的稳定和发展，通过中央政府册封和寺院上层的朝贡，使这些民族与清朝中央政权之间的联系趋于频繁，在客观上促进了地方与中央以及各民族的交往和联系。同时清政府也采取了限制藏传佛教的措施，严格限制宗教势力对行政权力的干预，将宗教管理纳入法制化轨道，有利于防止其与世俗势力的勾结，遏制了宗教分裂势力的渗透，极大地保证了清政府对西北少数民族地区的统治，体现了中央的

---

① 《西宁府续志》卷7《献征志》，青海人民出版社1985年版，第290页。
② 《西宁府续志》卷10《志余·纲领志》，青海人民出版社1985年版，第595页。

绝对权威,"隆其礼、严其法"的做法对维护中央在这一地区的治理起到了积极的推动作用。

藏传佛教寺院从一定程度上降低了游牧民族的流动性给政府管理带来的不便。以蒙古族、藏族为主的游牧民族逐水草而居,对封建王朝的管理能力是极大考验,而寺院是固定的场所,是游牧民得以返回政府治理的空间,即便是"素无统属"的"野番"也要敬奉喇嘛,将劫掠所得的财物布施给寺院,明清两代均不同程度地扶持藏传佛教,这是重要原因之一。

蒙古人是明朝北方最大的威胁,清初作为满人最重要的政治盟友,对青藏高原的治理产生着重要的政治和军事影响力,但到清朝中后期(嘉、道以后)开始走向衰颓,不仅不能继续承担"皇朝藩篱"的角色,还需要清政府不时为其安全和生计动用国家资源,这与其藏传佛教信仰有一定关系。佛教使蒙古"人种日减,杀心渐弭,而犷悍忍鸷之风,亦稍稍衰矣"①,时人欣然,宣称"喇嘛等传播德威,宣扬教化,是以天戈所指,烽燧全消"②,但"天下之患,每伏于大利之中",蒙古衰弱也使清朝治理河湟蒙番地区的压力增加,因"彼唯不能为吾患,则亦不能禁制远夷,而为吾效保塞之助。王船山谓近夷衰弱,适足为崛起远夷之资"。但拉铁摩尔认为:"蒙古民族趋向和平的真正原因,是召庙的不动产强化了为各旗及其首领划分疆界的稳定政策,打倒了作为草原游牧经济传统的移动性。从前,这种移动性可以限制首领对其部属的向背滥用权力。草原社会的变化,使战争被废止了,而其代价却是经济的退化与社会的奴隶化。"③ 可是,这似乎不能解释"蒙弱番强"的现象,藏族同样信奉藏传佛教,游牧藏人仍保持着极强的流动性。"强弱"的关键在于"远近",也就是说,强弱除有民族性格的影响之外,还有经济实力,流动性及自由度,即政府的实际管理程度的影响。

---

① 周希武编著,吴均校释:《玉树调查记·自序》,青海人民出版社1986年版,第17页。
② (清)长白文孚著,魏明章标注:《青海事宜节略》,青海人民出版社1993年版,第23—24页。
③ [美]拉铁摩尔:《中国的亚洲内陆边疆》,唐晓峰译,江苏人民出版社2005年版,第68页。

二 消极影响

宗教领域有许多学识渊博、悲天悯人，为国家、社会和民众谋求福祉的高僧大德，但也不乏"挟势牟利，卖买逃避甚于市侩，僧徒之无赖，病民而取诟于世"①，乾隆元年（1736），"谕以僧道喇嘛颁给度牒，其僧道素守清规者，止准招收生徒一人"，同时强调"凡守土之官，诚能实心承办，亲身稽核，不委之胥吏，不视为泛常，其二氏滋蔓之弊，亦可渐除矣"②，但此政策并没有很好地落实，事实上，宗教人员的管理还是较为混乱，造成了严重的社会问题，具体表现在以下方面：

（一）把持政教大权，危害国家安全和社会治安

藏族、蒙古族和土族都有将其子弟送入寺院的传统，官宦富贵之家概不例外，并非是对宗教的虔诚使然，而是因为宗教领域的发展很有前途，实质上体现了宗教在这一地区的政治、经济及精神生活上的主导作用。丹噶尔的"东科寺僧，皆以兔尔干、克素尔、药水、白水河各庄三页卡③佃户子弟充之，其各僧皆以本家弟侄辈为弟子，以私传其财产，是以寺院为专利之薮也"④，导致贵族上层基本上把持了民族地区的政教权力。光绪四年（1878），为清朝安靖地方屡立功勋的鲁土司鲁如皋之子鲁锡因著有劳绩，将花翎同知职衔以同知用，鲁如皋"其子有四，内三子均皆出为喇嘛，惟存一子鲁寿长改名鲁锡，经该土司鲁如皋派令督带士兵护解"⑤。河湟地区土司与僧纲并重，土司常以控制寺院和上层僧侣扩大影响，寺院的上层僧侣也需要世俗的社会力量来扶植，因此便出现土司与僧纲常由同一家族成员担任，甚至可由一人兼领的现象。

明清时期国家赋税主要以货币形式缴纳，且劳动力多为雇佣，对寺

---

① （清）杨治平编纂，何平顺等标注：《丹噶尔厅志》卷5《宗教》，《青海地方旧志五种》，青海人民出版社1989年版，第295页。

② （民国）姚钧纂，宋挺生标注：《贵德县志稿》卷2《地理志·番寺》，《青海地方旧志五种》，青海人民出版社1989年版，第748页。

③ 注：番族与寺僧同种者。

④ （清）杨治平编纂，何平顺等标注：《丹噶尔厅志》卷5《宗教》，《青海地方旧志五种》，青海人民出版社1989年版，第295页。

⑤ 吴丰培编：《豫师青海奏稿·仍请俯准鲁锡以同知用折》，青海人民出版社1981年版，第183页。

院人数的限制已经不具备经济意图，而国家对寺院的管理主要基于社会安全的考虑。寺院人员复杂，甚至藏污纳垢，僧侣上层借封建朝廷之力把持民族地区的政教大权，对广大信教群众的奴役和压榨更加变本加厉，进一步刺激了其势力膨胀，这些得到加封的僧侣"出入乘棕舆，卫卒执金吾杖前导，达官贵人莫敢不避路"，甚至出现僧侣破坏国家法度，不可一视的局面。丹噶尔城东原有旧寺台，方圆百余丈，仅剩颓壁，据说为旧东科寺遗址，①"地土之广，田租之多，遍丹邑皆是也。且毗接于西宁迤西各庄，设立各等苛虐刑罚，权埒官吏而冤横之，僧徒众盛至百数十人，东科呼图克图虽为寺院地土之主，而掌财赋收纳之柄者，惟管家②一人所司。寺僧得为管家，柄利数年，家资累千万金，富雄一乡矣。故东科寺院之利，上不归呼图克图，下不归众僧，惟中饱于管家及其下数人而已"③。

早在天聪十年三月庚申，清太宗对诸臣说："喇嘛等口作讹言，假以供佛，持戒为名，潜［肆邪/窃奸］淫，贪图财物，悖逆造罪，又索取生人财帛、牲畜，诡称使人免罪于［幽冥/死后］，其诞妄［为尤/莫此为］甚。喇嘛等不过身在［世间/在赐］，造作罪孽，［欺诳无知之人耳/贪取财物、牲畜耳］。至于冥司，孰念彼之情面，遂免其罪孽［乎/也］。今之喇嘛当称为妄人，不宜称（之）为喇嘛。乃蒙古［等/诸人］深信喇嘛，［糜费/费用］财物，忏悔罪过，［欲求/令］冥魂，超生福地，是以（致）有悬转轮，结布幡之事，甚属愚谬。嗣后俱宜禁止。"④

（二）造成社会劳动力流失，与国家争夺土地资源

对藏传佛教的扶持和尊崇吸引了更多的世俗群众投入佛门，藏传佛教寺院吸纳了大量青壮年男子劳动力，番僧人数相当可观，导致"番人、土人有二子，必命一子为僧。且有宁绝嗣而愿令出家者。汉人亦有为番

---

① 《西宁府续志》卷1《地理志·古迹》，青海人民出版社1985年版，第63页。据福康安《酌筹藏内善后章程》称，"西藏世家子弟，称为东科尔"，东科寺名或得于此。

② 注：番名"香错"。

③ （清）杨治平编纂，何平顺等标注：《丹噶尔厅志》卷5《宗教》，《青海地方旧志五种》，青海人民出版社1989年版，第296页。

④ 齐木德道尔吉、巴根那编：《清朝太祖太宗世祖朝实录蒙古史史料抄——乾隆本康熙本比较》，内蒙古大学出版社2001年版，第380页。

僧者"①；优厚的"回赐"，广建寺院，赐封土地等经济扶持造成国家财政的困难，使世俗劳动力和财富大量流失，刺激了寺院经济的发展，"西宁各庙喇嘛，多者二三千，少者五六百"②，循化厅有"拉布浪、宗卡、隆务三大寺，招住喇嘛不下二三万人，亦不免易藏奸宄，均须逐细编查，清其积弊"③，雍乾年间，河湟地区的纳粮和插帐番族人口共计约有193524，番僧有64508人。④

马克思指出："在一切古代民族那里，积累金银最初表现为僧侣和王室的特权，因为商品之神和商品之王只属于神和王。只有他们才配占有财富本身。此外，这种积累一方面只是用来炫耀富裕，即把财富当作不寻常的节日的用品来炫耀；用作向神庙及其神灵奉献的供品；用作公共的艺术品；最后，用作应急的保障手段，购买武器等等。后来，在古代人那里，积累就成为政策。国库成为准备金，而神庙是保存这种圣体的最初的银行。"⑤寺院和僧侣攫取了大量土地、社会劳动力和社会财富，在经济上与国家争利，与民众争利，"番、土人死，则以产业布施于寺，求其诵经，子孙不能有。故番、土益穷而寺僧益富。其各番族各有归附寺院，俨同部落。而官府以茶中马，亦责之子番僧"⑥，国家限制寺院势力，符合各族民众的利益。

清朝实行摊丁入亩，粮食征收为国家重要的财赋收入，丹噶尔厅为边地贸易重镇，粮食税收本来微薄，"而十之七、八仍给各寺喇嘛。且东科寺所辖草坡，积年垦辟者岁或至百余石，而其所征之粮，概归寺僧所管，地方官吏无所与焉。此亦可见国家于边地非苟利其土地也。且东科租粮之地，民无差徭，有终身不知役者矣。同为丹地之民，而劳逸不均，

---

① （清）杨应琚纂：《西宁府新志》卷15《祠祀志·番寺》，《中国西北文献丛书》第一辑《西北稀见方志文献》第五十五卷，兰州古籍书店1990年版，第277页。
② 《清世宗实录》卷20，雍正二年五月戊辰，中华书局1985年版，第333页。
③ 那彦成：《平番奏疏》卷2，沈云龙主编《近代中国史料丛刊续编》第四十六辑，台北：文海出版社1977年版，第114页。
④ 贾伟：《明清时期河湟地区民族人口研究》，民族出版社2013年版，第77页。
⑤ 马克思：《政治经济学批判（1857—1858手稿）[手稿前半部分]》（1857—1858年），《马克思恩格斯全集》第30卷，人民出版社1995年版，第184页。
⑥ （民国）姚钧纂，宋挺生标注：《贵德县志稿》卷2《地理志·番寺》，《青海地方旧志五种》，青海人民出版社1989年版，第747页。

何莫非寺僧掌管土地之故也！既给以衣单口粮，又擅佃户租粮之利，岁收租粮倍蓰于厅仓，徒予各喇嘛以骄妄之资"①，国家负担寺院僧侣的"衣单口粮"，寺院佃户不承担国家徭役，因此"远近蒙、番争输货财器物食用，奉布施以表诚信"②。

（三）妨碍民众接受世俗教育，阻碍实业发展

丹噶尔厅"凡有创建庙宇及重新彩画之事，虽费至三、四千金，无不慨施乐捐，踊跃输将，若劝令出资，奉行新政及有益地方之事，则必相率裹足而分厘不舍，日后此将援为例也。此亦奉鬼神诚敬之心，因不学无识，故慷慨于此而吝啬于他也。至乡间公建之庙及私家所奉之神，皆以山神、土主、牛王、马祖为宗。其于山峰突起处，名曰峨博，起栅插薪，呼谓茅基，以奉随地山神者，则因蒙、番旧俗，若多创建庙宇，又风鉴家补脉之说居多，敬神之心又其次也"③，河湟各族民众对于出资建庙十分踊跃，但对新建实业及优益的社会实业则并不热心。汉族对各类宗教俗信的热衷并不亚于其他民族，且多出于功利的目的。

民间岁时节日庆典常常和宗教活动有紧密的联系，丹噶尔四月有娘娘会，要延请巫祝，鸣羊皮鼓歌舞以娱神，六月天贶节，以祭祀真武为主，延请道士讽经，"皆下流社会，无知识者之所为"④。宗教活动中"敬神之心在其次"，牟利为主的实质也显而易见，问卜、医病、祷雨、回风等事习惯通过民间信仰加以解决。"入学读书者颇多，明通礼义者甚少。至识孔教而信奉惟谨者，则绝无其人也。若释、道二教，精理奥旨知者固鲜，而坚信者亦不乏。如参元、清茶各会，⑤妄冀长生，或死后升天，及灵魂不昧之说。至若人死，则延僧、道讽经以解罪阨；疾病则问卜制祟驱魔。甚则巫觋师祝之辈，或妄传神言以示祸福，或传方示药以疗病

---

① （清）杨治平编纂，何平顺等标注：《丹噶尔厅志》卷3《贡赋》，《青海地方旧志五种》，青海人民出版社1989年版，第246页。

② （清）杨治平编纂，何平顺等标注：《丹噶尔厅志》卷5《宗教》，《青海地方旧志五种》，青海人民出版社1989年版，第295页。

③ （清）杨治平编纂，何平顺等标注：《丹噶尔厅志》卷5《风俗》，《青海地方旧志五种》，青海人民出版社1989年版，第288页。

④ （清）杨治平编纂，何平顺等标注：《丹噶尔厅志》卷5《风俗》，《青海地方旧志五种》，青海人民出版社1989年版，第289页。

⑤ 注："止念炼气者，谓之参元会。禁酒肉荤菜者，谓之清茶会。"

灾。更有自谓神附其身，因治病而以火枪毙人，以刀刺致命者，人皆自怨其命，而不敢怼于神"①，普通百姓因"鉴家补脉"、祛病消灾、祈福长生等诉求而笃信宗教，喇嘛、寺院常借为人治病危害社会，败坏世风，盲目崇信宗教阻碍了社会的发展。

三　清朝对宗教的管理

寺院规模及势力膨胀给国家赋税和社会劳动力造成显著的损失，因此清政府采取了限制僧人数量、加强法制管理等各项措施。顺治十四年（1657）规定，"格隆、班第等如为人治病，必告知大喇嘛，即定日期。若有私往违限，并擅宿人家，或借端留妇女于寺庙者，均依律治罪。再，游方之徒不得擅留，违者亦治罪"②。康熙元年（1662）规定，"外藩蒙古、八旗游牧察哈尔蒙古等，欲送家人为番僧徒弟，及留住外来之格隆、班第，皆令开具姓名，送院注册，违者坐以隐丁之罪"③。康熙十年（1671）规定喇嘛和内地家人将自己家奴及受他姓送到之人作为班第④，并容留无籍之格隆⑤、班第者，都要治罪，"外藩蒙古地方，除册籍有名之番僧外，其游方之番僧班第，皆著驱逐"，凡蒙古地方骁骑壮丁，不准私为五巴什，违者治罪。但其年老残废、丁册除名之人，愿为五巴什者听，⑥且"蒙古妇女，不准私为齐巴罕察（即尼僧），违者，亦照私为班第例罪之"⑦，上述规定显示了政府和寺院在青壮年劳动力争夺中突出的矛盾。

康熙朝规定蒙古贫乏之户，令本旗札萨克及富户喇嘛等"抚养，不

---

① （清）杨治平编纂，何平顺等标注：《丹噶尔厅志》卷5《风俗》，《青海地方旧志五种》，青海人民出版社1989年版，第290页。
② （清）会典馆编，赵云田点校：《乾隆朝内府抄本〈理藩院则例〉·柔远清吏左前司下·喇嘛禁例》，中国藏学出版社2006年版，第130页。
③ （清）会典馆编，赵云田点校：《乾隆朝内府抄本〈理藩院则例〉·柔远清吏左前司下·喇嘛禁例》，中国藏学出版社2006年版，第130页。
④ 班第：藏语音译，意为"小喇嘛"。
⑤ 格隆：获得格西学位的喇嘛。
⑥ （清）会典馆编，赵云田点校：《乾隆朝内府抄本〈理藩院则例〉·柔远清吏左前司下·喇嘛禁例》，中国藏学出版社2006年版，第130—131页。
⑦ （清）会典馆编，赵云田点校：《乾隆朝内府抄本〈理藩院则例〉·柔远清吏左前司下·喇嘛禁例》，中国藏学出版社2006年版，第131页。

足，则各旗公助牛羊"①。因蒙古台吉、塔布囊官员、喇嘛常倚恃令民人开垦旗下公地，因此"皆称殷实，惟在下兵丁贫乏者多"，乾隆十三年（1748），议准应于"殷实之札萨克台吉塔布囊、官员、公主、郡主等陪嫁内监及番僧等地内，酌拨三分之一，各与本旗穷苦蒙古耕种，仍量其家口多寡，分给地亩"②。康熙四十二年规定："以民田展修庙宇，有关民生，嗣后凡修庙有碍民地者，著永行禁止"③，雍正三年（1725）题准："洮岷地方番僧，以治病禳灾为名诓骗蒙古，应令札萨克严禁。如果治病有益，分别保留，其余一概逐回原籍"④，力图从制度上限制宗教势力的膨胀。清朝富裕的喇嘛数量可观，但也必须注意到清朝政府要求其承担一定的义务，对其财产进行变向的限制，一旦严重触及国家法律和官府权威，清朝政府一般会以武力解决。道光二十五年（1845），"洮州番民束奴脱巴戕杀土司杨国成之父，藏于循化黑错寺，兵役往辑，拒捕抗官"，二十六年（1846），西宁府知府庄俊元随都统达洪阿剿办，七日平之。⑤

清朝官员、地方士绅、汉儒对民众盲目崇信宗教多怀有担忧之情，虽知"驱策边夷，铃制蒙、番，则惟喇嘛教有以束缚之也。故假之尊崇，以为羁縻"⑥，平定罗卜藏丹津之乱后，清政府进行了以下措施削弱藏传佛教寺院的势力：第一，清查户口，将各藏族部落归于地方官府管辖，不再受番寺约束；第二，各藏族部落按地输粮，再由官府每年根据寺院规模、寺僧人数发放所输之粮，作为寺院口粮衣单之资；第三，将活佛、

---

① （清）会典馆编，赵云田点校：《乾隆朝内府抄本〈理藩院则例〉·宾客清吏司·赈恤》，中国藏学出版社2006年版，第90页。

② （清）会典馆编，赵云田点校：《乾隆朝内府抄本〈理藩院则例〉·录勋清吏司下·田宅》，中国藏学出版社2006年版，第47页。

③ （清）会典馆编，赵云田点校：《乾隆朝内府抄本〈理藩院则例〉·柔远清吏左前司下·喇嘛禁例》，中国藏学出版社2006年版，第131页。

④ （清）会典馆编，赵云田点校：《乾隆朝内府抄本〈理藩院则例〉·柔远清吏左前司下·喇嘛禁例》，中国藏学出版社2006年版，第131页。

⑤ 《西宁府续志》卷6《官师志》，青海人民出版社1985年版，第260页；卷8《纲领志》载："（道光）二十四年……循化黑错寺番僧窝藏洮、岷番匪，青海办事大臣达洪阿率虎兵平之"，青海人民出版社1985年版，第373页。

⑥ （清）杨治平编纂，何平顺等标注：《丹噶尔厅志》卷5《宗教》，《青海地方旧志五种》，青海人民出版社1989年版，第295页。

喇嘛的印诰交于礼部，不准世袭。乾隆时给僧道喇嘛颁发度牒，规定僧道素守清规者止准招收生徒一人。又指出"凡守土之官，诚能实心承办，亲身稽核，不委之胥吏，不视为泛常，其二氏滋蔓之弊，亦可渐除矣。"①说明清政府认识到政权组织和官吏必须承担更多社会责任，才能削弱宗教的影响力，因而大力提倡兴办实业，并文教以启民智，认为"欲开边隅之风气，则必自改良社会始"②。

小 结

清朝以"隆其礼、严其法"为原则，中央政府不仅将河湟地区各宗教教派无一例外地统摄起来，而且成功地实施了政高于教，教为政用的政策措施，充分显示了国家权威。清政府对宗教组织和活动场所的管控日益加强，设理藩院等机构专门管理宗教事务，确立活佛转世制度。平定罗卜藏丹津叛乱后，清政府对藏传佛教寺院进行整顿，限定寺院规模和人数，规定寺院不得向百姓收租要粮，其生活所需由地方官按每年用度酌量支付，限制了寺院的封建剥削和特权，促使藏蒙地区从"政教合一"转变为政教分离的社会制度，减轻了广大信教民众所受的宗教剥削和压迫。

与欧洲、印度等古老文明相比，中国历史上多数时间里没有强大的、可以在整个国家范围内与世俗权力相抗衡的宗教组织出现，明代西方传教士进入中国后就发现了这一特点，西方普遍认为中国人只有迷信而没有宗教，近代以来，以梁启超、胡适为代表的中国学者在很大程度上发展了"中国社会非宗教"的论点。然而，在中国广袤的土地上，寺院、祠堂和神坛散布于各处，表明宗教在中国社会具有强大的影响力。据此，杨庆堃认为低估宗教在中国社会的地位，实际上是有悖于历史事实的，"在中国，宗教的政治作用却多少由于儒学在国家功能和结构中所处的支

---

① （民国）姚钧纂，宋挺生标注：《贵德县志稿》卷2《地理志·番寺》，《青海地方旧志五种》，青海人民出版社1989年版，第748页。
② （清）杨治平编纂，何平顺等标注：《丹噶尔厅志》卷5《风俗》，《青海地方旧志五种》，青海人民出版社1989年版，第289页。

配地位而被模糊了,因为儒家传统本身具有相当明显的非宗教的世俗特征。如同在其他文化中一样,在中国,国家从来都不是一个纯粹世俗和功利的结构,或是一个由经验知识掌控、以物质利益为目的的冷酷的机械组织。封建朝廷始终受到一定价值体系支撑,这种价值体系错综复杂地与宗教的教义、神话和其他超自然信仰交织在一起"①。

封建王朝虽然无法有效地将它的权威深入到地方的毛细血管中,但是,"它以自己的形象创造了一种宗教。它对人们想象力的控制解释了,为什么帝国政府在犯下很多过失的同时依然能存在那么长时间,也许这也是为何中国革命者经常以诸如佛教和基督教的舶来信仰的观念和象征来组织运动的原因。本土神是制度的一部分,因此他们不能反对制度"②,神祇就是国家权力的隐喻。宗教一直和政治、经济以及世俗生活存在密切的相互作用,宗教的整合功能有助于缩小社群与个人的差异及社会统一,对于巩固封建王朝的社会秩序非常重要;宗教也提供了一个使人们和睦相处的共有基础,一个缓和个人与群体间差异的共同理想的社会秩序,因此,"宗教信仰和实践对社会关系的巩固、再生产和转型都是必不可少的"③。同时,清朝统治者对宗教可能产生的负面作用一直相当的警惕,因而采取了一系列有效措施对宗教势力加以管控,以便确立皇权至高无上的地位,增加世俗权力在普通百姓眼里的威慑力。

---

① 杨庆堃:《中国社会中的宗教》,四川人民出版社 2016 年版,第 83 页。
② [美]武雅士:《神、鬼和祖先》,载[美]武雅士《中国社会中的宗教与仪式》,彭泽安、邵铁峰译,郭潇威校,江苏人民出版社 2014 年版,第 150 页。
③ [美]万志英:《左道:中国宗教文化中的神与魔》,廖涵缤译,社会科学文献出版社 2018 年版,第 290 页。

第四章

通婚与日常交往中的文化交融

以往对民族文化的研究中，有过于强调宗教壁垒、语言隔阂、习俗和观念差异，而忽视共性的倾向，美国学者库玛（B. Kumaravadivelu）认为"对于文化差异性的敏感只是一种理智化的概念，而不是内在化的行动"。清代河湟地区各民族具有自身的文化特征，但不应过分夸大民族差异在日常生活中的影响，各民族在共同时代、共同地域、共同物质及精神利益需求的基础上，不可避免会发生频繁而多样的交往互动，通过族际通婚、收养而改变姓氏、服色，语言文化互相影响，实现了牢固和持久的文化交融，形成了一定的文化共相，对中华民族的最终形成起到了重要的推动作用。

第一节 族际通婚与文化交融

家庭是社会的基本单位，家庭生活是研究社会面貌的中观领域，既能体现个体的积极行动，又能反映社会环境的特点，因此是研究日常生活面貌的优质场域。基于共同生活的时空、密切的经济关系、频繁的人口流动及多元的文化观念，清代河湟地区民间存在多种类型的族际通婚和收养，一定程度上消解了民族界限和宗教隔阂，民间族际通婚倾向于突破禁令和规范，多数表现为由现实境遇促成的"偶发"事件，但本质以谋求生存和发展为核心诉求，形成了交叉与共融的特征，体现了河湟地区各民族整体发展的态势。

中国古代族际通婚普遍，但对其研究多集中于各族上层统治阶级，如清代的满汉通婚、满蒙联姻等，对民间的族际通婚情况鲜有论述，本章通过各类文献中的零散资料，尝试对清代河湟地区民间族际通婚及收养问题进行探讨，揭示这一地区族际通婚的特点，族际通婚与民族关系的互动，以及族际通婚如何实现对族群边界、宗教界限及生活习俗的突破，希望有助于将学术研究的焦点"从国家上层移向社会下层"，探寻"'芸芸众生'及其沉默的生活世界、心理世界"[①]。

一　河湟地区的民间族际通婚

婚姻、家庭及子女问题是人类社会生活的基本问题，族际通婚及收养是考察民族关系的重要视角，通过婚姻建立亲属制度，是决定个体的社会、民族身份的重要因素，进而会影响到社会结构及管理，因此，政府常会就通婚制定政策及法律。

（一）清朝的通婚政策

政策、法律常常是对既有社会现实的肯定，其调整则能反映社会关系的变动。清朝的族际通婚政策主要有三种类型，禁止、限制和鼓励，并随不同历史时期、地区社会状况和族群关系的变化进行调整。清朝统治者认识到，欲使民族亲睦，"莫如缔结婚姻"[②]，因此鼓励满汉、满蒙通婚，以加强统治力量。满蒙联姻作为一项国策，受到官方法律的保护，对满汉联姻的态度时有变化，入关之初，曾鼓励满汉官民联姻，之后出于保护满族特权及特性的考虑，又多次发布禁止或限制满汉通婚的法令，但民间违例婚嫁的现象依然层出不穷，最终于光绪二十七年（1901）正式宣布开禁。除此之外，清代法律还有禁止民番、民苗及蒙汉联姻的条款。大批汉族进入蒙古地区，造成内地劳动力的流失，康熙二十二年（1683）规定："凡内地民人，出口于蒙古地方贸易耕种，不得娶蒙古妇女为妻。倘私相嫁娶，察出，将所娶之妇离异，给还母家，私娶之民，照内地例治罪。知情主婚及说合之蒙古人等，各罚牲畜一九。"[③] 康熙二

---

① 王家范：《百年颠沛与千年往复》，上海人民出版社2018年版，第63—64页。
② 顺治五年（1648）二月，世祖谕礼部："方今天下一家，满、汉官民皆朕赤子，欲其各相亲睦，莫如缔结婚姻。自后满、汉官民有欲连姻者，听之。"载徐珂编撰《清稗类钞》第5册《婚姻类·满蒙汉通婚》，中华书局1984年版，第1988—1989页。
③ （清）会典馆编，赵云田点校：《乾隆朝内府抄本〈理藩院则例〉·录勋清吏司下·婚姻》，中国藏学出版社2006年版，第45页。

十六年（1687），因"蒙古四十九旗及索伦达虎里等，将内地民人及满洲家下逃人窝留，以为奴仆、子孙、妻妾者甚多"①，理藩院复准永行禁止蒙古等雇内地民人耕种，然而现实却是"满洲、蒙古之男女类皆自相配偶，间或娶汉族之女为妇，若以女嫁汉族者，则绝无仅有。其于汉军，则亦有婚媾，不外视之也"②。限制人口流动和通婚，恰恰说明民间存在各族普遍通婚的情况。

清政府对回族通婚制订了一些限制性措施，乾隆四十三年（1778），平定河州回民反清起义后，乾隆就发遣案犯家口事宜谕军机大臣说："此内回妇不少，除发来本处并旧有河州回民不便给配等语，所办尚未妥合，所谓知其一不知其二。回民与百姓均系赤子，自当一视同仁，无庸强生分别，使回众闻知妄生疑惑。只须俟该犯妇等到时，将其原系回民妇女即酌量配给屯兵，其原系回民或可将汉妇配给，不动声色，自行酌办，不必明示其故。"③ 此类政策造成相当数量的回族与汉姓通婚，但因伊斯兰教的影响，此举非但没有达到同化回族的目的，反而使其通过通婚、收养等形式，吸纳其他民族成员，人数不断增加。

清政府对河湟各民族通婚多采取隔离限制的态度，但实际所起作用有限。河湟边地特征显著，地广人稀，国家统治相对薄弱，甚至存在权力真空地带。蒙古族、藏族等民族逐水草而居，流动性强，且人口来源复杂，有大量社会的"边缘人群"，难以实现严格管控。同时，人们的文化观念也呈现多元特征，正统的儒家伦理相对弱化，婚恋形式较为自由开放，也正因为如此，各民族通过婚姻网络，促成了更为自主的混杂和交融，是中华民族整体发展的典型缩影。如果说存在"两种互相竞争的民族主义，一方是官方有计划的民族主义政策；另一方是存在于国家范围之外的、非官方的、无计划的民族主义理念与实践"④，那么民间的族

---

① （清）会典馆编，赵云田点校：《乾隆朝内府抄本〈理藩院则例〉·录勋清吏司下·捕逃》，中国藏学出版社2006年版，第53页。

② 徐珂编撰：《清稗类钞》第5册《婚姻类·满蒙汉通婚》，中华书局1984年版，第1988页。

③ 《清高宗实录》卷1049，乾隆四十三年正月辛卯，中华书局1986年版，第24页。

④ Richard R. Wilk, "Beauty and Feast: Official and Visceral Nationalism in Brazile", *Ethnos*, Vol. 58, No. 3-4, 1993, p. 296.

际通婚无疑是后者的典型代表。

（二）河湟地区的民间通婚

河湟地区民族成分复杂，语言、信仰及生活习俗各异，"八个民族、七种语言、四大宗教或学说同时汇聚一地，在中国历史上是绝无仅有的"①。在民族和文化多样，民族交往与互动频繁的背景下，"就血统而言，则青海各民族，早经混血，而非单独之种族"②，民间各族劳动人民自主的族际通婚，对沟通民族情感、消除民族隔阂、促进民族交融具有更为积极和普遍的意义。

通婚是河湟地区农耕与游牧人口相互转化的重要途径，双方可以实现经济、人口及语言等方面的互助与互补。汉藏通婚一般有三种类型：一是藏族妇女招赘汉族男性至藏区定居。藏族家庭中的主要劳动力是女性，且女性被视为具有生殖功能的重要资源，因此招赘之风盛行。"藏人以生女为幸，不尚男。"③ 如丹噶尔厅的东科尔人，即"家西番"④，"其婚多属招赘女家，男家反受聘礼，而冒女家之姓"⑤，贵德藏族"招赘之风盛行。有女不嫁，招赘女婿，生男产女，顶立禋祀"⑥。二是汉族男子娶藏族妇女。光绪五年（1879），起台沟"番民"冬至保因儿子在械斗中被误伤致死，上控西宁府，"冬至保向系河州朱麻滩汉民，早年间在起台沟番地佣工，招娶古雷庄番妇，生有三子，长子桑果为僧，其二子为俗，耕种为业"⑦，冬至保为汉族，因居藏地，娶了藏族妇女，在藏区建立家庭，其身份也转为"番民"。碾伯县烈女"王甸祥妻朵氏"为下三川土番

---

① 武沐、王希隆：《试论明清时期河湟文化的特质与功能》，《兰州大学学报》2001年第6期。
② 许公武编著：《青海志略》，重庆：商务印书馆1945年版，第81页。
③ 徐珂编撰：《清稗类钞》第5册《风俗类·藏人生育》，中华书局1984年版，第2220页。
④ "丹噶尔"即今青海省西宁市湟源县，该地有著名的黄教寺院东科尔寺，当地其他民族称当地藏族为"家（又作假、嘉）西番"，是藏、汉文化交融的典型。丹噶尔藏人的入赘婚有四种类型，参见李臣玲、贾伟《多维民族文化边界地带民族社会文化变迁研究——以丹噶尔藏人为视点》，民族出版社2010年版，第121—122页。
⑤ （清）杨治平编纂，何平顺等标注：《丹噶尔厅志》卷5《风俗》，《青海地方旧志五种》，青海人民出版社1989年版，第291页。
⑥ （民国）姚钧纂，宋挺生标注：《贵德县志稿》卷2《地理志·风俗》，《青海地方旧志五种》，青海人民出版社1989年版，第717页。
⑦ 据青海省档案馆藏《乡老等为调处冬至保诬告息状所上禀》，档案号：7—永久—2674。

朵巴麻之女，同治兵燹，王甸祥及其父母均遇难，朵氏与其女被掳走，趁看守疏忽"扯衫襟与女同缢"，"贼亦悯其节，具衣棺以汉礼葬之。后狄河匪首至马营，掘墓出棺，易其衣而裹以白布，又以回礼瘗焉"①。王甸祥为汉民，娶"番人女子"为妻，是此类情况的又一例。三是藏族男子娶汉族妇女。如大通县"番民麻朵麦妻吕氏"，年二十七夫亡，抚孤成立，守节五十三年，②但这种类型较少。民国时期，河湟地区汉藏合璧的家庭已经较多，地方上有一定势力的汉族、藏族家庭也有联姻的情况，如循化厅"衙总役杨姓与隆务寺昂锁官卜加属姻亲"，以致"黑番杀人抢劫"一案延宕了事。③

汉族与蒙古族也有通婚，丹噶尔厅寿女"王某氏，夫名未详。母族蒙古，原无姓氏"④，该女母亲为蒙古血统，被称为"王某氏"，丈夫姓王，应该为汉族。道光二年（1822），那彦成查办青海番案，发现活动于今甘青交界野马川一带的汉族"奸民"，除偷挖金砂，伙同蒙古族抢掠之外，"又有招娶蒙、番妇女，抱养番人之子"⑤ 的情况。

回族、汉族基本通用汉语汉字，服饰上也极为相似（在藏族、蒙古族看来，常常认为两者没有什么区别），通婚由来已久，且"回族知与异族结婚，易生聪明俊秀之儿女，故多喜娶汉族女子为妻"⑥。回族上层也愿意娶汉族女子为妻，因为她们一般都会接受较为良好的教育，是汉文化的代表。

虽然宗教信仰不同，但河湟地区回族与藏族的通婚较为常见。回族与藏族、蒙古族形成了一种互补的商业关系，后者提供大量内地所需的

---

① 《西宁府续志》卷7《献征志》，青海人民出版社1985年版，第349页。

② 《西宁府续志》卷7《献征志》，青海人民出版社1985年版，第350页。

③ 光绪六年（1880）十二月，河南郡王向陕甘总督部堂禀控"黑番杀人抢劫"，说"敝郡屡次知会该管隆务寺昂锁官卜加约束，无如狗庇不理；具控循化分府，被衙总役杨姓与该番目官卜加添属姻亲，朦府延未管理。嗣报钦差青海大臣豫暨河州总镇李衙门皆被囊锁官卜加、杨总役播弄宕延了事……"。据青海省档案馆藏《河州镇为河南郡王禀控黑番杀人抢劫贸易牲畜给循化厅的移》，档案号：7—永久—2672。

④ （清）杨治平编纂，何平顺等标注：《丹噶尔厅志》卷2《烈女》，《青海地方旧志五种》，青海人民出版社1989年版，第215页。

⑤ （清）那彦成著，宋挺生校注：《那彦成青海奏议》，青海人民出版社1997年版，第164页。

⑥ 许公武编著：《青海志略》，商务印书馆1945年版，第81页。

畜牧业产品，而回族负责贸易流通。一些在牧区经商的回族，常娶藏族妇女并定居藏区，也有迎娶回老家生活的，如"西道堂的回教徒既散处于各藏人住区，每因生活上的不时接触，便和各部落头人发生密切的联系，有时就在当地娶妻生子"①。美国学者埃克瓦尔观察到穆斯林商人由于在藏族社区里长期逗留，他们中就有许多人娶藏族女性为临时的妻子，这对游牧部落的人口产生了一些影响，偶尔也会有穆斯林商人带藏族妻子返乡，让其成为自己的大太太，"这样，穆斯林进一步将藏族人的影响带进了自己家中，也为穆斯林社区的种族混合提供了资源"②。道光三年（1823），那彦成查办山丹县回民索泳保、索泳富抢劫案，发现其于"嘉庆十六年后，每年置买口粮、梭布货物私行出口，在各蒙古处易换羊毛、羊皮等物，俱招娶蒙古妇人，牧养孳生牛羊"③，回族商人通过招娶蒙古妇女，实质上巩固并拓展了其经济生产类型。于式玉提供了一例民国时期回藏通婚的个案，夏河县的藏族妇女万慕错因不堪忍受养母虐待，逃到青海，嫁给一位回族商人，"改了汉装，又起了个名字，叫美丽颜。拉卜楞的藏民都呼她的藏名'万慕错'；回民，则都呼她为'美丽颜'"④，通过婚姻，这位藏族妇女获得了双重的社会身份。

同在藏传佛教文化系统中的蒙古族、藏族和土族，经济及生活习俗类似，常相邻而居或杂居相处，因此普遍通婚。清康熙年间，河南亲王与拉卜楞寺结成供施关系后，蒙古族、藏族的关系更为密切，血缘融合不可避免。河湟地区的族际通婚在各个民族中广泛存在，形成了交叉网络，汉族与所有民族都有不同程度的通婚，各少数民族之间也互有通婚，一定程度上消解了民族界限和宗教隔阂。清代丹噶尔厅"蒙古男子供差公门，衣冠楚楚，其妻室则番装也。其于娶汉女为妇，再生子女，皆汉

---

① 明驼：《卓尼之过去与未来（续完）》，《边政公论》1941年第1卷第2期。

② ［美］罗伯特 B. 埃克瓦尔著，苏发祥编译：《甘肃、青海交界地方的文化关系研究》，载《藏族与周边民族文化交流研究》，中央民族大学出版社2013年版，第79—80页。

③ 那彦成：《平番奏疏》卷3，沈云龙主编《近代中国史料丛刊续编》第四十六辑，台北：文海出版社1977年版，第225页。

④ 于式玉：《我的同院——一个藏族女性》，《于式玉藏区考察文集》，中国藏学出版社1990年版，第85页。

族矣，此变俗之渐也。亦有汉人赘于番族，衣冠言貌甘于异类者"①，正是河湟地区族际通婚的生动写照。

二 子女归属及收养

与婚姻密切相关的是人口生产。生物血缘是建立家族及亲属制度的基本要素，但在实际社会生活中，个体还可以通过一定的社会仪式，突破血缘，进入新家庭，从而融入新的社群或族群，获取相应的社会身份。收养就是建立亲属关系的另一途径。

乾隆五十四年（1789），陕甘总督就河州回民聚族而居，回汉杂处的情况，特议定章程将回汉均保甲造册，其中规定："汉、回教道久分，往往有汉民改为回民，究其所以，有回民乏嗣，抱养汉民为子者，有无赖汉奸贪财归回者，应分别严禁。抱养者，汉民本生父及回民照略诱例，各杖一百，徒三年。如无父母，罪坐该亲房户首，照所得罪减一等。其叛汉归回者，照谋叛谋而未行为首律，拟绞。"②同年十月，总督勒（保）复颁告示，明确禁止"抱养及改归回教"③。埃克瓦尔通过实地考察认为，甘肃境内汉藏交接地的"汉族与讲汉语之穆斯林"，"人口分布模式显现出了他们的互不相容，但二者间的确有一定数量的人口转换，主要是汉族人口流向穆斯林"④，人口转换的方式除通婚、劝诱对方改宗外，还有穆斯林家庭收养汉族儿童。

因蒙古族、藏族人口数量较少，因此对人口来源基本持开放的态度。民国时在拉卜楞寺经商的回族，"与本地的藏女发生关系以后，私生的无论了，不管血统如何，都被认为藏民，因为衣食住行各种文化特点都是藏民的。其正式结婚的，因为要避免所生子女的纠纷起见，藏民当局在

---

① （清）杨治平编纂，何平顺等标注：《丹噶尔厅志》卷6《人类》，《青海地方旧志五种》，青海人民出版社1989年版，第316页。
② （清）龚景瀚编，李本源纂修：《循化厅志》卷8《回变》，台北：成文出版社1968年版，第183页。
③ （清）龚景瀚编，李本源纂修：《循化厅志》卷8《回变》，台北：成文出版社1968年版，第184页。
④ ［美］罗伯特B. 埃克瓦尔著，苏发祥编译：《甘肃、青海交界地方的文化关系研究》，载《藏族与周边民族文化交流研究》，中央民族大学出版社2013年版，第38页。

不久以前立了一项条规，女的都算藏民，男的可归外来人"①。收养子女是藏族家庭充实人口的另一条途径，"藏族家庭往往非常怜悯和关注孩童，很多情况下会收养汉族人的孩童。男孩子更为如此，因为男孩更能延续家族的香火。收养的汉族孩童被彻底'藏化'，他们对汉文化影响做出的回应，同社区中纯正的藏族人没有什么区别"②。20世纪30年代，美国藏学家埃克瓦尔深入到今天甘肃、青海藏区活动，他观察到甘青藏区"定居人口向游牧人口的转化"是文化群体接触的重要途径，"尽管牧民有着较为健康的体格和上好的饮食，但他们的人口出生率非常低。也许某些生理原因影响到了男人、妇女和他们的性生活，或许还有其它一些原因。……但是牧民没有定居家庭那样多的孩子，这是事实"③。他还指出，藏族定居社区"有相当高的人口出生率，虽然不比汉族人。东北藏区藏族人中的人口流动，是人口从定居社区向游牧社区的简单的单向流动。我个人了解几十户牧民家庭，他们是从农村流入的第一或第二代。但我从未听说过一名牧民过上定居生活方式，并生活在农民中间"，因为"戎巴"④认为，"游牧生活虽然艰苦一些，但更加刺激冒险，更有诱惑力"⑤。

乾隆五十四年（1789），陕甘总督就甘省回、汉杂处，河州为最，而回民聚族而居，特议定章程将回汉均保甲造册，其中规定："汉、回教道久分，往往有汉民改为回民，究其所以，有回民乏嗣抱养汉民为子者，有无赖汉奸贪财归回者，应分别严禁。抱养者，汉民本生父及回民，照略诱例，各杖一百，徒三年。如无父母，罪坐该亲房户首，照所得罪减一等。其叛汉归回者，照谋叛谋而未行为首律，拟绞。以前改从回教，本身已故，子孙相沿已久，未便押令归汉，听其自便，于保甲册内注明。

---

① 李安宅：《论回教非即回族》，《新西北》1939年第2卷第1期。
② ［美］罗伯特B. 埃克瓦尔著，苏发祥编译：《甘肃、青海交界地方的文化关系研究》，载《藏族与周边民族文化交流研究》，中央民族大学出版社2013年版，第53页。
③ ［美］罗伯特B. 埃克瓦尔著，苏发祥编译：《甘肃、青海交界地方的文化关系研究》，载《藏族与周边民族文化交流研究》，中央民族大学出版社2013年版，第103页。
④ 藏语里称定居的人为"戎巴"（rong - pa，rong 意为山谷、广义上也用来指已开垦的山谷)，也可释作"住土房子的人"，常常用来指称游牧民或定居民、畜牧业或农业。
⑤ ［美］罗伯特B. 埃克瓦尔著，苏发祥编译：《甘肃、青海交界地方的文化关系研究》，载《藏族与周边民族文化交流研究》，中央民族大学出版社2013年版，第104页。

如本人现在，限三月内改归汉教，违者仍照谋叛例问拟。该管各约知而不举，亦照罪人减二等科断。"① 这一规定显示，当时回族抱养汉族婴儿的现象比较普遍。

出于经商和生计的需要，一些汉族家庭也会主动将子弟送往牧区，"近边蒙、番帐中，汉人每寄其子弟，令其服役数年，蒙、番之言语动作风俗，耳濡目染，久而习狎，以便行商番地。或充歇家伙伴，蒙、番视之，爱逾己出。亦有赘于彼族者，生子或还，或不还，惟其意也"②。也有汉族收养蒙古族、藏族儿童的情况。道光三年（1823）二月，那彦成上奏巨盗麻木沟、岳昇等人在甘州强索过客羊毛钱、抢劫肃州马厂一案的查办情况，其中有一案犯名张诚，"原系蒙古，本名群本经，大通县已故民人张才自幼抱养为子"③。民族社会学的研究显示，社区对混血子女的认同是影响族际通婚的重要因素，"混血子女在社会中受到男女双方族群的集体歧视与排斥，那么这个社区的居民在与他族成员恋爱时就会非常谨慎"④。

通婚、收养和民族交往还影响姓氏改变。安多藏族一般没有姓氏，只有个人的名字，人们习惯用村落或氏族名称进行称呼，或者在个人名字前加一个绰号，而居住在交界地带的汉族也会仿效。藏族人的姓氏也会发生变化，很多藏族村落会采用汉姓，如整个卓尼地区，使用最频繁的一个姓氏是卓尼土司自己的姓氏"杨"，但是与汉族不同的是，很多名字为四字。许多蒙古人以藏族名字，如"尼玛""达哇""桑杰""才仁"等命名。

人口生产是民族和社会发展的重要因素之一，常被作为一项明确或潜在的社会规划，而文化观念习俗对婚姻产生着重要影响。在一些特定的历史时刻，生育能力不足，男女比例失调，受到人口危机困扰的游牧

---

① （清）龚景瀚编，李本源纂修：《循化厅志》卷8《回变》，台北：成文出版社1968年版，第183页。

② 徐珂编撰：《清稗类钞》第5册《风俗类·青海蒙番之起居》，中华书局1984年版，第2215页。

③ 那彦成：《平番奏疏》卷3，沈云龙主编《近代中国史料丛刊续编》第四十六辑，台北：文海出版社1977年版，第223页。

④ 马戎编著：《民族社会学——社会学的族群关系研究》，北京大学出版社2004年版，第442页。

民族，往往更为看重妇女的价值，并通过特有的伦理观念和灵活的方式扩展人口来源。游牧民族因开明的婚恋及养育观念，对正式通婚、非婚生养子女及收养子女基本采取完全平等的态度，是促进族际通婚的积极因素。

三 婚姻家庭中的文化交融

族际通婚不仅促成了各民族血缘上的混合，也是促进民族文化交融的重要途径。"家庭是表达民族文化精神性的主要场所"①，在婚姻仪式和融于日常的家庭生活中，各民族的饮食、服饰、居住、语言及礼仪等文化习俗，必然会发生相互吸取，重叠和互嵌的现象，形成交叉与共融的特征。

结婚时的聘礼是男方对女方家庭劳动力损失的补偿，并由此确立一种契约关系，对女性形成权力归属，"在许多人类社会中的婚姻都是由某种类型的经济交换肯定下来的"②。清代河湟地区聘礼一般为马、牛、羊、氆氇、布匹、酒和各类首饰，贫富数量不等，因"索聘无厌"，且杂有锦绣贵重之品，婚娶已成为一般家庭的沉重负担，"中人之资恒破产以娶一妇，其流弊至于生女居奇而久怨，生男无力而多旷，谓婚姻之礼废可也"③。一般，婚礼仪式后，聘礼只有一部分交给女方家，另一部分仍由男方带走，等到夫妇和谐或生育子女后，才将所有聘礼赠予女方，如贵德藏族举行婚礼后，"女家仍将妆奁之半仍留于家，俟半年后，夫妇如和悦无间言，乃全给之"④，如果双方离异，或女方逃跑，所要处理的关键问题也是财产的赔偿。

河湟地区定居农耕的藏族缔结婚姻要请媒人，并通过父母亲族同意认可，以农闲时为婚期，但根据"番经"择定吉日，如西宁府巴燕戎格

---

① ［土耳其］乌穆特·奥兹基瑞穆里：《当代关于民族主义的争论——批判性参与》，于红译，中国社会科学出版社2017年版，第63页。

② ［美］威廉·A·哈维兰：《文化人类学》，瞿铁鹏、张钰译，上海社会科学院出版社2006年版，第252页。

③ （清）杨治平编纂，何平顺等标注：《丹噶尔厅志》卷5《风俗》，《青海地方旧志五种》，青海人民出版社1989年版，第291页。

④ （民国）姚钧纂，宋挺生标注：《贵德县志稿》卷2《地理志·风俗》，《青海地方旧志五种》，青海人民出版社1989年版，第718页。

厅藏族议婚"先邀媒求亲,女家允之,复命男家持酒一瓶,赴女家饮女子父母亲族,则婚始定。财礼俱送牲畜,量男家之贫富以定多寡。不用时宪书,于番经选吉日。财礼先送其半,以农事毕为嫁娶之期。女到夫家三日后,送亲之男女仍拥新妇去,不成婚也。婿家送所留一半财礼去,后一二月,女家择吉日,又送新妇来,是日成婚。夫妇不同宿,各处一方,婿私就妇同宿,仍归原处"①。女性在婚礼后仍保持较长时间的自由,"追夫妇和谐或生子女"后,即基本确保双方能够保证稳定的婚姻关系,妇女能够生育子女,才进入正常的家庭生活,体现了灵活务实的婚姻态度。

一些相互杂居,结成长期稳定通婚关系的民族,习俗则渐渐趋同。乾隆年间,西宁申中族所居十二庄"王化涵濡,远被无外。今之属族僻居山边者,仍其榛柸之旧。至与汉民杂住之处,庐室衣服,无或异也,婚丧庆吊,相与往来,惟女子装饰为别耳。且其子弟亦多送入乡塾,曩年入泮者,亦间有之"②。汉族已成为现代丹噶尔藏人主要和首选的通婚对象,丹噶尔藏人议婚和婚礼的过程中,既有藏人传统习俗的遗留,又有汉族的婚姻习俗。

回族婚俗须邀媒至女家求亲,尊长诵合婚经,但不拜天地、祖宗及翁姑,"服饰如汉民制。惟女耳环重大数两余"③。回族与不信仰伊斯兰教的民族通婚,一般都会要求对方改信伊斯兰教,并依照回族礼俗举行婚礼。于式玉所载万慕错的第一个情人是一位回族士兵,提出要请阿訇念经,娶她为妻,于是"带来一个包袱,里边有一个包头,一个盖头。……同时有一个妇女跟来,替她绞脸,梳头,拆开了藏民的无数小辫,改了汉装,梳一个发髻。脱去了藏装的长服,换上了汉式裤褂。"万慕错第二次与一位回族商人结婚时,"到寺里把阿訇请来,二人齐跪到他面前,静听阿訇诵读结婚经义,并为他们祝福。因为她皈依回教,就着给她起了个回教的名字——'美丽颜'"。后来,万慕错因与丈夫发生矛

---

① 《西宁府续志》卷1《地理志·风俗》,青海人民出版社1985年版,第66页。
② (清)安维峻总纂:《甘肃全省新通志》42《兵防志·番部》,《中国西北文献丛书》第一辑《西北稀见方志文献》第二十四卷,兰州古籍书店1990年版,第453页。
③ 《西宁府续志》卷1《地理志·风俗》,青海人民出版社1985年版,第67页。

盾，返回养母家中，养母劝其"反了回回吧"，但她认为"已随了回回，就终生是回回，不愿反复造孽"。直到丈夫来接她回去，"把两瓶酒、一块哈达献与他（万慕错的父亲），他高高兴兴地收了"，便算是女方正式应允了婚事。万慕错的丈夫死后，她隆洼的娘家"不时地劝她反教"，"改回藏装……但是她怀念亡人，不愿那么办"。这个个案为藏族妇女和回族男性通婚的情况提供了丰富的细节，也体现出回族与汉族有高度的相似性，嫁给回族相当于"随了汉俗"，当时人认为"嫁了甲纳荷（即汉人）"①，就不该再吃苦受罪，万慕错"为了保持她穿汉装的荣誉，绝不能以下苦方式来谋生"，反映了回族经济的发达及伊斯兰教强大的规训能力。②

信仰伊斯兰教的撒拉族在婚礼上，新娘随迎娶队伍出门离去时，娘家人要用三碗牛奶送行，其中一碗须泼在新娘骑乘的马蹄上。这一习俗可能源于藏族婚礼，不过藏族使用三碗青稞酒，而撒拉人遵从伊斯兰教法禁饮酒，遂以牛奶替代。③ 丹噶尔藏族在迎亲时，男方的迎亲队伍要接受女方的"泼水礼"，该仪式所用的水是清水和奶混合的"奶子水"。④ 蒙古人也有类似风俗，蒙古草原上有一个古老仪式，当孩子骑马离家时，母亲会拎来一桶牛奶，站在自己蒙古包门前，用木头勺子舀起牛奶洒向空中。⑤ 通婚既是民族交融的结果，又是文化交融的条件，通过婚姻，河湟地区各族人民形成了水乳交融的共生状态。

联姻是确立、加强与其他群体的联盟、壮大自身实力的重要手段，是民间个体或家族生存、发展的重要策略，体现社会整合的程度，并能

---

① 顾颉刚所撰《中华民族是一个》（《西北通讯》1947年第1期）中提到，河湟藏人称汉人为"嘉那黑"。藏语里"甲纳"原意是边区黑衣人，古时候的汉族喜穿黑色或者深色衣服，在藏地边缘活动，卓尼藏语中称汉人为jia，"甲纳"即指汉人。西宁地区的藏语里对回民有种称呼叫heihei，"甲纳荷"应为"汉回"的意思。
② 参见于式玉《我的同院——一个藏族女性》，《于式玉藏区考察文集》，中国藏学出版社1990年版，第89—95页。
③ 马建春：《多元视阈中的河湟：族群互动、文化认同与地缘关系》，社会科学文献出版社2013年版，第266页。
④ 李臣玲、贾伟：《多维民族文化边界地带民族社会文化变迁研究——以丹噶尔藏人为视点》，民族出版社2010年版，第126页。
⑤ ［美］杰克·威泽弗德：《成吉思汗与今日世界之形成2：最后的蒙古女王》，赵清治译，重庆出版社2014年版，第44页。

在客观上促进文化共享与传播。族际通婚"不仅仅是两个异性个体之间的关系，而且隐含着这两个人所代表的各自族群的文化和社会背景"①。民间族际通婚与社会中上阶层的异族联姻本质上具有相似性，即以生存、发展的利益诉求为核心，但后者有相对明确、固定的通婚范围与对象，具有明显的政治或经济意图，而前者更倾向于突破规范和禁令，没有明确的目标或事前规划，多数表现为由现实境遇促成的"偶发性"行为。②对清代河湟地区民间的族际通婚难以进行量化研究，但通过个案可以观察到人们在具体情境下的观念及心理取向，反映人类自主调适和转换生存策略的可能性方向。通过考察清末河湟地区的族际通婚，可以得出以下结论：

第一，各民族杂居是族际通婚的必要条件，人口流动也为族群接触提供了可能性。空间上的分散与隔绝会使文化发生疏离，甚至瓦解，而活动在共同区域内的各群体，极易发生复杂的文化接触与互动。马林诺夫斯基说："每一群在共同事业之下而结合的人，必须住在一起，或者至少必须使各人在空间上的分布，便于有时聚合起来而一同工作，工作愈亲密，愈连续，则地方原则的影响亦愈大。生殖和营养都需要亲密和永久的接触"③，传统社会中的政治体、民族、部落、行会、艺术团体的活动大多以共同地域为基础。

第二，和谐互助的民族关系是促进族际通婚的积极因素。藏族有武装自己的传统，更加团结协作，对难民的态度非常友好，每当战乱爆发或盗匪横行时，藏区一直都是附近社区汉族的避难所，一些藏传佛教寺院也常常接纳汉族难民。同治年间，西北较为动荡，许多流离失所的汉族、回族不断迁往蒙藏地区安家立业，对民族经济文化的交流和发展产生了积极影响，也为族际通婚创造了条件。也有一些回族在战乱或社会

---

① 马戎编著：《民族社会学——社会学的族群关系研究》，北京大学出版社2004年版，第433页。

② 影响族际通婚的因素非常复杂，主要包括族群特征、历史因素、个人特征、两族共处、人口因素、政府政策等。参见马戎编著《民族社会学——社会学的族群关系研究》，北京大学出版社2004年版，第433—439页；梁茂春《什么因素影响族际通婚？——社会学研究视角述评》，《西北民族研究》2004年第3期。

③ [英] 马林诺夫斯基：《文化论》，费孝通等译，中国民间文艺出版社1987年版，第93页。

动荡时，帮助过汉族及藏族，如洮州回族马氏经济实力雄厚，"草地藏民区内，到处都是他的买卖，藏人到洮州的，也都寄居在他的家中"，民国十七八年"河湟事变"和"洮州变乱"时，马氏保持中立，"无论回、汉人等到家避难的，他都一概收容，一律招待"①。当然，民族冲突也会成为族际通婚的障碍，并影响持久。

第三，经济因素是影响族际通婚的关键。婚姻及家庭关系中隐含着深刻的经济因素，甚至在传统社会中，"婚姻主要是作为一种商业关系，目的是为了抚养孩子和管理畜群"②。民族、血统、信仰及生活习俗的差异是通婚的障碍，但人们会因生存压力及经济利益变通和调适通婚原则，获得用其他方式难以得到的生产资源或必需品，促进贸易，拓展生产方式。汉族精于农耕、经商及手工艺技艺，能有效补充蒙古族、藏族男性劳动力不足的问题，清代农业人口激增，土地日益紧缺，而牧区地广人稀，有较多闲置或休耕的土地，对汉族是巨大的诱惑。逃避繁重的赋税及严格的管控，也是农耕人口涌入游牧地区的重要因素，因此大批内地汉族进入河湟蒙藏地区谋生，尤以男性居多。婚姻与经济互为条件，互相促进，经济因素是族际通婚的根本驱动力。

第四，人口特征及婚育观念也会影响族际通婚。由于高原地区自然环境特殊，疾病抵抗能力弱，人口出生率低，死亡率高，从而面临持续的人口危机，因此，蒙古族、藏族对汉族移民总体上采取接纳的态度，为通婚提供了条件和基础。另外，蒙古族、藏族的成年男子入寺为僧的比例较高，导致性别比例失衡，严重影响了人口的增长，使汉族男子入赘较为普遍。婚育伦理与经济发展也有密切关系，相对稳定富足的农耕经济可以支撑起儒家严苛的婚育伦理，但游牧民族在严峻的人口危机和生存压力之下，表现为开明和以实用为基本原则的婚育观念，为族际通婚和收养提供了宽松的空间。

施坚雅认为"市场圈等同于社交圈"，人们常常从初级市场圈内寻找

---

① 于式玉：《黑错、临潭、卓尼一带旅行日记》，《于式玉藏区考察文集》，中国藏学出版社 1990 年版，第 145 页。
② ［挪威］托马斯·许兰德·埃里克森：《小地方，大论题——社会文化人类学导论》，董薇译，商务印书馆 2008 年版，第 144 页。

婚姻对象，说明婚姻关系具有经济性质，并能承担重要的社交功能。① 杜赞奇则指出姻亲关系起着多种保障和联系作用，包括"将不同类型的组织联结起来从而为文化网络中提供了又一种粘合方式"②。清代河湟地区既有符合中国地方社会的基本特征，又因为复杂的民族和宗教背景，从而更为凸显了通婚对于社会和文化强大的联结功能。

第二节 日常交往中的文化互动

河湟地区各民族之间存在多种形式的交往，不同文化模式、价值观念的相互交流与影响也不断加深，逐渐形成了一些交融共通的社会心理和文化传统。清代河湟地区各民族处于共同的时空场域，各类节庆、文艺、娱乐活动都有各民族共同参与，形成了共同创造和享用的文化机制，体现了河湟各民族共有的价值观和生活追求，部分消解了民族界限和宗教隔阂，起到文化交流，融洽民族关系的积极作用，当然在频繁接触时也不可避免发生摩擦和纠纷，在正向交往和反向交往共同作用下，族际关系得以动态深入发展。

一 相互影响的生活习俗

最牢固的文化交融建立在日常生活的社会交往、习惯和常规中，它的形式更为隐蔽、不易察觉，但在日复一日的世俗层面得到巩固，更容易促进共同意义的形成，从而获得了一种强大的防止被解构的力量。③

（一）饮食的互相影响

蒙古族和藏族在社会风尚、衣食住行等方面相似度较高，因两个民族"毗连而居，向为唇齿"④，且语言相通，嗜好相同，"昔年蒙古早被

---

① ［美］施坚雅：《中国农村的市场和社会结构》，史建云、徐秀丽译，中国社会科学出版社1998年版，第45—46页。
② ［美］杜赞奇：《文化、权力与国家：1900—1942年的华北农村》，王福明译，江苏人民出版社2003年版，第9页。
③ ［土耳其］乌穆特·奥兹基瑞穆里：《当代关于民族主义的争论——批判性参与》，于红译，中国社会科学出版社2017年版，第206—208页。
④ 《循化厅为因与多哇族冲突给蒙古郡王的禀》，青海省档案馆，档案号：7—永久—2691。载光绪六年二月，循化厅调解多哇番族与河南蒙古郡王仇杀案。

王化，粗识礼义。今则鄙陋犷悍，与西番同其野蛮矣"①。"毳皮为衣，酥湩煎茶"是河湟地区普遍的饮食习俗。蒙古族以游牧为本计，"以马头为绝品，贵者食之"，多畜养马、牛、羊、骆驼、驴、骡次之，兼畜猪、犬，饮食以肉为主，米麦佐之，以马湩为酒。藏族以畜牧为主，仅有少部分地区种植青稞，粟麦茶布等多仰赖内地供应。随着蒙藏民族的移居和频繁接触，蒙古族与藏族的饮食习惯形成了很多共性，如蒙古族也开始喝茯茶、吃糌粑、饮酸奶，并学会了打酥油。河湟各民族喜食羊肉，蒙古族和藏族爱饮酒。如丹噶尔厅"合境人皆喜食羊肉。依蒙、番俗，六、七人共煮肉一大块，重十余斤，手裂而啖，同席皆然，不以为嫌。家常所食，亦用以请客，惟需盐、醋、蒜三种，以助滋味。八、九月番羊多时，几于比户皆然，谓之'手抓羊肉'云。嗜酒者更多，每因酒席沉醉以殒生者，亦有年终（应为'终年'）沉湎不事生业者，有三、五日为期相聚轮饮者，亦以见嗜饮者之多也。又有藏番所饮之茶，尝以茶叶熬成，灌入长木桶，和酥油以木杵舂之，经三、五次而后成，名曰打茶。邑人多喜饮之，每人至三、四十碗。有终日彻宵不休者"②。通过2018年对一个典型的汉回混居村庄的田野调查，该村庄的汉族遵从伊斯兰教的习惯，几乎不吃大肉，两个民族的关系保持着长期友好的状态。

笔者于2018年在临夏考察时注意到，临夏州一家普通餐厅墙上挂的画，画中描绘了回族、藏族、汉族、东乡族、格鲁派僧人共同在餐厅用餐的情景。画中有羊肉涮锅、河州包子、手抓羊肉、全鸡、鱼、三炮台等传统的清真食品，生动反映了河州地区民族文化多样、各民族和谐相处以及清真食品广受欢迎的情景。

清代河湟地区各族混杂的程度相当高，在特定区域和情境中，"他者"眼中蒙古族与藏族，回族与汉族并无明显区分，藏族部落中混杂着不少蒙古族、汉族和回族。清代河湟地区既有少数民族汉化，又有汉族

---

① （清）杨治平编纂，何平顺等标注：《丹噶尔厅志》卷6《人类》，《青海地方旧志五种》，青海人民出版社1989年版，第318页。

② （清）杨治平编纂，何平顺等标注：《丹噶尔厅志》卷5《风俗》，《青海地方旧志五种》，青海人民出版社1989年版，第293页。

融入少数民族。雍正六年（1728），"因番人慕化、编里为民"，撤西固守御所的抚夷同知，"以政治上的归附、军事上的藩篱为契机"①，河湟藏族上层融入国家政权的程度较深，内地（河湟地区在清代文献中被视为"内地"）番人颇染汉风，其俗务稼穑，习工作，事畜牧，高楼暖炕，皆与汉无异，传统儒家文化已逐渐渗入藏区。

（二）服饰的互相影响

在服饰上，蒙古族与藏族常常难以区分，清朝嘉庆年间，青海"蒙古竟有穿戴番子衣帽毫无区别者"，清廷屡令"正蒙古衣冠，以防诡混"②，道光二年（1822）十一月，那彦成查办青海事务，主张"严查汉奸"，上谕称："蒙古、回民、汉奸皆能为番子衣冠，始仅勾结乡导，继或冒名肆掠，欲除外患自应先绝内奸。"③但蒙古族和藏族习俗还是有很多共同之处，他们身着藏式衣袍，立领皮袄，妇女辫套从前胸放于背，夏戴礼帽、冬戴狐皮帽。于式玉提到卓尼城内外及附近都是汉人与"熟番"杂居，她投宿的李家店，"女店东与她的女儿都梳着三条辫子，④他的儿子在本县小学读书，是十足的汉人"⑤。

丹噶尔厅"南乡一带克素尔、兔尔干各庄，有西番住屋耕田者，名曰东科尔佃户，与汉民杂居，间有读书者，土人称为'家西番'，即熟番也。又西北乡胡丹度、巴燕附近札藏寺各庄，间杂蒙古种类，衣冠与汉民略等，土人呼曰'王子百姓'"⑥。清人徐珂总结道："青海蒙、番杂居，番族所用之物，蒙族无不用之；番族所食之物，蒙族无不食之。至番族所言，蒙族亦能言，而蒙族之服用、饮食、言语，则番族有不能兼

---

① 武沐、王希隆：《试论明清时期河湟文化的特质与功能》，《兰州大学学报》2001年第6期。
② 《清宣宗实录》卷37，道光二年六月己未，中华书局1986年版，第662页。
③ 那彦成：《平番奏疏》卷2，沈云龙主编《近代中国史料丛刊续编》第四十六辑，台北：文海出版社1977年版，第122页。
④ 三条辫子是卓尼"觉乃"藏族妇女的典型发式，俗称"三格毛"。
⑤ 于式玉：《黑错、临潭、卓尼一带旅行日记》，《于式玉藏区考察文集》，中国藏学出版社1990年版，第150页。
⑥ （清）杨治平编纂，何平顺等标注：《丹噶尔厅志》卷6《人类》，《青海地方旧志五种》，青海人民出版社1989年版，第316—317页。

之者。此则自然之习惯，不可强也。"①

服饰和饮食分别指涉人的外在身体与内在身体。先秦时期的汉文典籍中，饮食、衣服就是区别华、戎的重要标志，因此在对我群和他群的认知与表述中，形成了夸大他者的异类服饰或食品的倾向，实际在现实生活中，各个民族都不可能有整齐划一且截然不同的饮食服饰习俗，反而这类外显的物质文化最容易发生互相的模仿和吸收，正如王明珂所言"无论是外在或内在身体，都不必然有客观与实质的存在，它们更常是被人们主观选择、想象与建构的特质，以此建构一个我群或他群'身体'"②。

二　民间节庆娱乐

艺术是文化中直观表现力较强的一类，因其常与现实利益纠葛保持距离，能在一定程度上超越国家、民族、政治、宗教和语言文字的隔阂与局限，消解偏见与冲突，更易于被他者接受。游戏、娱乐、节会将人们从循规蹈矩和平庸重复的日常生活中解脱出来，放松和自由的氛围，大规模参与的人群，都有助于表达和沟通情感，进而促成新的社会结合和审美共同体的形成。马林诺夫斯基认为："艺术似乎是文化通衢中最闭塞，而同时又是最具有国际性和种族共通性的一种"③，河湟地区各民族创造和享用了一些共同的艺术文化形式。

（一）民间艺术

河湟"花儿"是该地区回族、藏族、汉族、东乡族、保安族、土族和撒拉族等民族共同创造、参与、享用和喜爱的文艺形式，其特点是信手拈来，张口就唱。"花儿"曲调主要来自羌族、藏族、回族等民族音乐，使用河湟汉语方言，并受到蒙古族、藏族转用汉语的影响，夹杂着少数民族语言，唱词蕴含丰富，田园农耕、祈雨禳灾、男欢女爱、地方

---

①　徐珂编撰：《清稗类钞》第5册《风俗类·青海蒙番杂居》，中华书局1984年版，第2214—2215页。
②　王明珂：《反思史学与史学反思》，上海人民出版社2016年版，第172页。
③　[英]马林诺夫斯基：《文化论》，费孝通等译，中国民间文艺出版社1987年版，第84页。

风俗、民族关系①无所不包，或豪放坦荡，或情真意切，或幽默诙谐，或智慧通达，在没有接受过学校教育的普通民众中，每年的"花儿"盛会是河湟群众深入交流、定情交友的重要聚会，渗透着河湟各族群的文学艺术营养。在这个盛会上，民族、宗教及语言的差异和界限被暂时搁置，不同族群在共同的时空中，共享艺术美感，抒发共同的价值观念和生活诉求，也是他们表达情感的重要途径和展现才华的绝佳机会。

通过丰富的民间文艺活动，"友谊与爱情的联络，远亲或族人的相会，对外的竞争，和对内的团结——这些社会的品质，都可以由公开的游艺中发展出来。……在原始社会里，当举行大规模的游艺和公开表演的时候，社会关系常因而得到重新调整的机会。氏族体系或因而转为重要，家族和地方团体的分野，或反趋消灭，而且非地域性的情操亦可得着发展的机会"②，各族群众在共享文艺的过程中，加深了情感，融洽了民族关系。

宗教和艺术都有赖于调动人的视觉、听觉、触觉等感官情绪和体验，"是人类深邃的情感启示"③，两者之间一直存在紧密的共生关系，有显著的相互促进作用，宗教会刺激人们在技艺和艺术上的创造力，为其提供创新和发展的动力，也会积极而巧妙地利用一切艺术的手段为其服务。对于有偶像崇拜的宗教来说，佛像塑造、寺观建筑、宗教音乐等都是重要的宗教传播手段。"有庙无像，则神无凭依，神无凭依，则灵感弗通；庙貌卑陋，则人不敬畏；人不敬畏，则亵慢易生"④，"庙貌而塑圣像，绘容而辣神威，此教泽之所重贻"⑤，丹噶尔厅画工"作彩画，油漆庙宇、楼阁、器具及番僧寺院，涂饰丹臞之类，用亦颇广。此外丹青、彩笔、

---

① 同心令中有曲谱《回回汉民是一样的人》，歌词有"回回汉民是一样的人，一个锅里两样的饭"，载王沛主编《中国花儿曲令全集》，甘肃人民出版社2007年版，第96页。
② [英] 马林诺夫斯基：《文化论》，费孝通等译，中国民间文艺出版社1987年版，第83页。
③ [英] 马林诺夫斯基：《文化论》，费孝通等译，中国民间文艺出版社1987年版，第87页。
④ （清）杨治平编纂，何平顺等标注：《丹噶尔厅志》卷7《艺文·碑碣类·关帝庙创建功德记》，《青海地方旧志五种》，青海人民出版社1989年版，第337页。
⑤ 《重修财神庙并创立关圣帝君碑文》，《中国惯行调查报告》第5卷第377页，转引自[美] 杜赞奇《文化、权力与国家：1900—1942年的华北农村》，王福明译，江苏人民出版社2003年版，第116页。

花卉、人物、山水作者亦多。然边隅原乏师承，佳构殊觉少也"①。宗教对规模的力量及视觉产生的心理作用有着深刻的了解和极致的应用。清代河湟地区的宗教建筑也突出体现了多民族文化交融的特征。如塔尔寺的早期建筑多采用汉式营造法式的宫殿建筑形制，完全按照明制汉匠手法建造。中期是塔尔寺的繁盛时期，由于受到西藏传统建筑风格的影响，密宗学院、医宗学院、天文学院、九间殿、长寿佛殿等，都是以藏式建筑为主，形成了藏汉结合的新建筑艺术风格。装饰图案有藏族寓言、金翅鸟、蝙蝠、火焰、莲瓣等，还有汉族的"双喜登梅""福寿三多""竹梅双喜""鹿鹤同春""青狮白象"等含有吉祥意义的图案。塔尔寺是各族人民，特别是藏汉劳动人民在相互学习、模仿、熔铸的基础上，以优秀的民间建筑手法和技巧，融合了藏汉建筑的特点，吸取了青海黄南"五屯"艺术和甘肃"河州砖雕"的艺术成就，采取汉式民居"四合院"和青海"庄廓"的布置方法，创造出的具有地方和民族艺术风格的代表性宗教建筑。

（二）节庆娱乐

宗教节会具有宗教和民间娱乐的双重性质，集会不仅加强了同一族群内部的紧密联系，也使分属不同族群的信徒接触机会增多。贵德县四月初八浴佛节是各族群众共同参与的盛会，是时，"乡人昇神到城，鼓乐喧天，番女盛服入城游观，相传为盛会。前人有句云：金铙法鼓并喧声，此日传言是佛生。簇簇争到香火愿（殿），红男绿女如云行。浴佛声中数乐阒，神近河岳下晴天。善男信女争罗拜，存醴焚香意甚拳。居然博带与峨冠，边外束装亦可观，毕竟披裘炎夏日，蒙茸似畏塞风寒"②。贵德县六月六日为朝山日沐浴会，"番汉少年多有在黄河药水泉洗身涤面者，俗呼除病却疾，并曝衣服，以防蛀虫"③。西宁卫有银塔寺，一名塔儿寺，寺内有一菩提树，叶形如人，当地人称为千佛树，"其叶经绷瓣，则如绢

---

① （清）杨治平编纂，何平顺等标注：《丹噶尔厅志》卷4《矿物》，《青海地方旧志五种》，青海人民出版社1989年版，第272页。

② （民国）姚钧纂，宋挺生标注：《贵德县志稿》卷2《地理志·风俗》，《青海地方旧志五种》，青海人民出版社1989年版，第719—720页。

③ （民国）姚钧纂，宋挺生标注：《贵德县志稿》卷2《地理志·风俗》，《青海地方旧志五种》，青海人民出版社1989年版，第720页。

如纱,其纹有如人如云者。海夷达赖将银裹树。每岁六月,不分番夷,尽集于寺礼拜,寺无隙地,霍英所谓以拜佛为名者也"①。

临潭县②新城端午节迎神赛是当地规模最大、参与人口最多的一个庙会,始于15世纪中叶,奉祀的洮州(临潭旧称)18位"龙神"都是明朝开国征西的大将,如徐达、常遇春、胡大海等人。每年农历五月二十五日到二十七日,全县10个乡(镇)和周围7县的汉族、藏族、回族、土族民众举行迎神、祭海、煨桑、诵经、赛马和唱神戏、唱花儿的活动,充满了浓郁的地方特色。宗教节日更多成为民众借以交往、娱乐的媒介。

寺院组织大规模的宗教节日活动,吸引远近各族人民聚集。西宁府的藏传佛教寺院每年元宵节都要燃酥油花灯,其中数量最多,花样最奇特的属湟中塔尔寺。清末塔尔寺有主持番僧三千余众,"花样年年改变,所不变者,惟左右较大之佛像耳"③。是日,番僧抟五色酥油作佛像、楼阁、花鸟、虫鱼,巧夺天工,"层累寻丈,蠱若锦屏。下列铜盏酥油灯,参差星布。屏凡二十四,灯以万计。笳鼓动地,幢幢幕天。外藩蒙古及番汉顶礼,有不远数千里来者。附近游人、商贾,蜂屯蚁集"④,"所费亦不知若干万元。每年均由该寺僧众遍往番地募化云"⑤,寺院的财力和号召力由此可见一斑。

拉卜楞寺的"晒佛节"于每年正月十三举行。上百名僧人将一幅宽12丈、长30丈的佛像唐卡搬到半山腰上,从晒佛台的顶端向下徐徐展开,舒展在晒佛台上。现场有数万群众瞻仰,在台下等候的藏族民众念诵经文,向佛像跪拜,佛像完全展开后,信众将哈达(哈达里面会卷着钱)纷纷抛向佛像,有僧人用大麻袋收拢布施。整个仪式持续大约三四个小时,之后僧人将晒过的佛像卷起来抬下山,年轻力壮的藏族青年冲向佛像,有保护佛像的人用宽大结实的藏袍袖子使劲抽打冲向佛

---

① (清)梁份著,赵盛世等校注:《秦边纪略》卷1《西宁卫·西宁边堡》,青海人民出版社1987年版,第67页。
② 地处今甘肃省甘南藏族自治州。
③ 《西宁府续志》卷10《志余·祠祀志》,青海人民出版社1985年版,第509页。
④ 《西宁府续志》卷9《艺文志·塔尔寺观灯二十四韵》,青海人民出版社1985年版,第484页。
⑤ 《西宁府续志》卷10《志余·祠祀志》,青海人民出版社1985年版,第509—510页。

像的人群，这种象征仪式体现了信众对佛像的虔诚崇拜，同时体现了佛法的庄严不可亵渎。晒佛节前，已有全国各地各民族的群众拥向夏河县，很多藏族、蒙古族、裕固族的群众更是不远千里，盛装出席。节日持续三天，有各类法事活动，各族群众都能深刻体验藏传佛教极具特色的宗教文化。

第三节　日常交往中的族际冲突及解决

群际接触理论认为，族群之间可以通过增进了解、缓解焦虑、产生共情等机制提升群际关系，但"群际接触的积极效应是有条件和存在限度的。严重违背最优条件可能导致消极接触并对群际关系造成负面影响，而诸如群体文化差异和利益竞争等问题也无法在群际接触的理论框架中得到彻底解决"①。群际接触理论面临的一个困扰是，群际接触到底会减少还是增加群际冲突？通过实证研究，发现这两种可能性都存在。那么，到底有哪些因素会引导结果呢？奥尔波特提出了"群际接触的最优条件"，即平等地位、共同目标、群际合作和制度支持，引导研究者关注群际接触的环境和条件问题。纠纷或冲突的发生可能由于利益竞争或由文化差异引起，可能产生在不同民族之间，也可能发生在同一民族内部。各民族共同参与的文化活动中，一些偶发性的事件会引起民族关系的紧张，甚至冲突。

一　族际冲突的个案分析

河湟地区的一些民间节庆和娱乐活动已经淡化了民族、宗教之间的界限，为群际接触创造了相对良好的条件，接触各方彼此了解的机会、动机、渠道以及深度都较民族聚居地区更多，但是这并不等于能够消除民族冲突。

（一）二郎庙跳会事件

光绪三十一年（1905），二郎庙跳会中发生的汉藏冲突显示，在违背或不具备"群际接触的最优条件"的情况下，易产生偶发性群际冲

---

① 郝亚明：《西方群际接触理论研究及启示》，《民族研究》2015年第3期。

突，这也是族际接触一种重要的类型：

> 六月廿三日，九房头、尕济墩、下拉巴图、石哈龙四庄番子在二郎庙跳会，汉番聚观，适汉民石得福亦如番巫发神，伊表兄刘成向前责殴不应为此。番众见之不服，经汉番老人劝阻各回。汉人有转至河滩东岸率家巷口者，正番子迎神过身，彼此詈言，飞石互击，打伤九房头番子四名。据汉绅等说只三人，各执一词，究竟几人无从细查。①

另一份档案补充记录了此事件的经过及处理：

> 本年六月二十三日番尼赛会跳神，汉番口角相殴，石伤番民三人起衅，遂至番民打毁城外郝姓店楼窗榍、抢掠磨上粮食等项，迫乡老议给养伤布十五匹。收获青禾后，又于七月十五日抢赶牲畜，以至互相格斗，毙番一命，伤番三人，汉伤一人。番民由是毁磨堵水，伤汉男女三人，设卡鸣枪，日夜滋闹，目无王法。实有应得之罪，本应从重究治，用昭惩戒，姑念两造素好无嫌，照依番规断结，示以格外恩仁。②

为处理此案，循化厅官员于二十八日抵达保安，询问了事件发生的细节，"由于汉人刘成嫌、石得福为合什跳神，口角撕扭，继而张四辈忽向合什抽出腰间小刀，番众斥其不应起衅，若汉人归至城下河沿不肆骂番子、继无斗殴伤人之事，番子亦不得无端抢掠磨面粮食等物，打损店楼窗榍……"③。档案显示，汉番"平日和好，亲同手足"，民族关系和睦是常态，但是一旦遇到冲突，便会立刻形成鲜明的民族阵营；民族间的纠纷常以毁坏生产工具为重要方式，会直接影响到农事生产；事件最

---

① 《甘肃按察使、布政使就保安汉番冲突给循化厅的扎》（光绪卅一年八月二十五日），青海省档案馆，档案号：7—永久—3052。
② 《保安、九房台为结案所据甘结》，青海省档案馆，档案号：7—永久—3055。
③ 《循化厅为查办保安汉番械斗给甘肃臬、藩宪台上的禀》（光绪三十一年八月廿八日），青海省档案馆，档案号：7—永久—3052。

终以"番例"为依据处理,双方均表示接受,因起衅一方为汉族,藏族死伤人数较多,也说明在民族聚居区,"番例"不止在藏族中适用。虽然地方官员认为在各类节会中,"其众既聚,形势汹汹,易滋事端,必善方禁止,勿令辄聚为宜",但民族交往是不可阻挡的,因此,必须积极地摸索民族事务的管理经验,而不是一味消极采取隔离的政策。

(二)文化因素分析

二郎庙跳会事件的起因是汉藏群众共同参与了一项民间祭祀娱乐活动,文化的差异是导致纠纷的原因,而尚武之风则是汉藏群众共同的特征,也就是说,这场纠纷是民族性与共同性一起作用的结果。

河湟地区各民族长期杂居,在民族性格上互有影响,尚武之风古已有之,加之官方教育缺失,部落习惯法影响巨大,习惯以武力复仇解决矛盾。循化厅地方官曾有报告称番人"不事诗书,鲜畏法纪,素性好斗,凡有争端,并不赴官禀控,彼此仇杀,或数次,或十数次,甚至有仇杀至数年十数年者。迨两造力穷,间或控告到官,又不赴案听审,或在乡评释,或阴使调理,视死伤性命若干,除抵算外,有多伤性命者,评给银钱及牛羊骡马毡条等物,照番例罚服,直谓命价,总不外此办法"①。丹噶尔厅风俗尚武,"故言战阵,则人人色喜,若驰马猎兽,皆尚武之端也。回乱时,文学生员尝驰骋凭陵,鸟枪命中为勇丁先,亦短于文而优于武之精神也。况番匪抢劫之处,日事枪马、追逐、截堵之勤,故人皆习劳耐苦。至从戎起家者,亦颇不乏。自经制、外委至千、把总、守备者,相续不绝。若团练时之技勇超群而摧锋陷阵者,称曰好汉。其名自传于道路也"②。宣统时,陕甘总督长庚主张裁汰甘肃省绿防各营,选用土著兵丁,理由是绿营"非生长边徼、习其风土语言、路径熟悉、驰骋骁健者,断难得力",甘肃自古为边塞戍守之地,其子弟习于马步枪箭,各有家室,罕闻逃逸,性朴实勇敢,多强壮耐劳,因此预备挑选二十五岁以下合格者,遵章改充巡防队。埃克瓦尔认为居住在有大量穆斯林地

---

① 《循化厅为王府被烧缘由上的禀》(光绪九年正月九日),青海省档案馆,档案号:7—永久—2731。
② (清)杨治平编纂,何平顺等标注:《丹噶尔厅志》卷5《风俗》,《青海地方旧志五种》,青海人民出版社1989年版,第292页。

区的汉族,其性格中似乎具备了一定的坚韧和果敢,不断的摩擦和冲突使一个人变得有胆识,"处在汉族人具有绝对影响力地区的穆斯林社区,似乎已克服了其宗教上的狭隘性。相对于那些生活在强势的汉族文化中的穆斯林社区,这些社区的成员则倾向于从事学术活动,或者被称之为有学问的职业"①。咸丰十年(1860),青海巴燕戎花寺党撒拉人马文义事变,攻打丹噶尔,汉回民众联合反抗,共患难,同御辱,汉族同样智谋胆勇,"虽佳兵不祥,军旅未学,兵革一事,圣人慎焉,非儒生所宜轻言。然敌加乎己,不得已而应之,亦所以完性命而固吾圉也"②。民族性格的塑造与环境有密切关系,河州卫"兵虽少,其民甚强,其土人甚盛。其熟番皆辖于土官,其黄衣僧皆听命于国师。其弓矢殳矛,比屋皆有,无事则耕牧为主,有事则相为守助"③,可见边地的尚武之风影响到各个民族,逐渐成为共同地域形成的文化共性。儒家文化也提倡在保家卫国之时要勇往直前,与少数民族的勇武善战共同构成了中华民族在危困面前不屈不挠的民族品格。

二 族际冲突的解决

多民族地区若治理稍有失当,便会枝节横生。宗教、语言、生活习俗等差异对于族群关系具有决定性的影响,如汉族社区中的节庆、戏剧演出、庙宇修缮等活动在穆斯林看来都有"偶像崇拜"的意味,具有冒犯性,汉族食用猪肉、穆斯林食用牛肉,在对方眼中都是难以理解的饮食习惯,汉族庙宇的修缮和清真寺的规模也存在着竞争和攀比。清代河湟地区的官员对导致民族冲突产生的文化因素及解决方法都积累了一定的经验,可以概括为五个方面:

第一,地方官要了解民风民情。清朝官员对当地的民族情况有较深入地了解,对民族团结的重要性有清醒认识,认为淡化民族差异是解决

---

① [美]罗伯特 B. 埃克瓦尔著,苏发祥编译:《甘肃、青海交界地方的文化关系研究》,载《藏族与周边民族文化交流研究》,中央民族大学出版社 2013 年版,第 40—41 页。

② (清)杨治平编纂,何平顺等标注:《丹噶尔厅志》卷 2《耆旧》,《青海地方旧志五种》,青海人民出版社 1989 年版,第 210 页。

③ (清)梁份著,赵盛世等校注:《秦边纪略》卷 1《河州(卫)》,青海人民出版社 1987 年版,第 34—35 页。

民族冲突的关键。西宁府属四厅三县均有土番分布,"向以耕牧为业,星罗棋布,族类繁多。与蒙番、撒拉互相杂处"①,但由于各民族文化传统和习惯不同,再加上时势多艰,中央政府统治力量有限,基层官府和地方势力又有千丝万缕的纠葛,因此处理各类冲突案件多有掣肘,消除民族间的隔阂和猜疑,加强民族团结,是解决民族纠纷的关键。地方官认为汉族和回族常"因忌生仇,因仇生乱,一朝决裂,两败俱伤,愚之甚也",因此须"图新舍旧,化私为公,汉毋疑回,回毋欺汉,耕牧则让田让畔,交易则无诈无虞。万一争讼到官,止论曲直,不分族类,倘能久而相忘,互相谆睦,岂徒免哄之惨,且可御外侮之陵矣"②,并认为藏族和回族虽然宗教不同,但都是佛教的支派,"自应清净慈良悔罢,造福以期无忝宗风"③。

第二,官府扮演主导角色,秉公处理,对情节严重的案件应严加惩创以维护国家法制。清朝官员认为"种类既殊,猜嫌易启,全在地方官处置得法,方可消患无形,若平时既不留心,临时便难措手"④,"西宁各属,地居偏僻,人素驯良,本非难治之处,惟因习俗渐染,以致讼狱滋繁,此非生性愚顽,良由罕闻教训,其责仍在官而不在民"⑤,虽然西宁地区民族成分复杂,但人民朴实,社会治理的关键还在于地方官员要处置得当。清朝地方官员认为蒙番人群往往因为"鼠雀之忿自相报服,连年不息。且生番非同熟番,如查办人役过少,必致抗传,反成骑虎之势"⑥,因此要有足够的办案人力,以保障维护社会治安的力度。

第三,移风易俗,引导民族文化习俗。清政府在服色、语言、名字等文化符号方面有区分和规范。光绪六年(1880),循化厅抚番府上奏夕厂工番民越界牧牲、串通谋杀案,之后有谕批:"所有此间地名与番回撒拉等名系均属古怪字样,切无文理,念不断句。嗣后仰代书写状,即将

---

① 《查办番案委员甘肃候补道欧阳乐清关于查办番案的意见》(光绪二十七年),青海省档案馆,档案号:7—永久—3024。
② 《循化厅照抄西宁道告示》,青海省档案馆,档案号:7—永久—4288。
③ 《循化厅照抄西宁道告示》,青海省档案馆,档案号:7—永久—4288。
④ 《甘肃按察使、布政使就保安汉番冲突给循化厅的扎》(光绪卅一年八月二十五日),青海省档案馆,档案号:7—永久—3052。
⑤ 《循化厅照抄西宁道告示》,青海省档案馆,档案号:7—永久—4288。
⑥ 《贵德同知为银占木与贵德属番械斗上的详》,青海省档案馆,档案号:7—永久—2741。

地名某庄某工某村,务写明白。其番回等姓名,有三字者,有两字者,有五、六、十字者,情形不一,殊难分晰。仰以后各等伊等名字,一人名字下,稍微略空半字,庶便念断,不致有下连上,上搭下之病。前来控告时,即问明书写清楚,慎勿错误为要。特此谕令知之,仰即特传谕六房、汉番书办一并知悉。"① 光绪六年,布政按察司因起台沟番子与张哈工撒回械斗,收缴两方器械:

> 木红三庄与夕厂因争草山,两家致伤二十多命。若无器械,何以伤如许之命?今若不扫数清收,不惟番子滋生事端,即小的杂处之撒回亦将相互持械为非矣,伏祈电情等情。据此卑职等伏查,番民嗜利恃强,报仇泄愤,原系番夷性情之常,惟该沟附城熟番,与张哈、崖慢等工撒回杂处一方,竟敢以鼠雀之事,动辄持械聚众。如不遇事惩创,不惟有启番民轻视法纪之渐,撒回耳闻目染,亦必有以效尤。卑职等即会同将起台番目千官加旦、冲日浪加、拉禾、周加传案薄责,限令呈缴器械。②

第四,合理发挥民间调解的作用。"以国家制度和非正式的习惯法的结合"③,是中国封建王朝民族治理的重要经验,也是成本较低的管理模式。在处理纠纷时发挥地方力量的作用。二郎庙跳会中汉藏纠纷的解决中,地方权力是最早直接介入事件处理的力量,案件一发生,"汉绅老民""四庄番目"及宗教机构也起到了一定作用。

第五,区分冲突性质。民国时期林鹏侠女士在西北考察时,曾听甘肃回族马吉诚先生谈论"回汉纠纷症结安在"之问题时认为:

> 西北回汉之纠纷,人多误指为民族问题,或云回人性残暴喜

---

① 《循化厅为夕厂工番民情事移换票提事》(光绪六年正月十三日),青海省档案馆,档案号:7—永久—2674。
② 《布政按察司为收缴起台沟等处器械的札》(光绪六年六月十七日),青海省档案馆,档案号:7—永久—2704。
③ 李晓英:《国家治理视阈下甘南藏区部落纠纷的解决机制——基于1934年双岔案的考察》,《青海民族研究》2019年第4期。

乱，两者皆非也。回汉同化已久，回民固未尝视汉人为异族，虽信仰有别，此宗教问题，非民族问题。汉人中国人，回民亦中国人，中华民国由五族构成，有何民族之争？至谓回民残暴好乱，则更是荒谬之谈。回民虽尚武，此乃自强之风，非好乱也。吾回教祖摩哈默德氏之教义曰："去恶从善，济困扶危，安分知足，博爱和平"。回民中多能守教规，绝不愿无故暴动。且回民中或经商，或耕牧，买田造屋，家多小康，均喜安居乐业，与世无忤，更不愿作奸犯科。则回汉纠纷，别有病根在，非民族问题，乃政治问题也。自满清以还，专尚压迫，民国改建，既号称五族共和，则是五族一家，同等兄弟，乃不料抑之尤甚，对于边政措置，更属失当。以与内地隔阂，官吏遂擅作威福，鱼肉回民。回民素好刀剑，不甘屈服，至忍无可忍，乃起而反抗。此回与官抗，非回汉民族之争也。苟回回官吏如此，自亦激成同样之反抗。汉民与汉官何尝无反抗之事？回民反抗，官兵剿之；事实扩大，引起种种误会，互相仇杀，遂演成回汉纠纷，百年不息。前清同治时甘新之役，其中难免无一二野心家兴风作浪，然此乃少数野心家之举动，安可归罪于回民全体耶？且每次回乱，仍多赖回民平之，更可证明非民族问题。回民更非好乱，奈国人与政府不加详察，未能对症下药，改良政治，以清病源。至民国而误会益深，互相仇视，无形中加一民族之障碍，诚非国家前途之福也。①

在检视所谓"文化冲突"时，要分清事件的性质究竟是民族问题，还是阶级问题，抑或是一般的社会矛盾，不能因为涉及民族就定性为"民族问题"。资源竞争及利益冲突最易成为引起纠纷的导火索，这是所有群体冲突中的共性特点，不仅表现在不同民族之间，即使在同一民族内部也难以避免。清代河湟地区出现过因争夺草山、水源，劫掠人口、牲畜及粮食等原因而发生的摩擦或冲突，而文化特性是认识和解决民族纠纷的重要切入点，清朝地方官员对此多有关注，其中某些认识虽

---

① 林鹏侠：《西北行》，《中国西北文献丛书》第四辑《西北民俗文献》第十四卷，兰州古籍书店1990年版，第127—128页。

有偏见，但对今天正确认识和处理民族地区社会问题仍然有重要的参考价值。

小　结

滕尼斯认为"共同体的意志的真正的实质是它的习俗"，"风俗和习俗是人的共同体的动物性意志。它们以一种经常反复的、共同的活动为前提，不管其原始的意义是什么，通过实际的练习、流传、遗传而变成为轻而易举和自然而然的——变为不言而喻的，因此在既定的环境下，被认为是必须的"。[①] 日常生活的惯习和重复结构的重要性在于它的实践性，这类实践已经纳入了持久的符号认定，从而在个体的人、家庭以及不同的族群中形成深刻联系的纽带。

人们在饮食、服饰、居住建筑等物质生活方面，以及在婚丧、年节、宗教等日常生活中，产生类似的行为与建构（物质性的与非物质性的）即"文化表征"，它们由许多具有社会意义的符号所构成，在生活中被人们观察、阅读和获知，而在人们共同的文化概念下对个人产生社会意义。与人类生活关系最密切的风俗和家庭生活事件包括生育、婚礼、死亡等，当这类重大事件出现时，生活在一起的邻里也都不由自主地去参加，这对于社区生活的统一与和平至关重要。日常习俗保留了丰富多彩的庙会、宗教仪式和节庆活动，它们有着宗族的支持和地方士绅的领导，但和官方的关系却相对疏远，在强大而又脆弱的国家机器与老百姓不断发展的自给自足的生活之间形成了一种调节机制，节庆和仪式的价值还在于让参与其中的所有人形成一种共同的情感和记忆。正如跨文化研究的奠基人霍尔所宣称的："文化的语言嘹亮清晰……文化，并不是强加于人类的抽象的东西，也不是与个人分离的东西；我说的是有关人本身的东西，与你和我息息相关的东西。"[②]

总之，"各民族日常族际交往的视野是否宽广决定了他们在日常族际

[①] ［德］斐迪南·滕尼斯：《共同体与社会：纯粹社会学的基本概念》，林荣远译，商务印书馆1999年版，第301页。

[②] ［美］爱德华·霍尔：《无声的语言》，何道宽译，北京大学出版社2010年版，第29页。

交往中铸牢中华民族共同体意识的成效"①，日常生活里紧密的接触，人际微观互动，个人情感与行动，信息的交换使得文化得以相互影响，探究人们习以为常的文化符号、言谈、行为举止、生活惯习和其中隐藏的权力、认同和知识建构，以及它们如何驯化个人、隐匿社会现实本相对于理解文化的互动及文化的共同性形成具有重要价值，因为人们身在其中的"历史不是由众多不可重复的奇特事物、众多'具有强大历史威力的'事件和人物，而是由日常生活的许多常规习惯、重复性行为模式以及许多无意识的、而且大抵还是不可见的重复结构形成的"②。在漫长的历史交往中，河湟地区各民族通过日常族际交往形成了许多公共文化符号系统，包括有声的语言文字符号、无声的形体动作符号、地理疆域符号、思想意识符号、节日庆典符号、礼仪仪式符号、人物形象符号等，在这些符号系统的引导下，各民族的交往更加自然，交往内容更加丰富，各民族的基本价值准则和行为准则得以建构，从而为铸牢中华民族共同体意识提供了坚实的历史基础。

---

① 马进：《以铸牢中华民族共同体意识提升日常族际交往能力》，《中南民族大学学报》（人文社会科学版）2022年第9期。

② ［瑞士］雅各布·坦纳：《历史人类学导论》，白锡堃译，北京大学出版社2008年版，第100页。

第 五 章

语言格局与汉语发展

清代河湟地区语言多样性特征突出，非汉民族普遍使用本民族语言，汉语和藏语为主要族际交流语，民族交往促进了语言的相互影响。基层公文常使用多种语言，各类通事活动频繁，增加了管理的成本和难度，虽然清政府的公文翻译制度相对完善，但信息传递不畅，通事、歇家欺瞒舞弊的问题始终没能得到解决，导致因语言障碍使国家权力难以渗透到王朝边地的"空隙"，凸显了基层民族社会治理中语言因素的重要性。在清朝"多语"与"同文"并行的背景下，汉语逐渐成为清朝事实上的"国语"，汉字成为国家权威的重要象征，在河湟地区的使用范围日益扩大，是该地区内地化进程的重要体现。蒙古族、藏族等民族开始对汉语、汉字表示认同，被视为"归附王化"的重要标志，体现了中华文明的连贯性和内聚力，隐含了国家意志、地方利益和民族诉求的趋同。

第一节 多语言格局与多语行政

亨廷顿认为"任何文化或文明的主要因素都是语言和宗教"[1]，语言是人类交往和交流的主要工具，是文化交流最高效最直接的方式，作为一种文化特征，也是族群认同的要素之一，"通用语言是处理语言差异和文化差异的方式，而不是消灭它们的方式。它是交流的工具，而不是认同和社会群体的根源"[2]。

---

[1] ［美］塞缪尔·亨廷顿：《文明的冲突》，周琪等译，新华出版社2013年版，第38页。
[2] ［美］塞缪尔·亨廷顿：《文明的冲突》，周琪等译，新华出版社2013年版，第40页。

一 多语言格局

河湟地区是典型的多民族聚居区，语言种类繁多，使用情况复杂，但由于各民族在形成过程中的交融历史和生活中的频繁交往，使得各民族语言具有部分相似重合的特征，并在语音、词汇、语法等方面互相吸收、相互影响，从而形成一定的共同性。

（一）河湟地区主要民族语言

河湟地区除回族外，其他民族均有自己的语言，而且这些语言相互间均有一定的亲缘关系，这个特点既是河湟族群间亲密交往的结果，也是促进各民族进一步交往交流交融的条件。清代该地区的语言主要包含两大系统，即汉藏语系诸语族和阿尔泰语系蒙古、突厥语族。使用汉藏语系诸语族的族群主要有汉族、回族、藏族。整个藏区使用语言多样，体现民族接触的影响，藏语"杂有梵音，东境多参用汉语，东北多参用蒙古语，南境多参用印度语"[1]，河湟地区的藏族主要操藏语安多方言和属卫藏方言中的卓尼方言，同时使用很多地方土语。

回族基本操汉语方言，但在词汇、语音、语法上有自己的特点，有部分阿拉伯语、波斯语、突厥语、蒙古语和藏语借词。不同地域的回族使用语言不一，"其在内地与汉族杂处已久之人，本音已变，居新疆等处者则否，至接近蒙、藏之处，则多用蒙、藏语"[2]。

东乡语属阿尔泰语系蒙古语族，语法结构与蒙古语基本相同，有55%左右的词汇相同或相似。在东乡族的形成过程中，西域回回虽然在人数上占优势，但处于统治地位的却是蒙古人，元代蒙古语成为官方和屯戍军中的通用语言。东乡地区与蒙古有关的地名有五处："蒙古包""鞑子街""鞑子坟""鞑子地""鞑子沟"[3]。有一首东乡地区流行的花儿唱道："金山银山八宝山，鞑子们占下的草山"。

保安语属阿尔泰语系蒙古语族，约有45%的词汇与蒙古语相同，与土族语和东乡语接近，并有大量汉语借词，另有不少藏语词汇。此外，

---

[1] 徐珂编撰：《清稗类钞》第5册《方言类·藏语》，中华书局1984年版，第2249页。
[2] 徐珂编撰：《清稗类钞》第5册《方言类·回语》，中华书局1984年版，第2249页。
[3] 马志勇编著：《东乡族源》，兰州大学出版社2004年版，第15页。

保安语词首的 h 和 f，既与元代蒙古语词首的 h 对应，又与土语、东乡语词首的 f 对应。保安语的固有词多保留词末短元音，与蒙古语书面语、土族语、东乡语一致。①

撒拉语属阿尔泰语系突厥语族，但在日常用语中吸收了大量汉语借词和安多藏语借词，在语法上受藏语语法的影响较大。撒拉族没有文字，书面语使用汉语，很多人兼通汉语和藏语。

土族语属于阿尔泰语系蒙古语族，词汇有一半以上与蒙古语喀喇沁方言相近，《蒙古秘史》《华夷译语》等著作中记载的许多 13—14 世纪的蒙古语词汇至今还有一部分保留在土族语中，并吸收了汉语、藏语等语言成分，与东乡语、保安语比较接近，但其内部以互助和民和为代表又分为两个方言区，在语音、词汇和语法上都有较大差别，同仁土族语中的藏语借词达到 40%。清格尔泰先生在对 5000 多条土族语词汇加以分析后发现，其中与蒙古语同源的词占 61.2%，汉语借词占 18.5%，藏语借词占 5.6%。② 据李克郁先生对互助土族语的考察，"蒙古尔语的词汇中，根据一万四千多个词的比较，与现代蒙古语相同的约占百分之八十五以上"③。

（二）各民族的语言互通

语言的使用、传承和变迁可以反映一个地区的社会进程、发展需要和开放程度。语言使用不是划分族群的根本标准，也不能绝对说明族群关系的性质（好或者坏），但是能准确反映族群接触和相互影响的程度。复杂多样的语言状况反映了清代河湟地区民族传统深厚、民族文化鲜明、民族交往频繁的特点。

1. 商人是促进语言互通的重要中介

基于居住格局及经济、政治和宗教交往等需要，汉族、回族学习蒙古语和藏语的情况较为常见。河州、丹噶尔、巴燕戎格和多巴是清代河湟的四大贸易中心，农牧业交易十分活跃，为了方便商业贸易，汉族、回族商人都能精通一种，甚至多种少数民族语言，河湟回族中流行"学

---

① 马少青编著：《保安族文化形态与古籍文存》，甘肃人民出版社 2001 年版，第 32 页。
② 清格尔泰：《清格尔泰文集》（第 7 卷），内蒙古科学技术出版社 2010 年版，第 13 页。
③ 李克郁：《土族（蒙古尔）源流考》，青海人民出版社 1993 年版，第 74 页。

了藏语值银子""学了蒙语值金子""鞑话金,番话银"① 的俗语,穆斯林商人回到家乡时,"言谈中还不时夹杂一些怪异难懂的藏语。……就如同当年随德雷克航海的海员们在比道福德镇(Biddleford)说话时喜欢在英语中夹杂西班牙语。当然,所有的穆斯林商人都能讲一口流利的藏语,虽然多数人带有明显的口音"②。民国时期,"汉藏语言及文字,为青海最通行者"③,汉藏方言中均出现大量的借词,河湟有名的巨商李耀庭,"以'刁郎'(本地小本经纪人)为生,其间一方面学习蒙、藏语言,另一方面学习生意行情"④,这是河湟成功商人中的代表。

穆斯林商人的常用语中吸收了相当一部分藏语词汇,藏族商人"有些明显源自汉语(穆斯林)的词汇普遍进入了藏族人的用语习惯中",接触各方的语言都出现大量的借词现象,但以器物名词居多。道光二年(1822)九月,西宁府拿获走私犯苏城,他供认说自己"特礼贝勒旗下、察汉诺们罕旗下各蒙古番子并刚咱族野番等处贸易多年,蒙古语、番语伊俱会说,与刚咱族策愣甲多、利完第、塔尔寺交好,结为兄弟",因此提出可以帮助官府深入游牧藏人部落,那彦成等"以该犯熟悉中外各番情形,不妨用作间谍,令其出口在各番族处探听,倘真能将积惯抢劫之头目拿案,向其详加跟究,或可尽得底细"⑤。苏城及其弟其子其实是常年在蒙番民族中从事贸易的走私商人,也参与抢劫察汉诺们罕旗下蒙番牛羊及人口,"遇有蒙古野番进口时,该犯即私当歇家,容留居住,为其置办口粮货物"⑥。值得注意的是,察汉诺们罕称苏城为汉人,其实苏城系西宁县属丹噶尔回民。

---

① 林生福:《湟源民族贸易概况》,载《湟源文史资料》(第十七辑),1996年,第14页。
② [美]罗伯特 B. 埃克瓦尔著,苏发祥编译:《甘肃、青海交界地方的文化关系研究》,载《藏族与周边民族文化交流研究》,中央民族大学出版社2013年版,第78页。
③ 青一:《筹办中央蒙藏学校青海分校计议》,《新青海》1934年第2卷第3期。
④ 中国人民政治协商会议青海省委员会文史资料研究委员会编:《青海文史资料选辑》第十七辑,1988年,第96页。
⑤ 那彦成:《平番奏疏》卷2,沈云龙主编《近代中国史料丛刊续编》第四十六辑,台北:文海出版社1977年版,第93页。
⑥ 那彦成:《平番奏疏》卷2,沈云龙主编《近代中国史料丛刊续编》第四十六辑,台北:文海出版社1977年版,第96页。

2. 歇家是多语人的代表

歇家主要负责来往商人的住宿、饮食,作为中间人协调官府和民间的赋税征收,在民族贸易中发挥着重要作用。河湟地区的商贸活动中,官、私歇家主要由精通多种语言的汉族和回族担任,负责接待"内地员役"和来往商人的食宿,担任买卖中间人及翻译,"其家属能操蒙、番语,常衣蒙、番衣,亦有私相结婚者。其人在不蒙不番不汉之间,杂于毳衣革履中,指为蒙,若亦蒙,指为番,若亦番焉"①,很多歇家祖传世袭,可以上溯三四代人,如循化厅歇家马来迟供:"是河州回民,早年发拨循化地方居住。小的祖父会说番话,接歇来往番子度日。"② 西宁、循化一直设有官歇家,而贵德没有设置,一些河州回民在贵德城外典赁民房私做歇家,当地土民也有自筑庄院租给"出口汉奸",西宁镇总兵官穆兰岱、监护西宁道知府巴彦珠认为,"若不及时招募在官歇家,口外野番来城易换粮茶,乏人招揽,棲歇无所,转多不便",因此建议"招募土著正派民人,兼通晓番语者四名,取具亲族的保甘结详请著充(歇家)"③。政府对歇家有严格的管理,"蒙番进口人地生疏、言语不通,其住宿卖买全惟歇家是赖,凡蒙番或有情弊之事,必与歇家通知,而歇家亦断不能被其所瞒。是欲绝蒙番之私贩,必先严歇家之稽查"④。

3. 语言接触与语言并用

清代河湟地区各民族的语言互通现象普遍存在,但大部分远离中心城镇的非汉族并未掌握汉语,更无法识读汉字,官方和民间的公文、告示、契约、印章等仍频繁使用民族文字,或者汉字和民族文字并用,地名也多用蒙古语、藏语称谓。清初,西宁边堡古鄯驿为河湟孔道,是来往河州至西宁的主要交通道路,"其东皆土人番族,语言不通,非河湟人则罕由之矣。马营寺在东七十里,皆番僧"⑤,丹噶尔厅"其地名命意,

---

① 徐珂编撰:《清稗类钞》第5册《农商类·羌海歇家》,中华书局1984年版,第2312页。
② 《循化厅为处理双朋、刚拭番案给宪台的详》,青海省档案馆,档案号:7—永久—2725。
③ 那彦成:《平番奏疏》卷4,沈云龙主编《近代中国史料丛刊续编》第四十六辑,台北:文海出版社1977年版,第339页。
④ 那彦成:《平番奏疏》卷4,沈云龙主编《近代中国史料丛刊续编》第四十六辑,台北:文海出版社1977年版,第378页。
⑤ (清)梁份著,赵盛世等校注:《秦边纪略》卷1《西宁卫·西宁边堡》,青海人民出版社1987年版,第59页。

十、八、九皆从蒙、番旧称。询诸熟于蒙古、番子情形之商贾,有可译以汉音者,有不能以汉义译者。一则转音之讹,失其本音;一则梵文名号,非番僧之精通经典者,不能译也",《丹噶尔厅志》中仅翻译例举了15个词,"略注数端,以概其余"。①

道光时,陕甘总督长龄颁布禁止河南各藏族渡河到河北,"译写番子(字)告示,在于河南各番族遍为张贴"②。宣统元年(1909),据西宁办事大臣奏报青海蒙古郡王、贝勒、贝子、公、台吉等二十八员仍"不通汉语、不识汉字"③,直至1939年,青海省政府"召集各蒙旗王公章京,各藏族千百户首领三百余人,在省府大礼堂举行国民公约宣誓(公约及誓词均于事先译成蒙藏文),首由省政府陈秘书长用藏语报告,并请蒙藏驻京代表阿福寿蒙语讲演宣誓后,由刚岔千户致答词"④。同年九月,同仁县奉命在该县学校组织抗战宣传队,"惟以所属乡村均系土房藏族,恐其听有未详,尚带善通藏语人员,随队介绍,以期明了"⑤。光绪四年(1878),基督教敦巴、格达二牧师至兰州,遂定皋兰、宁夏、西宁三处为布道区,设西宁教堂司劝教于青海,将新旧约全书译成蒙古、藏、回文字,四处散布。⑥ 直至当今,甘青部分民族地区的少数民族群众对汉语的使用依然有限,甚至在一些已经发展为旅游景区的少数民族村落、农牧区,当地群众仍依靠手势和简单的短语词汇与游客交流。

藏传佛教传入蒙古地区后,蒙古族与藏族僧人一道念经、说藏语,此后,随着青海蒙古的衰落,这些深入藏区的蒙古人被藏族所融合,青海蒙古族在社会交际和文化交流等方面都离不开藏语。《清稗类钞》载:

---

① (清)杨治平编纂,何平顺等标注:《丹噶尔厅志》卷8《杂记·翻译》,《青海地方旧志五种》,青海人民出版社1989年版,第399页。

② 《移住蒙番等由折附善后清单》(道光二年六月初二日),载哲仓·才让辑编《清代青海蒙古族档案史料辑编》,青海人民出版社1994年版,第76页。

③ 《西宁办事大臣为部咨修理官册及资政院选举议员期迫,造送青海蒙古王公台吉等年岁衔名册》(宣统元年十二月初七日),载哲仓·才让辑编《清代青海蒙古族档案史料辑编》,青海人民出版社1994年版,第173页。

④ 《1939年青海省动员委员会工作报告》,青海省档案馆。

⑤ 《同仁县政府呈报青海省政府奉令组织(抗日)宣传队及开会宣传情形》,青海省档案馆,档案号:14—0043—永久—01694—002。

⑥ 许公武编著:《青海志略》,商务印书馆1945年版,第110—111页。

"青海蒙古王公常入京师值班,见闻较广,语言交际颇能中礼,近边者皆能汉语,远者则非通事不能达意。然亦有不解蒙语而通番语者,盖番语近西藏音,青海风土似西藏,土人喜效藏俗也。番族语言又有与蒙古语相混者,则聚族相处,习染所致也。"①

借词既体现了各民族在精神文化方面的交流,又突出反映了各民族在生产生活方面的共同性。清代河湟地区许多民族的语言都吸收了大量的汉语词汇,如保安语中的"筷子""庄稼""鞋""白菜""书"等,东乡语中的"棉花""茶""醋""玉米""算盘""笔"等都来自汉语方言。河湟汉语方言也吸收了许多藏语、蒙古语、土族语、撒拉语的借词和语法形式,如"一挂(瓜)"意为"全部""都","胡都(dū)"意为"很""非常",这两个词汇都来自土族语。与藏族杂居的汉族普遍出现"藏化"现象,突出表现在穿着藏族服饰,使用藏语,在汉语中采用一些明显的藏语语法结构形式(最突出的是词序)及声调特点,将一些藏语词汇吸收进汉族词汇中,如"奶酪""风箱""无柄水桶""牦牛皮衣""皮绳"等,把"钱"称为"古路毛",这一词来自藏语的"银元","团八"(意为糊涂人)、"曲拉"(奶渣)、"卡玛"(分寸)、"郭巴"(办法)、"囊玛"(内部)、"加拉"(荣誉)等都来自藏语借词。

二 多语行政

语言政策是研究多民族大一统国家治理的重要视角。多民族语言的发展从一个侧面展现了清代民族、疆域的扩大,对清朝的多语文政治、翻译机构、翻译人才的培养及官职设置已经有了不少研究成果,② 清朝语言政策在河湟地区的具体实践,多语状况对清朝基层公文传译及运行的影响,体现了边疆民族地区治理中丰富的地方性和民族性。

---

① 徐珂编撰:《清稗类钞》第5册《方言类·青海蒙番言语》,中华书局1984年版,第2249页。
② 代表性成果有石涛、卫宇《清代笔帖式新论》(《晋阳学刊》2015年第3期),马子木《唐古忒学考》(《清史研究》2016年第3期),金卫国《清代翻译科与满蒙翻译人才的兴起——兼论翻译的政治性》(《天津职业院校联合学报》2010年第1期),马子木、乌云毕力格《"同文之治":清朝多语文政治文化的构拟与实践》(《民族研究》2017年第4期),徐雪梅、丁维国《浅议清朝的"通事"》(《黑河学院学报》2011年第1期),乌云格日勒、宝玉柱《清代民族语文翻译研究》(《满语研究》2010年第1期)。

（一）清朝的多语言行政

公共文字标识是语言政策的外在表现形式，文字排列的顺序体现其语言意识形态，"通过插入或至少唤起另一种语言或语域，不但报告的内容，而且用另一种语言这个事实本身就成为表述的一种策略"①。清朝承认满族、汉族、蒙古族、藏族、维吾尔族五种民族语言为官方语言，重要的奏折文书多以满、汉或满、汉、蒙古三种文字共同书写留存；涉及蒙古事务时同时使用满、汉、蒙古三种文字，如顺治十年（1653），"封厄鲁特部落顾实汗为遵行文义敏慧顾实汗。赐之金册金印，文用满、汉、蒙古字"②。乾隆四十四年（1779），谕令国史馆会同理藩院编修青海蒙古札萨克事绩、谱系，"以清、汉、蒙古字三体合缮成帙，陆续进呈，候朕阅定。成书后，即同宗室王公表传以汉字录入四库全书"③；涉及藏族事务时同时使用满文、汉文及藏（蒙古）文，雍正二年（1724）二月，奋威将军岳钟琪率兵追赶阿喇布坦温布等至伊克哈尔吉，人马饥渴交困，突然"青海水神显灵"，地涌甘泉，为此，雍正皇帝降旨，于雍正三年（1725）十二月，"派官前往青海地方建立石碑，将封号敕书满、汉、蒙古字样致祭一次，以彰灵异"④。藏传佛教活佛转世的金瓶掣签仪式中，用满、汉、藏三种文字写在牙签牌上，放入金瓶；乾隆朝编纂《御制清文鉴》《御制增订清文鉴》《御制四体清文鉴》《五体清文鉴》等，特设"清字经馆"，"以唐古忒文译西番文，又以蒙古文译唐古忒文，再以满文译蒙古文，于是往之真面目始出"⑤，还将《金刚经》译为满文，将《楞严经》译成藏文，刊发汉、满、藏、蒙古四体合璧的《首楞严经》全帙。此类多语并用的情况在清代不胜枚举，极大地推动了中华各民族文字的发展。

---

① ［美］帕特里克·J. 格里：《中世纪早期的语言与权力》，刘林海译，中西书局2019年版，第110—111页。

② 《清世祖实录》卷74，顺治十年四月丁巳，中华书局1985年版，第586页。

③ 《附件：钦定外藩蒙古回部王公表传》，载哲仓·才让辑编《清代青海蒙古族档案史料辑编》，青海人民出版社1994年版，第201页。

④ 《为核销甘肃省在青海地方建立海神碑位用过工料银两事》（乾隆元年七月初五日），中国第一历史档案馆，档案号：02—01—008—000002—0004。

⑤ 徐珂编撰：《清稗类钞》第4册《宗教类·高宗诏译佛经》，中华书局1984年版，第1942页。

多语言并用是清朝民族地区行政运作及民族互动中的一个突出特点，在语言情况复杂的边疆民族地区，翻译事务常表现出随机和制度缺失的问题，也从一个侧面反映出清王朝治理的乏力。

(二) 译员的选任及职能

基于河湟地区突出的多语特征，清朝政府在府州县厅和理藩院、西宁办事大臣两套管理系统内，都实行了相应的官吏选任、译员培养和公文传译制度。语言文字是构成不同文化类型的重要符号系统，代表不同的地方性知识体系，如果不能统一，就难以实现高效的信息沟通，并会引起心理隔阂、恐慌和猜疑。日常交流中，情境、手势、体态等都会起到重要的辅助作用，但关乎战争、严谨的行政、法律及边疆民族事务，文字互译则必须达到较高水平，体察"字义微有不同"①，才能保证信息清晰正确地传达。

语言能力是清朝选任民族地区官员的一项重要标准。河湟地区特殊的语言状况需要翻译人员，《清稗类钞》载："青海盛行唐古忒文，若蒙文，则不常见。蒙人之识本文者盖寡，惟公牍犹沿用蒙文。二十九旗之内，如和硕特北左翼旗、西右翼中旗等，自旗主以至百姓，竟有目不识丁者。遇有公务，公文由本管盟长处文牍官兼办，或由青海办事大臣之翻译官代办，文义乖谬，仍藉言语通之。咨部之件，用汉文函达理藩部，饬档房代办，一纸文牍，聊以存案。"② 自雍正朝至光绪朝，清政府选任理事同知、通判的标准即通晓汉文兼通满、蒙古语的京官，乾隆五十六年（1791）谕令："贵德地方改设同知，亦当照循化之例，作为旗缺，以满洲蒙古人员选用"③，嘉庆八年（1803）贡楚克扎布等建议循、贵两厅同知应用旗员，"特以旗员通晓清语，办理蒙、番事件较为熟谙"④，光绪十年（1884）吏部议定："理事同知、通判，无论内地、边地，吏部行文内阁各衙门，令该堂官于京察一等之中书、小京官、笔帖

---

① 《题请准将镶红旗蒙古笔帖式永泰留署办理翻译蒙文事》（乾隆元年正月二十一日），中国第一历史档案馆，档案号：02—01—03—03297—002。
② 徐珂编撰：《清稗类钞》第 8 册《文学类·青海蒙文不常见》，中华书局 1984 年版，第 3869—3870 页。
③ 《清高宗实录》卷 1382，乾隆五十六年七月丙戌，中华书局 1986 年版，第 549 页。
④ （清）那彦成著，宋挺生校注：《那彦成青海奏议》，青海人民出版社 1997 年版，第 69 页。

式内,将通晓汉文兼通翻译者保送"①,西宁道、府二缺专用满州、蒙古人员,此后但期人地相宜,无论满汉人员均准酌调升补,惟同时道、府二缺内必有满州、蒙古一人,不得皆用汉员。同治时任贵德同知的承顺"恐通丁传话不实,勤学番语。数年来番案自行查讯,遂无朦蔽之虞"②,受到官民的高度认可。《西宁府续志》载自乾隆十三年至光绪四年,西宁府"钦差办理青海蒙番事务大臣官员"共49人,其中出身宗室有2人,八旗的有27人。③清朝政府在任命边疆民族地区的官吏时,对语言条件及熟悉边情给予了特别的重视,但是由于旗员数量不足,"不易得人",最终难以实现语言和能力的兼顾,嘉庆十二年(1807),西宁办事大臣那彦成与陕甘总督长龄、宁夏将军兴奎等会衔上奏,建议循化与贵德两厅不必拘泥于旗、汉,但求合宜。④由此可知,河湟地区任职官员大多并不通晓民族语言,其对社会治理的微观体察和深度介入因此受到限制,在处理实际事务时,必然需要依赖无语言障碍的地方力量从旁协助。

翻译在清代河湟地区的政令和公文传达中不可或缺,在关涉民族事务时更是起着重要的作用,理藩院和西宁办事大臣内均设有翻译人员。乾隆皇帝称各民族地区"语音殊异,文字不同,因中国满洲、汉人书同文之治,取改未成,是故设立理藩院,特管办彼等之事"⑤。理藩院附属的蒙古官学、唐古特学及托忒学,培养谙熟蒙古文、藏文和托忒文的多语人才,兼领蒙古翻译房,员外郎、主事各一人,校正汉文官二人。西宁办事大臣衙门有笔帖式、书吏、通事、译字喇嘛等,都有翻译的职能,咸丰年间额设通事达三四十名之多。

---

① 《钦定大清会典事例》卷55《吏部·满洲遴选》,《续修四库全书》第799册,上海古籍出版社2002年版,第17页。
② (民国)姚钧纂,宋挺生标注:《贵德县志稿》卷4《艺文志·奏议·谨将贵德绅民公具该故员承顺德政惠民十二条,另缮清单,恭呈御览》,《青海地方旧志五种》,青海人民出版社1989年版,第805页。
③ 据《西宁府续志》卷6《官师志·命使》统计,青海人民出版社1985年版,第241—243页。
④ (清)那彦成著,宋挺生校注:《那彦成青海奏议》,青海人民出版社1997年版,第69页。
⑤ 《御制满蒙精鉴》序3"袖珍精写本",北京故宫博物院图书馆藏,参见林士铉《清朝前期的满洲政治文化与蒙古》,博士学位论文,台湾政治大学,2006年。

地方各类通事"以善言晓谕"① 在府州县行政系统中发挥了重要作用。道光年间,陕甘总督那彦成"岁派通丁前往催收"② 各藏族部落所纳粮马租税;处理黑错、买吾的冲突中,"函调洮州番译书办、通役"③,岁仓捏力哇与卡家寺江洛捏力哇争夺判决执照的案件中,有一名叫"罗臧"的通事参与处理。④ 嘉庆十一年（1806）,贡楚克扎布派员前往踏勘尚那克,因该地"地处偏远,人迹罕到,且荒芜日久,恐有远处番族潜住"⑤,特选派熟谙"番情"的循化厅同知国明安,通晓"番语"的保安营都司张辉,笔贴式勤达玛尼一同前往。⑥ 民族纠纷结案后颁发执照常需翻译人员协助执行,如光绪十六年（1890）,卡家寺和沙沟寺争斗案从权结销后,"河州镇台委派周都司迪升带同通丁、兵役散发执照"⑦。

除专职的通事、通役和通丁外,地方官府中谙熟民族语言的差役也常担任翻译。光绪三十二年（1906）,西宁府在查办中库、孟达争山一案中,派出"识番语之书差各一名,随同该乡老亲到孟达山庄,次到中库山寺,传集原案人证,亲为问讯"⑧,光绪二十五年（1899）,循化厅处理隆务寺攻打河南郡王一案,于六月初一日"签派熟习番语妥役二名,前往隆务一带调查"⑨,循化厅在调解隆务寺与拉卜楞寺的纠纷中,"选派通

---

① 《蒙古王公等祭海误公,请旨办理以昭炯戒折》（嘉庆二十年九月十三日）,载哲仓·才让辑编《清代青海蒙古族档案史料辑编》,青海人民出版社1994年版,第57页。
② 《西宁府续志》卷9《艺文志·陕甘总督那彦成请将玉树番族每岁马贡折银循旧交纳疏》,青海人民出版社1985年版,第408页。
③ 《陕甘总督为酌办黑错、买吾冲突扎循化厅营》,青海省档案馆,档案号:7—永久—2936。
④ 《岁仓捏力哇状告卡家寺江洛捏力哇的禀》（光绪十六年闰二月十三日）,青海省档案馆,档案号:7—永久—2952（原件藏文）。
⑤ 《遵旨晓谕青海蒙古王公,令其自行防守,并派员前赴尚那克地方踏勘有无关碍〔隘〕安插野番各事宜折》（嘉庆十一年七月二十四日）,载哲仓·才让辑编《清代青海蒙古族档案史料辑编》,青海人民出版社1994年版,第53页。
⑥ 《遵旨晓谕青海蒙古王公,令其自行防守,并派员前赴尚那克地方踏勘有无关碍〔隘〕安插野番各事宜折》（嘉庆十一年七月二十四日）,载哲仓·才让辑编《清代青海蒙古族档案史料辑编》,青海人民出版社1994年版,第53页。
⑦ 《循化厅为卡家寺、沙沟寺争斗上总督、宪台的禀》,青海省档案馆,档案号:7—永久—2954。
⑧ 《西宁府为查办中库、孟达争山一案情由的详》（光绪三十二年正月十一日）,青海省档案馆,档案号:7—永久—3096。
⑨ 《循化厅为隆务攻打郡王的申覆》,青海省档案馆,档案号:7—永久—4662。

晓番语弁役，先赴隆务寺秉公调处"①。地方行政机构中的翻译没有品级，属于最下层的弁吏，但也有零星被嘉奖的记录，嘉庆二十四年（1819），青海番子抢劫蒙古，经官兵追捕，番目"献贼交赃，蒙古地方现已宁谧"②，"通丁马进禄、沈木洒、苗进福三名，均赏给九品顶戴"③。

藏传佛教寺院的僧侣是民族地区的精英阶层，具有突出的语言优势，担任翻译是辅助清朝地方治理的重要职责之一。在语言情况复杂的边疆民族地区，同一语系内部常因有众多分支和方言系统而产生细微差异，但公文、法规、契约的翻译和传达讲究清晰和严谨，仅仅接受标准语教育并不能完全满足实际需要。乾隆元年（1736）八月，因唐古特学培养的藏语文翻译人员"皆粗通唐古特语言，并无通晓文茂〔艺〕者，倘或翻译舛谬，传言失实，殊有妨碍"④，总理青海夷情事务巡抚德龄建议"于西宁及口外各寺院僧俗人内，择其熟习唐古特文艺者招募一人，每月酌给口食银四两"⑤。西宁办事大臣衙门设"笔帖式三员，每员每年养廉银二百五十两。书吏九名，每年工食银二百五十两。译字喇嘛二名，每年工食银七十二两"⑥。乾隆朝，平定大小金川期间需要翻译大量藏文公文，但是由于该地区通行嘉绒藏语，而唐古忒生皆于卫藏地区进行藏语文训练，翻译文牍便常有窒碍，仍需求助三世章嘉译出。康熙三十六年（1697），喇嘛商南多尔济上疏请示青海四姓厄鲁特诸台吉及寺院喇嘛朝觐之事，提及青海"达尔（塔尔）寺掌教垂臧胡土克图，温都孙寺掌教达赖绰尔济喇嘛，及十三寺院之囊素、通事等，并厄鲁特人众，皆愿来

---

① 《循化同知安福为隆务寺与拉卜楞寺因恨欲斗及不遵调处上青海大臣豫的禀》（同治十三年九月廿七日），青海省档案馆，档案号：6—永久—247。
② 《派兵会哨番目献贼交赃蒙古地方宁谧折》（嘉庆二十四年十二月初八日），载哲仓·才让辑编《清代青海蒙古族档案史料辑编》，青海人民出版社1994年版，第64页。
③ 《派兵会哨番目献贼交赃蒙古地方宁谧折》（嘉庆二十四年十二月初八日），载哲仓·才让辑编《清代青海蒙古族档案史料辑编》，青海人民出版社1994年版，第64页。
④ 《筹议青海夷情衙门各章程折》（乾隆元年八月初八日），载哲仓·才让辑编《清代青海蒙古族档案史料辑编》，青海人民出版社1994年版，第11页。
⑤ 《筹议青海夷情衙门各章程折》（乾隆元年八月初八日），载哲仓·才让辑编《清代青海蒙古族档案史料辑编》，青海人民出版社1994年版，第11页。
⑥ （清）长白文孚著，魏明章标注：《青海事宜节略》，青海人民出版社1993年版，第107页。

朝"①。光绪九年（1883），青海办事衙门处理拉卜楞王府事件时，"据前差通丁回称持送循化厅营公文，半途遇见由拉布浪寺赴宁投禀之通丁声言，案已了结"②。光绪十五年（1889），地方官员调查拉卜楞寺参与焚杀黑错寺一案，嘉木样"即将伊寺康熙雍正乾隆年间西藏达赖喇嘛、章嘉呼图克图所给黄缎番字凭据数卷，令伊侍者一一展读"③，并由该寺通丁罗俊儒翻译凭据内容。可见，河湟地区主要的藏传佛教寺院中也设有专职翻译。

清朝中央与地方的翻译系统是两个相对独立的单元，西宁办事大臣、省府州县衙门、寺院内均设有翻译人员。河湟地区各级衙门里的"通事"主要出自地方，负责官府与民众、寺院之间的文书传译，参与日常行政，处理族群冲突与纠纷，在边疆民族地区的安全、经济、司法和宗教领域中发挥了重要作用，但从翻译人才的培养到具体使用都缺乏系统建设，翻译人员素质不尽如人意，行政传译常常表现出随机和制度缺失的特点，造成许多弊端。

三　多语行政的弊端及调整

马子木和乌云毕力格对清代"同文之治"的政治文化有极为精彩的阐发，但其所论清朝"多种行政语言得以畅行无碍"的论断，在边疆民族地区并不完全适用。语言障碍在行政层面会表现为信息传导不实、情报泄露、政令推行不畅等，由多语翻译产生的利益空间，影响地方权力及资源的分配，揭示出清朝国家治理在微观技术运行上的局限性，体现了"大一统"的政治理想与地方权力的冲突与磨合。河湟地区多语言的特点增加了地方行政管理的成本和难度，需要耗费更多的人力和物力资源，具体到行政公文传译中主要存在以下问题：

第一，译员的人数时常变动，有时严重不足，有时出现大量冗员，译员的专业素质不能满足实际需要。西宁办事大臣是管理青海民族事务

---

① 《清圣祖实录》卷182，康熙三十六年闰三月戊戌，中华书局1985年版，第952页。
② 《青海大臣为处理拉卜楞王府事件给循化厅的札》，青海省档案馆，档案号：7—永久—2722。
③ 《会办番案委员等为赴拉卜楞查办情形上的禀》，青海省档案馆，档案号：7—永久—2678。

的专门机构，经常需要进行公文转译，乾隆元年（1736）八月，德龄提出因"口外蒙古常以户口偷窃等事来字控告，有应俟会盟之时再办者，有应立即遣人查询者，又有紧要文书须专差往送者，历来凡遇送文等差，俱向镇臣衙门借用通事，不但呼应终觉不灵，且同〔通〕事原非本衙门人役，令其出口传事，亦多未便，臣请嗣后添设通晓蒙古语言之领催二名，由部拣派，照例三年一换，以供臣衙门杂项差使，或有应遣笔帖式之事，可以令领催代往者，总理之员临时酌派，实于公务有济"①，且"翻译唐古特文字，须募通晓之人也。查西藏及玉树纳克书等处新附番族，往来文书俱系唐古特文字，所有臣衙门办事人员均未谙习，向系借用地方通事，或临时另行览〔觅〕人写办"②。可见，西宁办事大臣衙门翻译人员不足，队伍不稳定，且并不精通地方语言，难以应付日常行政需要，向地方衙门借用又多有不便，还可能造成泄密。领催常代替笔帖式是地方权力替代中央的具体表现。

第二，语言障碍给行政管理中"上情下达"和"下情上传"造成了不便，中央委派的官员容易被地方势力左右，不懂汉语的群众难以享受平等权利。咸丰元年（1851）正月，萨迎阿赴西宁调查陕甘总督琦善妄杀"青海番匪"一案，因"闻得西宁蒙古通事传供多有不实"③，特与奕山商派惠远城"通晓蒙古话之前锋营翼长佐领富克津泰、骁骑校达兰布、贴写巴彦古尔富勒随同前往"④。光绪九年（1883）四月，循化厅所辖刚拭寺寺主控告衙役郭总爷串通双朋庄番子，霸占地界水路，抢夺牲畜，上诉称"惟上司不通番语，僧等不知汉语，下情不能上达，一任双舌播弄，两相欺哄，僧等屈冤申诉无门，投生无路，只有逃散而已"⑤。光绪

---

① 《筹议青海夷情衙门各章程折》（乾隆元年八月初八日），载哲仓·才让辑编《清代青海蒙古族档案史料辑编》，青海人民出版社1994年版，第11页。
② 《筹议青海夷情衙门各章程折》（乾隆元年八月初八日），载哲仓·才让辑编《清代青海蒙古族档案史料辑编》，青海人民出版社1994年版，第11页。
③ 《萨迎阿片》（咸丰元年正月初七日），载哲仓·才让辑编《清代青海蒙古族档案史料辑编》，青海人民出版社1994年版，第119页。
④ 《萨迎阿片》（咸丰元年正月初七日），载哲仓·才让辑编《清代青海蒙古族档案史料辑编》，青海人民出版社1994年版，第119页。
⑤ 《刚拭寺寺主佛僧塞尕仓等为恶番串通恶役坑害事上的禀》（光绪九年四月十七日），青海省档案馆，档案号：7—永久—2723。

三十三年（1907）四月，地方官马安良禀"番族语言文字均相隔阂，往往争闻案件，地方官全凭通役翻译传递。通役又从而舞弊需索，以致番案辗转拖延，然不得其所以然"①。上述材料充分说明，中央派出官员、地方官吏及非汉族群众，都对语言不通导致的问题有明确认识和切身体会。通事欺瞒、捏造、传话不实导致民族案件及宗教事务审理、判结和执行不力，给行政决策和法律贯彻造成阻碍，甚至危害到民族关系和边疆稳定。

第三，歇家、通事利用语言便利勾结不法商贩，或欺上瞒下，舞弊需索以牟利。道光二年（1822）十月二十三日，那彦成通过调查发现"青海蒙古番子来至西宁，各城内向设官歇家容留住宿，该蒙番等易买粮茶什物，均系官歇家为之，经理仍于蒙番等来去时日报官查核，倘有滋事即惟官歇家是问。旧例本属周妥，乃日久废弛。官歇家勾通蒙番私卖口粮，并夹带违禁器物，甚且于山僻小路分开私歇家，招引野番于夤夜私自授受销赃，易粮私买军火。番案日多，番情日肆，半由于此。……而歇家因此牟利，弊日滋甚"②。道光二年（1822）十月，那彦成再次指出"西宁办事大臣衙门向有额设通事，凡蒙番呈诉事件俱系通事传话，新任办事大臣情形不熟，往往藉为耳目，若辈盘踞日久，遇事生风，其弊更甚，小则与歇家朋比为奸，代蒙番私买违禁货物，从中渔利，所传之话则又颠倒是非，以遂其牟利之私。大则勾通煽惑，以有事为乐，遂致滋生大案，实为番案中之一积蠹，不可不除"③。那彦成认为"番案"增多与通事、歇家之弊有直接关系，可见这一问题确已引起高度重视。通丁常负担催征诸番族税收的职责，"通丁出口，往返数千里，所需帐房、乌拉，俱系蒙古应付"④，沿途蒙古族、藏族须负担沉重的食宿等费用，且通丁有任意携带货物，私带买卖的弊端，因此道光二年（1822）

---

① 《治下马安良谨禀太尊大人阁下》（光绪三十三年四月廿四日），青海省档案馆，档案号：7—永久—4164。

② 那彦成：《平番奏疏》卷1，沈云龙主编《近代中国史料丛刊续编》第四十六辑，台北：文海出版社1977年版，第70页。

③ 那彦成：《平番奏疏》卷1，沈云龙主编《近代中国史料丛刊续编》第四十六辑，台北：文海出版社1977年版，第74—75页。

④ 《西宁府续志》卷9《艺文志·陕甘总督那彦成请将玉树番族每岁马贡折银循旧交纳疏》，青海人民出版社1985年版，第409页。

十二月，那彦成主张"主事通丁催征之例永行停止"①。

针对使用多语造成的行政问题，清朝上层官员在承认通事的重要性的同时，也在力图消除其负面影响，提出了相应的解决方案。咸丰元年（1851）五月，正白旗满洲都统针对琦善奏称"青海衙门蒙古通事有三十四名之多，苟非有所贪图，焉得如此滥充"②的观点，再次强调办理青海蒙古事务时通事的重要性，认为"青海衙门管辖蒙古二十八旗，又察诺们罕一旗并玉树、巴彦、昂谦三十九户〔族〕番族。所有会盟、祭海、熬茶、送文、护送堪布以及喇嘛包等差，在在均需通丁前往。自道光三年经前督臣那彦成奏请将该衙门通丁裁撤后，一切蒙番差使均改用西宁镇标通晓蒙番言语之兵充当通丁。该衙门需用通丁之处较多，既未便概行裁撤，遇事差派乏人，又未便漫无限制，致令浮滥。奴才与该大臣公同商酌，于现在所用通丁内，择其熟习蒙番言语老实可靠者，留用二十名，除已革通丁马明春等四名外，其余通丁十名俱撤回镇标当差。并请以后该衙门所用通丁以二十名为限，不得再有加增"③；那彦成提出"稽查歇家，裁革通事"，于嘉庆十二年（1807）奏请："严禁通事人等私入番地，以免勾结也。查内地通事熟悉番语，往往私入番族，透漏内地消息，或指示内地道路，藉以讹骗资财牲畜，以致贼番敢于肆逞"④；制订请票制度，"严禁通事人等若非奉票传唤番民，缉拿番贼，不准私赴番地。并令文武各该衙门造具通事名册，间日点查：如有私自潜赴番地者，即核其犯事轻重，禀明西宁办事大臣衙门，从严惩办。并传谕各族番民：如有通事人等不持官票私入番族者，令该番等送出惩治；倘有隐匿，查出一并治罪。则内地与外番声气隔绝，不致有勾结潜通之弊矣"⑤，并建议"将西宁办事大臣衙门额设通事全行裁革，遇有案件不拘西宁镇、道、

---

① 那彦成：《平番奏疏》卷2，沈云龙主编《近代中国史料丛刊续编》第四十六辑，台北：文海出版社1977年版，第152—153页。
② 《萨迎阿片》（咸丰元年五月二十四日），载哲仓·才让辑编《清代青海蒙古族档案史料辑编》，青海人民出版社1994年版，第126—127页。
③ 《萨迎阿片》（咸丰元年五月二十四日），载哲仓·才让辑编《清代青海蒙古族档案史料辑编》，青海人民出版社1994年版，第127页。
④ （清）那彦成著，宋挺生校注：《那彦成青海奏议》，青海人民出版社1997年版，第67页。
⑤ （清）那彦成著，宋挺生校注：《那彦成青海奏议》，青海人民出版社1997年版，第67—68页。

府、县衙门俱有通事，可以随时传唤应差，即西宁城中民人能说蒙古番子话者甚多，该大臣亦可自行雇觅应用，更觉关防严密。此外，各衙门通事亦饬令各自严查，有从中舞弊者，照例加严治罪，倘不经心，致滋别事，仍将该管官交部严议"①。清代喇嘛朝拜熬茶过境，需由首站州县用传单差信知照下站，通事常浮冒折钱勒索，光绪七年（1881），署甘肃布政使司李、按察使司魏刊发《均减差徭并喇嘛过境章程十条》，规定喇嘛"所用夫骡定给折价数目，不准通事、夫头多报勒索……如喇嘛等任意勒索，通事伴送人等有教唆讹诈情事，立即从严究办"②，但以上措施均于通事本身着力，没能从更加开阔的视角寻求解决之道。

那彦成集中开展了两个月拿解及调查歇家、通丁勾结奸商、私贩，蒙番抢窃案件数十起，结果却发现"其情节只系接济口粮，或临时偷盗，或遇便行强，并无聚集多人，踪迹亦非不测。虽该犯等贪利藐法，罪在必惩，而隐恶祸根尚不在此"③。而德龄提出"书吏宜定经制""选募专人严加关防，给以养赡之资，予以上进之阶"④ 似是更为可行之道。通事、歇家之弊不容忽视，但对其危害也有夸大之嫌，反映了由中央派驻地方而欠缺语言能力的官员，始终对管辖区域有疏离感，缺乏自信的管理心态，依赖弁吏通事，难以消除地方私权对国家意志的隐性抵制，而对于普通民众，语言障碍也成为无法传达自身意志和诉求的重要原因。清政府自始至终没能彻底解决民族地区多语制与国家政令畅通之间的矛盾。

语言使用是国家意志、族群利益及地方经验的博弈。清朝的多语文政治特点既是其统治的一大优势，也会降低其实际行政的效率。清朝最高统治者一直致力于构建语言多样性的理想状态，在对待多民族语言文字的问题上有独特的设计，从中央到地方均有考量和实践，设立了较为

---

① 那彦成：《平番奏疏》卷1，沈云龙主编《近代中国史料丛刊续编》第四十六辑，台北：文海出版社1977年版，第75—76页。
② 《均减差徭并喇嘛过境章程十条》，青海省档案馆，档案号：7—永久—3136。
③ 那彦成：《平番奏疏》卷2，沈云龙主编《近代中国史料丛刊续编》第四十六辑，台北：文海出版社1977年版，第124—125页。
④ 《筹议青海夷情衙门各章程折》（乾隆元年八月初八日），载哲仓·才让辑编《清代青海蒙古族档案史料辑编》，青海人民出版社1994年版，第13页。

完备的文字翻译机构,但对通用语的推广没有足够重视,河湟地区开设的官办学校、义学、社学数量不足,少数民族学生入学比例极低,对国家通用语言文字的推广在深度、广度和力度上都极其有限;民族地区官员的地方语言和民族文字知识十分有限,政府对翻译人员的选拔、管理、奖惩没有严格的制度保障,公文传译仍依赖地方通事及役、吏,这些角色往往不入正典,无政绩可考,也无升迁之路,仅佐官以治民事,在国家权力阶层中处于底层和边缘,但却是地方行政工作中的具体办事人员,有广泛的活动空间,成为"隐治"的重要组成结构,其"凭官府之威灵,肆行其纵恣"之弊久积成病,又与地方豪强互通声气,贪赃渔利,给基层吏治造成损害,不利于边疆民族地区的安全与稳定。语言隔阂会直接引起心理恐慌和猜疑,不利于建立良好的民族关系,在民族地方治理中,充分考虑多语言文字问题,提高地方官员的专业素养和基本语言能力,给予翻译相应的政治、经济和法律地位,建立完备的语言管理机构,加强国家通用语言文字的教育及普及,才能保障和促进民族地区的稳定发展。

第二节 汉语汉字使用与国家认同

语言文字是人类为了交往和交流创造的符号系统,也是构成不同文化类型的重要编码,代表着一种稳定的结构化能力,语言文字差异往往代表不同的地方性知识体系,会导致不同文化成员之间的交流障碍,如果交流双方不能成功地进行符号转换,就难以实现有效的信息沟通。因此,"书同文"被视为中国古代"天下一统"的重要表现。

"中国"一直具有以多语文为表征的多元族群文化共存的特征,在广袤的区域使用众多方言土语及民族语言,但自秦以来,统一汉字起到了延续和凝聚中华民族的关键作用,由历史的基础和现实需要决定,汉字仍然是清朝使用频率最高的行政语言,清朝统治者通过对"同文"概念的发挥和改造,[①] 使汉语逐渐转变为国家权威的象征。

---

① 马子木、乌云毕力格:《"同文之治":清朝多语文政治文化的构拟与实践》,《民族研究》2017年第4期。

一　汉语方言是河湟地区的族际交流语

汉语汉字的逐渐推广是河湟地区内地化的重要体现。官方语言、社会公共语言或族际交流语能反映社会的一体化程度，并为共同历史的创造和公共活动的开展奠定基础。河湟地区是内地与边疆民族地区的过渡和重叠地带，元代，河湟地区属版籍腹地，明代疆域收缩，该地区为明朝与蒙古势力拉锯争夺的前沿，至清代，这一地区在行政建置上已属"内地"，但在文化上依然具有浓厚的边疆色彩。[1] 清末的统治整体上呈现衰颓之势，西北地区也频繁发生抗清运动，但河湟地区内地化的进程从未迟缓，与国家一体化的进程一直在推进，汉语的日益普及和汉字地位的上升即为一证。

汉语方言是河湟地区各民族的族际交流语，对各民族的交往交流交融起了重要的纽带作用。各族群在内部使用本民族语言，但与外部交往中常使用河湟汉语方言。自明以来，大量内地汉族移民进入这一地区，带入先进的农耕生产技术，刺激了商贸发展，也进一步促进了汉语的通行，接近内地与汉族杂居的各民族基本都能使用汉语方言，如河州土人"居中土已久，服食男女与中国无别，且久与汉人连姻，与汉人言，则操汉人音"[2]，"凡切近河、洮、岷州内地番人，与百姓杂处者，向通汉语"[3]。清代青海藏族妇女"半能汉语，大抵居近边邑者，语言尚近，文字为难耳"[4]。丹噶尔"蒙、番子弟，资性聪颖，入塾读书，粗明理义，遂化为汉族者"[5]。民国时期，河湟一些地区的民族已完全使用汉语了，

---

[1]　河湟地区的"内地化"是一个长期渐进的过程，直到民国，"边疆"范围中仍常包括河湟地区。参见杜常顺《论清代青海东部地区的行政变革与地方民族社会》，《民族研究》2011年第2期；孙宏年《认知与实践：20世纪20~40年代"边疆"理念及启示》，《云南师范大学学报》（哲学社会科学版）2019年第4期。

[2]　（清）梁份著，赵盛世等校注：《秦边纪略》卷1《河州（卫）》，青海人民出版社1987年版，第35页。

[3]　（清）龚景瀚编，李本源纂修：《循化厅志》卷1《建置沿革》，台北：成文出版社1968年版，第17页。

[4]　徐珂编撰：《清稗类钞》第5册《风俗类·青海番族之起居》，中华书局1984年版，第2217页。

[5]　（清）杨治平编纂，何平顺等标注：《丹噶尔厅志》卷6《人类》，《青海地方旧志五种》，青海人民出版社1989年版，第316页。

如湟源药水乡"其地居民有藏族三十余户，俱汉化不通藏语矣"①，拉卜楞"搭哇""及其附近之藏民二三千人，即所谓近藏也。据称近藏俗称熟番，又称'龙娃'，近城市，通汉语"②。

二 汉语汉字功能的加强

清末，河湟蒙藏游牧区仍以使用民族语言为主，但随着清朝"大一统"程度的加强，边疆民族地区的"内地化"进程加快，汉语的政治地位和作用日益凸显，使用汉语汉字成为清政府提高行政效率的要求，也是各族民众参与公共社会生活的重要工具。汉字的普及和功能加强主要有以下表现：

第一，官员及书吏的汉语水平至关重要。清代河湟地区各级衙门及民族管理机构的日常行政中，经常需要将民族文字与汉文互译，乾隆元年（1736），德龄因感翻译问题关涉"夷情"，"衙门文移稿案需用汉文之处甚多，而部派之章京、笔帖式等，又多于汉文未能晓畅，不得不招募书吏。自达䓳办事以来，即雇有数名，以供抄写之用。然每遇文案稍繁，或审理夷汉交关事宜，则仍提县书帮助"③，建议西宁办事大臣衙门"书吏宜定经制"，即给书吏以专门编制及相应待遇，保证人员稳定，从而利于行政运行。清朝章京、笔帖式多出身于满蒙八旗，并不精通汉文，对处理民族事务十分不利。可见，河湟地区的各类官吏必须熟练掌握汉语，才能保证有效的行政运行，这也是清代中后期，满族官员的满语能力退化，从而在语言文字上走向"汉化"的重要原因。

第二，民族事务中经常以"汉番合璧"的形式缔结各类文书。清末，河湟地区发生民族纠纷后，冲突双方一般会缔结"执照"作为处理的成规依据，案情了结后，基层地方官需将事件缘由、处理过程及结果以公文的形式呈递上级部门，公文书写常使用番汉两种文字，并经翻译后查阅。以清代循化地区的番案处理为例，光绪十五年（1889），沙

---

① 马鹤天著，胡大浚点校：《甘青藏边区考察记》，甘肃人民出版社2003年版，第242页。
② 马鹤天著，胡大浚点校：《甘青藏边区考察记》，甘肃人民出版社2003年版，第99页。
③ 《筹议青海夷情衙门各章程折》（乾隆元年八月初八日），载哲仓·才让辑编《清代青海蒙古族档案史料辑编》，青海人民出版社1994年版，第13页。

沟、黑错两寺与拉卜楞寺不睦，欲纠集所属番兵争斗，西宁厘局委员候补知县张时熙奉办此案，"先示以善言劝说，又晓以宪德兵威，始觉知有违法，俯首听命，比即派人分往各处撤兵，随取具退兵番字字据"①，但"其晚反覆"，在地方官的调停和压制下，双方暂时撤兵，"取有黑错寺番呈三纸，又昂欠坐和堆四沟百姓汉字红禀一纸，呈览等情"②，此案结后，又"取具该三寺退兵并起事缘由番呈七纸、汉禀一纸一并禀赍钦宪，饬承译阅及径禀"③。光绪三十年（1904），隆务寺将该寺参与械斗杀人的三名首恶僧人议逐出境时，"立有番译字据"④，但因"番情谲诈，旋称旋翻，于是该三僧寻隙报复，意在不酿成巨案不止，并主唆旦增等相继出庄，顿改前议"⑤，地方官马国良"调验所立字据，办理诸多不公，以致连年争斗，赴厅控案"⑥，经重新审理后，"旋据乡老河沟总管、差弁马伏贞等递具汉番字样议单逐层拟议，查阅尚属妥详，并据该原被呈具依议下释永不翻悔各甘结前来"⑦。清代循化地区藏族势力强盛，缔结契约、字据多用番字，此案的处理最终仍"按照番规抵偿清楚"⑧，但随着国家权威的日益强势，在地方执照和官府具结中多采用"汉番合璧"的形式，这其中包含双语互证，减少误解和纠纷的实际功能，也说明汉字使用对规范审理民族案件，保障政策及法律运行起到了积极作用。

第三，汉字文书成为处理民族纠纷的主要依据。光绪十六年（1890）五月，卡家与沙沟彼此抵牾，不肯开堂念经，赴循化厅互控，经讯其缘由，系因光绪元年执照争佃起讼，循化厅官员当堂调解，"并检出元年发

---

① 《奉办南番案西宁厘局委员候补知县张时熙禀》（光绪十五年六月初十日），青海省档案馆，档案号：7—永久—4397。
② 《奉办南番案西宁厘局委员候补知县张时熙禀》（光绪十五年六月初十日），青海省档案馆，档案号：7—永久—4397。
③ 《奉办南番案西宁厘局委员候补知县张时熙禀》（光绪十五年六月初十日），青海省档案馆，档案号：7—永久—4397。
④ 《马国良为办结黑错寺内部冲突上的禀》，青海省档案馆，档案号：7—永久—3120。
⑤ 《马国良为办结黑错寺内部冲突上的禀》，青海省档案馆，档案号：7—永久—3120。
⑥ 《马国良为办结黑错寺内部冲突上的禀》，青海省档案馆，档案号：7—永久—3120。
⑦ 《马国良为办结黑错寺内部冲突上的禀》，青海省档案馆，档案号：7—永久—3120。
⑧ 《马国良为办结黑错寺内部冲突上的禀》，青海省档案馆，档案号：7—永久—3120。

来汉字执照稿，当面令通丁译成番话细为剖解。岁仓札咱一头始则不胜诧异云，我们不认得汉字，今日听讲与元年乡老们与我们所立番字约据不同，继又叩头谢过，情愿遵依。次日，两造各具番字甘结立案"，并"发给两造汉字执照"①。可见，民间所立的藏文和汉文凭据或执照常有出入，而官员判案主要依据汉字凭据，当事人虽不识汉字，但表示认可和遵守，因此，获得和保存汉字执照非常重要。此种情形，在光绪十六年（1890）《循化厅差役关于隆务寺所藏沙沟寺执照的禀与同知的批文》中，表现得极为充分，特引述如下：

> （循化厅）差役禀："……去年小的二人跟随大老爷赴南番供差，谨遵吩咐，与各番僧开导，遵照光绪元年奉发执照内各款行事，至执照内所载何事，委员大老爷们当堂未曾将汉字念过，小的们亦并不浑晓。本年三月十八日，大老爷办结保安械斗大案后，同循营刘大人、保安营沈大人到隆务寺闲游。该沙力仓同该管家何麻占、新旧昂锁呈出沙沟光绪元年奉发钦差大臣督宪左执照。蒙饬，小的等同书办许光楣在该寺大经堂，将照内汉字各条款一一详细翻译，通知伊等均已遵服。惟该寺又呈出元年番字执照一张，与汉字执照不同，合缝处亦无官印，不知是谁给的。现在闻两造因此闹事……"②

对此，循化厅同知批复：

> 沙力仓同该寺执事人等在大经堂见官，呈出沙沟执照一包，内有钦差大臣督宪左光绪元年汉字执照一张。令两书吏将执照内汉字各条款一一翻解，通知该沙力仓上下僧众逐各遵服。惟条款末所载岁仓捏力哇（意为管家）驻扎卡家看守经堂，耕种，望卡家寺事务归江洛千户经管，岁仓捏力哇不得干预一层。据沙力仓及新旧昂锁

---

① 《循化厅为卡加、沙沟争斗牒报事》（光绪十六年五月），青海省档案馆，档案号：7—永久—2694、7—永久—2696。
② 《循化厅差役关于隆务寺所藏沙沟寺执照的禀与同知的批文》（光绪十六年四月廿七日），青海省档案馆，档案号：7—永久—2948。

面回，此层与乡老所立番字约据不同。旋即呈出番字约据一张，由书办同该僧等共念一遍，译出等语果与执照此层不同，当即饬令销毁，该沙力仓等不肯。因该寺人多势众，亦不便勉强，致因此生案，有所籍口也。

又闻沙沟寺存有军门沈（河州镇总兵沈玉）衔条执照一张，与此番字约相同。去岁白土坡发落时，委员张大老爷对众只吩咐各照旧例旧规，并未将汉字执照逐字译给众听，又朦胧了结。不敢将两造犯事主犯责惩一板，受责者均系雇来替身。番民既不识汉字，又未受惩创，以致玩藐，又滋事端。即官半年苦心，竟成虎头蛇尾，可为浩叹！①

上述事件是光绪元年沙沟与卡家冲突的余波，② 各方围绕汉字与番字执照出入的矛盾展开。循化厅以拉卜楞寺和隆务寺势力最大，沙沟属隆务寺集团，卡家由拉卜楞寺支持。光绪十六年（1890），隆务寺呈出沙沟汉、番文字的执照各一份，汉字执照载卡家看守经堂、耕种事务由卡家江洛千户经营，沙沟岁仓（今称赛仓）活佛不得干预，然此条款与"番字约据"不同，本应"当即饬令销毁"，但考虑到隆务寺势力强大，恐生事端，"亦不便勉强"。光绪十七年（1891），卡家与沙沟因佣工再起冲突，互相攻打酿成命案，其根本原因仍是光绪十六年执照审断未清所致。该事件有几个需要注意的问题：一是汉字执照的具体内容未被详加晓谕，差役并不知详情。寺僧等人通过书吏翻译详解才知晓执照内容。普通番民因不识汉字，也不了解执照内容。二是汉字执照的法律效力明确，隆务和沙沟上下僧众均示遵服。三是番、汉执照内容不完全一致，番字执照不知来源，也无官印，但又与沙沟所藏执照略同。可见，主事官员

---

① 《循化厅差役关于隆务寺所藏沙沟寺执照的禀与同知的批文》（光绪十六年四月廿七日），青海省档案馆，档案号：7—永久—2948。

② 光绪元年，左宗棠办理卡家寺与沙沟寺纠纷后，发给岁仓（今称赛仓）活佛汉字执照，承认其对卡家寺的统领。详见阮兴《清末甘南藏区部落纠纷解决形态研究——以光绪十六年卡家与沙沟的争佃冲突为中心》，《中国边疆史地研究》2017年第2期；杨红伟、张克非《晚清循化藏区的权力运作机制——以光绪十五年拉卜楞寺与隆务寺冲突为中心》，《江汉论坛》2008年第6期。

"当堂未曾将汉字念过""未将汉字执照逐字译给众听,又朦胧了结",而"番民既不识汉字"是造成执照纠纷的直接原因。阮兴在其研究中提道,沙沟与卡家执照细目有遗漏阙略之处,各方对执照内容的认定存在很大分歧,但是却未注意到执照分歧系因汉番执照不同引起。

如前文提及,法律审判执照以汉、藏双语行文容易造成纠纷,清朝政府常以碑刻的形式保留,作为永久依据。吴景山搜集今甘南藏族自治州清代碑刻共40余方,其中汉文碑39方,汉藏合璧摩崖碑(今卓尼县境)1方。康熙四十七年所立"临潭番屯交界碑"(原立于卓尼县藏巴哇镇)"临潭刘旗康熙三十六年划定草山界碑""临潭刘旗咸丰八年划定草山界碑"、洮州厅"番民条例碑"、塔尔寺"西纳、喇卜尔为争康缠地案"纪事碑、塔尔寺"永禁开垦以畜水源事"木碑等,碑文均为汉字。显而易见,清代河湟地区行政法律类碑铭多以汉字行文公示,使用藏文或蒙古文的碑刻,基本只与藏传佛教事务有关。①

三 汉字权威的凸显

清代河湟地区行政公文及民间文书的书写,大致经历了"番汉并重"到"汉字贵重"的发展过程,汉语的政治地位上升。

第一,汉字成为国家和中央政权的重要象征符号。罗卜藏丹津叛乱被平定后,蒙古贵族势力衰微,清朝实现了对青藏高原的直接管理,权力调整也影响到新文字秩序的建立。光绪二十三年(1897)冬,抚番府张宪台书赠"悟彻菩提"一匾与拉卜楞寺,本应悬挂在佛堂,但拉卜楞寺香措②将匾挂在了自己卧房门上,为此,循化厅专门派员奉查此事,并谕拉卜楞寺香措,该香措答复:"原匾于(光绪二十五年)二月二十一日即送到大佛堂挂了,我番子不知道汉字贵重,亦不知道讲究轻重,以后

---

① 参见吴景山《甘南藏族自治州金石录》,甘肃人民出版社2001年版;吴景山编著《安多藏族地区金石录》,甘肃文化出版社2014年版。《安多藏族地区金石录》中收录河湟地区碑刻共44方,其中藏文碑刻5方,蒙藏合璧碑刻3方,汉藏合璧碑刻3方,共11方,其中7方所刻内容与佛教事务有关,剩余33方均为汉文碑刻。另外,收录民国时期碑刻共13方,其中藏文碑刻6方,内容均与佛教事务有关。

② 香措,藏语音译,又写作襄佐、相佐、香错,意为总管,帮助寺主处理政教事务,主要管理所属部落和外部事务,权力极大,仅次于寺主。

莫见怪。"① 循化厅对牌匾的来历及下落进行追究，令该香措"仍遵宪示刻将匾额移挂佛堂，不准无之私室。致干并究，速速毋延，特谕"②，实质上是强调国家权威和尊严的举措。故意破坏官方碑刻、匾额也被视为与国家对抗的行为。光绪元年（1875）三月十四日，隆哇、沙沟寺与卡家寺因争夺房屋土地仇斗，杀毙人命，又于十九日"纵火焚烧爵督宪（指左宗棠）恩赐悬挂'悍边敌忾'匾额一幅，门扇彩画全部烧坏"③，卡家寺遂借此以"藐视国法""串联造反"的罪名上告循化厅。八月，循化厅派官军弹压，将首犯就地正法，其余"番目"自悔其过，并调解了双方纠纷，使其"永息争端"，左宗棠批复："地方有司应随时随事善为化导，庶机迁移习俗，永久相安也，勉之为缴。"④ 可见，左宗棠深以为"迁移习俗"才是长治久安之道。

第二，掌握汉语是"归附王化"的重要标志。同治十二年（1873），循化厅南番隆哇部落的麻隆、唐尕、香卡三庄和卡家部落发生械斗。麻隆三庄旧系卡家管属，但因卡家"立有成规，不准番民出外抢夺，违者罚牲畜充公，有番券收执，殊非意外争管。同治六年内，该三庄不受约束，投往龙哇，彼此械斗，互有伤亡。惟卡家毙命较多。今岁，卡家独尊法纪，不与力争，且获宪台匾字戳记之赏，俞知感激安分"⑤。卡家千户捏力哇因"粗知汉礼汉语，于番目中相形出类"⑥，被官府视为严守国法、素不妄行、遵守章程的典范。同治六年（1867），卡家千户还曾奉命率兵协助清政府镇压回民起义。对一种语言的熟悉，就是理解其背后一整套价值观的过程，是融入国家秩序的关键步骤，明代安世凤说"同文

---

① 《拉卜楞寺香措为匾事上循化厅的禀》（光绪二十五年二月廿七日），青海省档案馆，档案号：7—永久—3164。
② 《循化厅为匾事谕拉卜楞寺香措》（光绪二十五年二月二十五日），青海省档案馆，档案号：7—永久—3164。
③ 《西宁兵备道为隆哇、卡加仇斗给循化厅的宪牌》（光绪元年四月十六日），青海省档案馆，档案号：7—永久—2661。
④ 《甘肃西宁府循化同知安福为会办卡加、隆哇案上的禀》（光绪元年九月三十日），青海省档案馆，档案号：7—永久—2661。
⑤ 《循化厅禀覆巡查南番情形并隆哇番案不服查究由》（同治十二年十月初十日），青海省档案馆，档案号：6—永久—350。
⑥ 《循化厅禀覆巡查南番情形并隆哇番案不服查究由》（同治十二年十月初十日），青海省档案馆，档案号：6—永久—350。

于域中，重译于域外"①，便将文字使用视为区分"中""外"的标准。在清朝官员看来，"知汉礼汉语"与卡家千户"独尊法纪"有直接联系，以是否掌握汉语为标准，卡家与麻隆三庄立即显现出"远近之别"，地方官同样以匾额对其嘉奖，再次凸显了汉字重要的象征功能。

第三，掌握汉语是占有资源和表达"话语权"的重要工具。增强语言的社会功能是培育其地位的重要手段，语言可能强化或削弱族群、经济、宗教、地域及性别的不平等。光绪九年（1883）四月，循化厅所辖刚拭寺寺主控告衙役郭总爷串通双朋庄番子，霸占地界水路，抢夺牲畜，上诉称"惟上司不通番语，僧等不知汉话，下情不能上达，一任双舌播弄，两相欺哄"②，是因语言障碍导致行政和法律贯彻不利的典型事例。光绪十四年（1888），沙沟扎咱法台③具禀上告，要求驱逐汉僧加十尕木。加十尕木本为卡家寺昂锁④，因卡家寺原有七个昂缠，各有教徒，"汉僧加十尕木到来，僧等同道相怜，留寺办事，颇觉小心。及因接管带兵，能知汉语，遂充放业（捏）力哇。权事到手，势炎逼人……"⑤，因此乞求将其"遣发回藉（籍）"⑥。通过"知汉语"能掌握权势，但若不识汉语汉字，无论是应对官府差役租税，还是上诉冤情，都要经过转述译录，逐层拟议等诸多环节，难免造成内容出入、信息传达不畅，案件审理辗转拖延的弊端。光绪十五年（1889）河州西乡民人马尕五控告拉卜楞寺捉拿其胞侄一案，循化厅批复："愚民既不识字，又无处伸冤，因饿毙

---

① （明）安世凤撰：《墨林快事》卷9《蒙古碑》，《四库全书存目丛书·子部》第118册，齐鲁书社1995年版，第377页。
② 《青海大臣为查办双朋与刚拭寺冲突给循化厅的札》（光绪九年四月廿二日），青海省档案馆，档案号：7—永久—2722。
③ 法台，藏语称"尺巴"，即住持。是藏传佛教较大寺院内的僧官，总管全寺经济、诵经、昂欠活佛请假等宗教行政事务。
④ 昂锁，藏语音译，是安多地区藏传佛教寺院大活佛下的管理人，也是所辖区域的部落首领，其产生有家族世袭、轮流充任或选派等。
⑤ 《扎咱法台为遭驱逐上的禀》（光绪十四年五月），青海省档案馆，档案号：7—永久—2687。
⑥ 《扎咱法台为遭驱逐上的禀》（光绪十四年五月），青海省档案馆，档案号：7—永久—2687。

命，冤沉海底，家属不知，谁为申诉？"① 语言不通对国家行政运行，官员的实际治理和百姓维护权益都会造成障碍，清人吕留良认为车轨、文字、伦理等如果"有异"，"便行不通，行不通，乃不得不遵奉王制矣"②，也就是说，在"大一统"的政治格局下，"书同文"符合自上而下各个阶层共同的利益，是否掌握汉语对非汉族群众争取合法权益和官方支持起着关键作用。

以语言文字使用为视角，以清末河湟地区为个案，可以观察到汉语和汉字在民族边疆地区逐渐普及，并成为国家"同文"象征的历史细节和具体路径。清代河湟地区蒙古族、藏族等民族对汉语的认同实则体现了双重内涵，一是清朝统治者最终对汉语的认同，二是民族地区汉语地位的上升，凸显了语言背后的政治象征意义、经济价值和文化导向。清朝的发展是多族群文化因素不断衰减，传统"中国性"特征日益占据主流的过程，汉字汉语是清朝国家治理中最重要的技术资源，推行汉语汉字是行政高效运行的客观需要，也是基于现实的必然选择。同时，鉴于汉字汉语在中国历史上长期发挥的凝聚作用，清朝将其作为"同文之治"的载体，更加有助于论证其政权在中国王朝谱系中的"正统性"。

语言文字是文化的重要表征，是地方权力演出的隐性工具，语言认同体现了对这种语言所负载的政治、经济和文化等价值的认可、接纳和趋同，进而可能产生积极的习得和使用行为。"在民族主义的视野中，语言不仅被视为凸显民族特性的最重要指标之一，而且被看作民族想象和建构的重要依据，更是建立民族国家的重要建构工具和厘定族际政治框架的观念基础。"③ 清末河湟地区汉语汉字的使用范围扩大、实际功能及权威象征都明显加强，是对中央政权认同程度的反映，是地方向心力的重要体现，也是清朝政府区隔"内""外"，辨别"生""熟"的主要标

---

① 《马尕五为桑吉勒赎上循化厅的禀》（光绪十五年十二月廿二日），青海省档案馆，档案号：7—永久—3132。

② （清）吕留良撰，周在延辑：《天盖楼四书语录》卷11，《四库禁毁书丛刊·经部》第1册，北京出版社2000年版，第119页。

③ 陈建樾：《统一国语与建构国族：台湾光复初期山地国语运动的思考脉络》，《西北师大学报》（社会科学版）2014年第3期。

准之一。从历史的经验来看，边疆民族地区本来"迢迢千里，声气不通，传调之间多难如法"①，如果再有语言文字的障碍，则更加不利于维护统一和团结。清政府强化、扶持汉语在这一地区的使用，强化汉字权威，正是其着力维护国家统一，加强边疆治理的具体举措。

小 结

语言文字带有权力和地位的隐喻，在宗教仪式、政务管理和话语表达中均发挥着重要的象征作用。清朝的语言政策较为完善，并在"多语并用"与"同文之治"之间进行了成功地转化，"多语并用"既彰显清朝统治的特点，又有多种文字互证，防止篡改舞弊的实际功能，但"大一统"的政治属性要求清政权必须彰显"同文"的文化形态，将多语文政治统合在"同文"的概念下，进行重新解释。

人们对语言的选择及使用常取决于其所处的社会和政治条件，并根据地点、参与者和话题而变动，语言政策的实质是引导、规范，甚至强力改变既有的语言格局。清朝制定了显性的语言政策，汉文、满文及其他语言文字并非竞争的关系，而是扮演着各自不同的角色，其中汉语是大部分区域和人口使用的通行语，汉字也是国家行政中最常使用的文字，能给使用者带来最大的经济、政治和教育等利益，最宜作为国家通用语言文字，而对"同文"这一政治理念的改造和发挥，成功地将汉语汉字转化为国家权威的象征。至清代中后期，在河湟民族语言通行的地区，汉语汉字的使用范围也逐渐扩大，成为国家认同的重要符号。

2020年，笔者赴甘肃省临夏州、东乡县等地考察，进行少数民族地区推普扶贫工作，主要对象为18—45岁贫困家庭，不会讲普通话的少数民族妇女。经过调查发现，时至今日，被调查地区仍有相当数量的少数民族妇女未掌握国家通用语，即汉语普通话，从而严重影响了她们外出务工以及和外界交流。大多数少数民族妇女有学习国家通用语的强烈愿望，尤其无法接受自己的孩子不能掌握国家通用语言，但是由于经济条

---

① 《循化厅为蒙番抢夺情形上的禀》（光绪九年六月廿二日），青海省档案馆，档案号：7—永久—2726。

件差，还要承担繁重的抚养孩子和家务劳动，而没有条件学习。当然，也有极少部分妇女表示对是否掌握汉语普通话无所谓，因为她们认为"自己一辈子也不可能去外面，学了也没有用处"，但是同样无法接受自己的孩子不能学习汉语普通话。

第 六 章

官学教育及其文化影响

中国自三代始设庠序，历代王朝对"非学校无以养其人才""非学校无从著其功修""非学校无以施其涵育甄陶"有高度共识。教育历来都是国家治理的重要手段，是推行及贯彻国家意志的核心要素之一，是官方思想向基层和边地社会灌输的主要机构。封建统治者深知武力弹压治标不治本，只有"以文教化"激发人内在的善性，才能真正实现长治久安。马鹤天任甘肃省教育厅长时，青海尚属甘肃，"见各民族之复杂，教育之落后，一切之不进步，即主张由教育上减少各民族隔阂，改进各民族生活，使一切与汉族真正平等，不止发展其文化已也"①，民族关系会影响地方教育的发展，教育又会反过来作用于民族关系及文化的互动。

第一节　官学教育的发展及其特点

清朝继承明制，仍以国子监为中央最高学府。府州县设地方官学，具有周密全面、权力集中化和科举化的特点，② 地方官学中的社学和义学主要面向乡村和少数民族地区，是中国古代的蒙学教育机构。清代的书院已经完全由官方主导，官府对书院采取限制与笼络并行的政策，既保障其发展，又进行严格的管理。据《中国书院辞典》统计，清代新建和重建的书院为历代之最，其中甘肃省有80个，青海省有14个，属河湟地

---

① 马鹤天著，胡大浚点校：《甘青藏边区考察记》，甘肃人民出版社2003年版，第198页。
② 参见马镛《中国教育制度通史》第五卷，山东教育出版社2000年版，第126页。

区的有 17 个。①

一 官学教育的发展及影响

官方教育的推行是在非汉族区域推动文化转型的最重要的举措，"晚期中华帝国政府的重要目标之一就是'教化'，这意味着鼓励大众接受并实践主流儒家的价值观念、礼仪与风俗"②，通过官学教育和统一的文字，能够强化边远地区受教育的人群与国家精英文化之间的联系，然而河湟地区官学教育的推行面临着更为复杂的形势。

（一）河湟地区推行官学教育的阻力

古代中国区分华夷的标准有明显的文化主义倾向，清代河湟地区行政设置比于内地，但由于地理位置偏远，交通不便，经济落后，民族众多，语言不通等问题，在地域、民族、法律、赋税等问题上，仍有浓厚的边地性质，尚武之风盛行，于文教则不兴。如青海大通县在清末仍被视为"开化未久"③，贵德县自元代正式列入版图，到清代已"久沐教化"，但"丧尚佛事，人鲜读书，文物之化阙焉"④，丹噶尔厅"孤悬塞外，时虞苦寒不毛"⑤，因"土瘠民贫，地处边陲，非内地可比"，河州撒喇"地处边徼，人皆强悍，鲜知礼法"，官学教育虽然有了较大发展，但"城乡民间子弟，十八、九皆入义塾读书。专馆以教者盖亦鲜矣。二月至三月为上学之期，七、八月则皆不到馆读书矣。故入塾二、三年，而不识之无者最多。其聪颖者为生员，后读书图上进者尤鲜"⑥，可见官学教育的效果和影响力都十分有限。

---

① 季啸风主编：《中国书院辞典》，浙江教育出版社 1996 年版，第 967—972 页。
② [美]戴思哲：《中华帝国方志的书写、出版与阅读：1100—1700 年》，向静译，上海人民出版社 2022 年版，第 52 页。
③ 刘运新等编纂，大通回族土族自治县民族古籍办公室标注：《大通县志》卷 2《建置志》，《青海地方旧志五种》，青海人民出版社 1989 年版，第 475—476 页。
④ （民国）姚钧纂，宋挺生标注：《贵德县志稿》卷 2《地理志·风俗》，《青海地方旧志五种》，青海人民出版社 1989 年版，第 715 页。
⑤ （清）杨治平编纂，何平顺等标注：《丹噶尔厅志》序言《丹噶尔厅新志序》，《青海地方旧志五种》，青海人民出版社 1989 年版，第 148 页。
⑥ （清）杨治平编纂，何平顺等标注：《丹噶尔厅志》卷 5《风俗》，《青海地方旧志五种》，青海人民出版社 1989 年版，第 292 页。

雍正七年（1729），陕西总督岳钟琪"奉谕旨宣扬化导，授以诗书，教以礼让，俾伊等渐仁摩义，移梗易顽，以自新于圣化之中，庶几安攘得宜，边圉益固矣"①，为此"举穷乡僻壤，边域荒檄，无不以设学兴教为经国大兴（应为'典'）"②，可为边地藩篱之用。左宗棠经略西北，特别强调了教育的重要性，他指出甘肃地处西北边荒，"地当西陲冲要，南北界连藩服，汉蒙回番杂处其间，谣俗异宜，习尚各别。汉敦儒术，回习天方，蒙番崇信佛教，亘古至今，未之有改。置省以来，诸凡建设，或创或因，于武备尚详，而文治独略"③，河湟地区重视武备，忽视文教，增加了地方治理的难度，左宗棠经略西北的政策除加强军事力量，酌减赋税，发展经济，使少数民族群众有土地恒产之外，发展文教事业的举措尤其具有深远意义。

蒙古族、藏族人民笃信藏传佛教，"番俗惟僧言是听"④，僧人是社会上唯一有文化知识的阶层，不用从事生产劳动，社会地位极高。近代以前，藏传佛教寺院扮演着学校的角色，蒙古族、藏族群众要想识字读书学得知识，有机会进入社会上流阶层，入寺为僧是唯一的渠道，这既是信仰的要求，同时满足了社会生存的需求，"舍寺院无学校，除喇嘛无教师"，"佛经即教材"是蒙藏地区教育的特征，寺院与官方学校在教育领域形成了既竞争又互补的关系。

"尚武与经商"是河湟穆斯林"以非主流文化跻身于主流社会的方式"⑤，通过学校教育进而科举的晋升途径并不被看重。清真寺在河湟伊斯兰教社会中一直承担着教育的职能，阻碍了官方儒学教育的普及。清真寺是伊斯兰教信众的宗教活动场所，也是伊斯兰教经堂教育的机构，由于穆斯林聚居区普遍建有清真寺，经学堂附设其中，与礼拜场所有机结合，使得穆斯林家庭在一定程度上皆纳入了经堂教育的范围之内，即

---

① （清）龚景瀚编，李本源纂修：《循化厅志》卷1《建置沿革》，台北：成文出版社1968年版，第20页。

② （清）杨治平编纂，何平顺等标注：《丹噶尔厅志》序言《丹噶尔厅跨考西宁县学序》，《青海地方旧志五种》，青海人民出版社1989年版，第153页。

③ 盛康辑：《皇朝经世文续编》卷66《礼政六·贡举》，光绪二十三年盛氏思补楼刊本。

④ 《明史》卷331《西域传三》，中华书局1974年版，第8588页。

⑤ 武沐、王希隆：《试论明清时期河湟文化的特质与功能》，《兰州大学学报》2001年第6期。

便不入寺学习,聚集在清真寺做每天的礼拜、每周五的主麻时,阿訇通过讲授《古兰经》,对民众进行以伊斯兰教义为主的宗教教育,无形中使得经堂教育在穆斯林社会得以普及。乾隆年间杨应琚到西宁任职,看到的是"东关回民甚众,多习回经而不读书"①,于是他积极设立儒学、回民社学,但有些穆斯林民众宁死不去就学,把入学就读当成一件苦差事,迫于官方强制性入学要求,甚至雇佣汉人顶替其进官学读书,"过去回教同胞,多有不许其子弟学习国文的陋习,回教教规甚至对入学校读国文悬为禁例。凡违此禁例者,即目为叛教"②,宗教人士更以入校读书即随"汉教","多读书即远教"为由,在信徒民众中宣传。

(二)官学教育的基本情况

历史上少数民族地区的官学以实施教化为主要目的,清王朝"善后"内容之一,即开始推行"教化"政策,建立官学,由此而展开的儒学教育重心更强调王化德化,培养清王朝理想中的边民,养成民众的大一统意识形态。

清代河湟地区官办学校的数量大大超过了明代,府州厅县皆设学官,府曰教授,州曰学正,县曰教谕、训导。"直省会城立书院,府州县立义学、社学,选择生徒肄业其中,聘荐绅宿儒学问淹贯者为之师,束修膏火之费,官为供备,以宏乐育"③,所用教材主要有《性理大全》《周易》《书经》《诗经》《春秋》《礼记》《五伦书》《资治通鉴》《朱子全书》等。以舟曲为例,对藏、汉每庄义学"各给发大板集注五经四书、小学、孝经及吕子等书。久存义学,以使点读校对"④。

清朝基层教育机构以书院、社学、义学为主。同治十三年(1874),"西宁府知府邓承伟前知府龙锡庆创建新府义学"⑤,光绪三年(1877),西宁道张宗翰创设五峰书院,乾隆五十年(1785),"署西宁县知县冷文

---

① (清)杨应琚纂:《西宁府新志》卷11《建置志·学校》,《中国西北文献丛书》第一辑《西北稀见方志文献》第五十五卷,兰州古籍书店1990年版,第243页。

② 白云:《西北回教问题》(下),《西北论衡》1940年第8卷第24期。

③ 《钦定大清会典》卷32《礼部·仪制清吏司·学校》,《景印文渊阁四库全书》第619册,台北:台湾商务印书馆2008年版,第259页。

④ 《舟曲义楼条规之碑》,载吴景山《甘南藏族自治州金石录》,甘肃人民出版社2001年版,第120页。

⑤ 《西宁府续志》卷8《纲领志》,青海人民出版社1985年版,第381页。

炜,创建湟中书院,捐设膏火"①,后又增建五峰书院。乾隆二十四年(1759),碾伯县设义学,名为乐都书院,道光年间重修为凤山书院,②道光年间,大通县在原大雅书院旧址上重构崇山书院。③同治时,贵德重修学宫,"汉番士民,皆踊跃从事"④,康熙四十五年(1706),河州建"王公书院"。可见兴修学校符合各族人民的共同愿望。

  清初规定各直省府州县每乡立社学一所,清中期以后,随着义学的普遍发展,社学逐渐衰落。义学是专为贫民子弟设立的学校,有官办、民办、官民合办等多种形式,在清代各地特别是少数民族地区普遍存在。义学的兴建和办学经费来源多样,有官员捐俸或筹资,官府拨银、拨田、拨废旧庙宇田产,也有士绅、商民集资、发商生息等方式,这也是义学比社学更为普及和长期存在的原因之一。康熙五十二年(1713),议准"各省府州县令多立义学,延请名师,聚集孤寒生童,励志读书"⑤。雍正元年(1723),"谕各直省现任官员自立生祠,书院令改为义学,延师授徒,以广文教"⑥,又考虑到距离城市偏远的居民就学不便,议准"州县于大乡巨堡各置社学,择生员学优行端者补充社师,免其差役,量给廪饩,凡近乡子弟年十二以上、二十以内有志学文者俱令入学肄业"⑦。循化设学始于乾隆四十九年(1784),循化厅同知达桑阿⑧禀请陕甘总督福康安转奏朝廷称:"回民习武者多,而习文应试之人甚少。……当使沐浴诗书,通知礼义,驯其桀骜之气,即可化其顽梗之风。则教导回民,洵

---

  ① 《西宁府续志》卷8《纲领志》,青海人民出版社1985年版,第372页。
  ② 《西宁府续志》卷9《艺文志·凤山书院碑记》,青海人民出版社1985年版,第456—459页。
  ③ 《西宁府续志》卷9《艺文志·大通县知县黄仁治重修大通县城垣衙署庙宇书院义学碑记》,青海人民出版社1985年版,第466—468页。
  ④ 《西宁府续志》卷9《艺文志·贵德同知甘时化重修学宫碑记》,青海人民出版社1985年版,第469页。
  ⑤ 《钦定大清会典事例》卷396《礼部·学校·各省义学》,《续修四库全书》第804册,上海古籍出版社2002年版,第310页。
  ⑥ 《钦定大清会典事例》卷396《礼部·学校·各省义学》,《续修四库全书》第804册,上海古籍出版社2002年版,第310页。
  ⑦ 《钦定大清会典事例》卷396《礼部·学校·各省义学》,《续修四库全书》第804册,上海古籍出版社2002年版,第310页。
  ⑧ 达桑阿,正白旗满洲人,于乾隆四十九年三月至乾隆五十年十一月,任循化厅同知。

为善后之要务。……自应准其添设学校，以资训迪"①，请设循化厅儒学，乾隆五十一年奉部覆准，又建循化文庙"在城西南隅，今名文庙街"。同治后，循化厅兴办的义学有两处，一在本城南街，一在托坝庄。②道光年间，大通县于县城东西关及东峡、衙门庄、永安堡、北川营城，红山堡之大通营城建义学5所。③康熙二十一年（1682），河州建社学3处，康熙四十四年（1705），知州王全臣建社学10处。④据地方志统计，到光绪改革以前，甘肃（含今宁夏及青海一部分）共有府州县厅学76所、书院77所、社学72所、义学280所。⑤西宁县有义学28处、回民社学4所，大通县有义学13处，贵德县7处，丹噶尔厅13处，循化厅2处，巴燕戎格厅1处，碾伯县社学3所。⑥

（三）提高学额、科考比例的举措

甘肃省距离陕西道阻且长，"士人赴陕应试，非月余两月之久不达，所需车驮雇价饮食刍秣诸费，旅费卷费小者数十金，多者百数十金。其赴乡试盖与东南各省举人赴会试劳费相等"⑦，参加科举考试十分艰难。为助学，有"绅士前刑部主事滕烜道员曹炯及汉回士绅等，联名呈称捐建贡院"⑧。福康安曾奏请"循化厅添设学校，应请照绥来县之例，随考取进文、武各四名；科试取进文童四名，即于内地州、县学额内酌量抽拨。嗣后人文渐盛、再为请增，如不能足额，宁阙无滥。并请添设文庙，

---

① 杨怀中标点：《钦定石峰堡纪略》卷20《五十年正月十三日癸亥福康安奏言》，宁夏人民出版社1987年版，第369—370页。
② 《西宁府续志》卷2《建置志·学校》，青海人民出版社1985年版，第94页。
③ 《西宁府续志》卷9《艺文志·大通县知县黄仁治重修大通县城垣衙署庙宇书院义学碑记》，青海人民出版社1985年版，第467页。
④ （清）王全臣纂修，永靖县地方史志办公室编，刘电能、沈文学校注：《河州志校注》卷2《社学》，甘肃文化出版社2017年版，第89页。
⑤ 据（清）安维峻总纂《甘肃全省新通志》卷31《学校志·学额》、卷35《学校志·书院》、卷36《学校志·义学》、卷37《学校志·社学》统计，《中国西北文献丛书》第一辑《西北稀见方志文献》第二十四卷，兰州古籍书店1990年版，第264—269、275—296页。
⑥ 据《西宁府续志》卷2《建置志·学校》统计，青海人民出版社1985年版，第83—95页。
⑦ 葛士濬辑：《皇朝经世文续编》卷53《礼政四·（左宗棠）请陕甘乡试分闱并分设学政疏》，《近代中国史料丛刊》第七十五辑，台北：文海出版社1972年版，第1393页。
⑧ 葛士濬辑：《皇朝经世文续编》卷53《礼政四·（左宗棠）请陕甘乡试分闱并分设学政疏》，《近代中国史料丛刊》第七十五辑，台北：文海出版社1972年版，第1393页。

以彰文教"①。左宗棠奏请援照湖广云贵乡试分闱取中前来,"一律就近应试,则投戈讲艺,士气奋兴,文治之隆,可日计而待也"②。乾隆年间,对河湟地区学额予以从宽处置,即于内地州县学额内酌量抽拨,嗣人渐盛,再为请增,此后,西宁府各书院学额常有增加,这些措施都大大促进了河湟地区的教育。从乾隆到光绪年间,青海考中进士 5 人,举人 22 人,武举人 31 人,③ 以致"风气渐焕,物力滋丰。力农务学,有衣冠文物之化"④。"(乾隆)五十三年五月,芮学使科岁文武,取进包元长等十二人。五十六年五月,周学使科岁文武,取进马文秀等十二人。其与考文童二十余人、武童十余人,大率口内十一族及他州县寄居年久者,否则,兵丁之子弟也。然撒喇回族亦有韩应凤者游庠矣。虽系武生,数年之后,渐摩观化,安知不移为文雅之邦乎,是在为上者有以教之而已。但应贮书籍,业已题明颁给,而至今未领,学中遂无一书。历任俱视为不急之务,可慨也。"⑤ 清政府通过对边疆民族地区教育和科举政策的倾斜,激励考生苦读儒家诗书,发展文教,取得了一定的效果,即使是武生也开始倾慕国家教化礼仪,边地风气为之大变。

二 官学教育的办学特点

(一) 缺乏国家实质性的政策支持

清代地方办学缺乏国家的制度及经费支持,在河湟很多边远不毛之地,兴教办学极为艰难,常常半途而废。乾隆四十六年(1781),因循化地处口外寒苦之地,"撒喇幼童不通汉语"⑥,地方官主持在此筹办回民义

---

① 《西宁府续志》卷9《艺文志·陕甘总督福康安请添设厅学疏》,青海人民出版社 1985 年版,第 396 页。
② 盛康辑:《皇朝经世文续编》卷66《礼政六·贡举》,光绪二十三年盛氏思补楼刊本。
③ 据《西宁府续志》卷7《献征志·选举》统计,青海人民出版社 1985 年版,第 357—370 页。
④ (清)杨应琚纂:《西宁府新志》卷8《地理志·风俗》,《中国西北文献丛书》第一辑《西北稀见方志文献》第五十五卷,兰州古籍书店 1990 年版,第 227 页。
⑤ (清)龚景瀚编,李本源纂修:《循化厅志》卷3《学校》,台北:成文出版社 1968 年版,第 76 页。
⑥ (清)龚景瀚编,李本源纂修:《循化厅志》卷3《义学》,台北:成文出版社 1968 年版,第 76 页。

学。以杨应琚为代表的地方官员捐钱出资兴办学校，延请教师，供应纸笔，并亲临讲学。时任循化厅同知的龚景瀚陈述了循化厅设立回民义学的实际情况，称"循化处口外寒苦之地，官既无力，又乏好义之民，久而寂然。逮严檄催频，同知达桑阿始以设立三处具报，本城及上四工、下四工也。然考其实，惟下四工设于崖幔工（乃曼工）之礼拜寺，延河州人宋显明为之师。撒喇幼童不通汉语，而求师又无所出，临时科受业者给之。弟子既不愿，师亦不安。勉强一二年，施废。其上四工，则并未设立也。本城义学，旧有营中所立以教兵丁子弟，无回民也"①。龚景瀚上任循化厅同知后，谕饬撒喇韩土司筹办义学，但因束脯膏火无所出而没有落实，后草滩坝新渠完工后，才终于调拨出经费，于"城内后街"处拨官营房十一间设义学，"营中经理其事，岁请河州生员主之，束修亦营中公项拨充"，后在崖幔工礼拜寺的下四工义学也于乾隆五十六年（1791）废止。

清代河湟地区的官学教育办学经费严重不足，社学、义学的办学资金除政府少量支持外，多靠有志于此的地方官吏、乡绅出资兴建，或于民间募捐资金，负担学校日常运作，但因经费及管理并没有制度化，致使许多社学、义学屡经废止，举步维艰。乾隆四十六年（1781）回变后，循化厅洪同知彬以白庄、张哈二庄新教设官田约小斗地三十石为义学膏火，但因无人承种而变卖，"得银二百两，交当铺生息，每月利钱两串余文，交义学生员支领以作膏火"，到乾隆五十六年（1791），署同知富升以办蒙古札萨克案，"遂于当商取回本银用之"②。嘉庆二年（1797），同知庆龄捐建临潭莲峰书院，在洮州厅治西，道光五年（1825），同知周濂（字又溪）"创建义仓以生息，余钱作为义学经费"③，洮地瘠苦，公举维艰，"庆公立书院而不能兼及义仓，周公设义仓而不能兼筹膏火"④。

---

① （清）龚景瀚编，李本源纂修：《循化厅志》卷3《义学》，台北：成文出版社1968年版，第76页。

② （清）龚景瀚编，李本源纂修：《循化厅志》卷3《义学》，台北：成文出版社1968年版，第76—77页。

③ （清）张彦笃修，包永昌等纂：《（甘肃省）洮州厅志》卷10《职官·名宦》，台北：成文出版社1970年版，第561页。

④ 《临潭莲峰书院经费序碑》，载吴景山《甘南藏族自治州金石录》，甘肃人民出版社2001年版，第120页。

清朝考评地方官员的标准有很重要的一条就是兴办学校，虽然地方官绅不遗余力促进教育的发展，甚至通过民间信贷利息支付教师束脩，但也有奸民借筹款办学征收废债，引起民怨，进而对办学产生抵触。李焕章①在《湟中杂咏》中写道："筹款因兴学，奸民妙计生。借端征废债，敛怨遍群氓。巧假官绅力，时闻雀鼠争。但愁闾里众，仇视我庠黉"②，就是这种情况的反映，缺乏监管会严重影响办学声誉，使教育发展更加艰难。

(二) 普及范围有限，教育出路狭窄

官学发展与国家权力的深入相辅相成，一般以府州为中心，在农业区域较为普及，传播对象以汉族为主，在回族中得到了一定的发展，覆盖的范围、广度和力度都极其有限。如青海地区官学教育"主要范围不超过日月山以东，即青海农牧区界线，日月山以西几无涉及。传播对象以汉族为主，逐渐扩展到周边少数民族地区"③。通过科考入仕十分艰难，读书后能任学校教职即成显宦职位，然而，囿于学校数量，只有极少数人谋得此职，即便读书后可以到衙门当差，做书办、字识，但这种以笔墨来养家糊口的小职位，"然亦不过二、三十人"，而且熟读儒经和社会各业全无干系，与实业脱钩，民众眼里知识变得空泛于事无补，如丹噶尔自设厅以来，"中科甲者尚无一人，拔、岁贡其最著者也。读书而为官者无人，教职即显宦也。然辟邑至今，仅四、五人。至语读书者，以讲求农、工、商实业则有格格不入，谓与士不相涉也。而不知离实业以言士，则空泛无着，迂阔而不近于事情，岂士也哉！"④ 因此时人感叹"读书者，学非所用，而科甲、仕宦又目所未见，饥寒困顿，为俗眼所轻"⑤，学校由此失去吸引力。

---

① 李焕章，光绪甲辰科进士，签分度支部主事，绥远县知事。
② 《西宁府续志》卷10《志余·诗》，青海人民出版社1985年版，第673页。
③ 赵春娥：《清朝时期儒学在青海循化地区的传播及难以展开的原因分析》，《青海民族研究》2011年第2期。
④ （清）杨治平编纂，何平顺等标注：《丹噶尔厅志》卷5《风俗》，《青海地方旧志五种》，青海人民出版社1989年版，第292页。
⑤ （清）杨治平编纂，何平顺等标注：《丹噶尔厅志》卷5《实业》，《青海地方旧志五种》，青海人民出版社1989年版，第286页。

(三) 教材、教师和教学语言的局限

官办义学一般选择品学兼优、熟悉当地风俗、通晓方言的本地生员为塾师，由地方教官保送，地方官亲加考试，然后正式延请，这样不仅可节省路费开支，而且易于考察其品行。清代义学虽为普及性教育，但对聘用教师却很严格，要考虑塾师的品德、学问、教学态度、生活习惯和个性特点等因素。有时候地方官也会亲自讲学，以示对教育的重视。虽然清代的官学教育已十分成熟，但是河湟地区的特殊性依然决定了社学和义学难以有大的发展。

蒙古族、藏族、撒拉族都有自己的语言，回族虽通用汉语，但伊斯兰教价值观、道德观占据主导，而儒学教材一如内地延用"四书五经"，学校教育的内容脱离实际生活，教学语言则统一使用汉语，教师以汉族为主，多从内地延聘，甚至远及江浙一带。边地对语言、文字、汉族教师、教学内容及施教者都有陌生感，陌生极易产生抵触，从而增加儒学传播的困难。

清末改制时，河湟社会儒化程度有了很大提高，中原维新之风的传入对学校教育的发展产生了积极的促进作用，河湟地区也开启了颁行新学制，改办新式学堂，废除科举制等以近代化为导向的教育改革措施。光绪三十一年（1905）起，河湟各类儒学一律改设成新式的学堂，改设的新式学堂虽然按照1904年颁布的《奏定初等小学堂章程》实施管理，所设课程及教材采用官设编书局所编纂及学务大臣所审定的课本，但各学堂因聘不到教师，或缺乏教材，许多新课程无法开设。河湟地区的新式教育尚不能和内地同步。

第二节　官学教育对河湟文化的影响

河湟地区的官学教育在少数民族中的发展较为缓慢，但对他们的社会进步和转变文化观念仍起到了重要作用。通过学校教育，少数民族对儒学教育的重要性逐渐有所认识，摒弃了容易冲动争斗的习惯，形成了法制观念，促进了社会的稳定与和平，增强了河湟各民族对王朝国家的认同，鉴于官学教育的积极作用，一些有见识的民族精英人士和宗教上层人士也经常参与官学教育的推行。

一 官学教育在少数民族中的推行

信仰伊斯兰教的各民族主要通过清真寺接受经学教育，对官办学校有抵触的情绪。乾隆四十六年（1781），西北地区爆发了苏四十三领导的反清运动，事件平息后，有地方官吏"以化导回民为急"，提倡设立回民义学，"一时承望风旨，建立者纷如"。乾隆五十三年（1788），陕甘总督勒保奏："甘省回民自乾隆四十六、九两年大加惩创之后，倍加慑服，复经各属设立回民义学，延师督课。臣于查阅各提镇营伍时，经过回民众多之处，俱各安静畏法。并饬乡约塾师，实力稽查化导，莫不感激愧惧。得旨以实为之，弗久而懈也，在不动声色，徐徐化导。回岂非民乎！"① 乾隆五十四年（1789）规定："专设回民义学，教以诗书，尤为化导良法，通饬实力奉行"②。局部民族冲突的发生，促使清朝统治者认识到教育的重要性，以及教育发展对多民族国家的统一具有积极作用，清政府尤其开始重视回族官学教育。"初，回教徒不准读书，自同治乱平，左文襄公立义学，迫令读书，习礼义，从者殊寡。宣统以后，设学堂，始稍从学。民国十七年，导河匪变，蔓延五十县，惨杀数十万人，而回民多自拔，不肯从逆。学问能化气质，移习尚，息斗争，其明效大验如是。莅兹土者，当知从事矣。"③ 经过官学教育的发展，科举制度对回族群众已具有很大吸引力，对促进回族文教发展、移风易俗起到了积极作用。

《西宁府续志》记载陕甘总督福康安因循化汉、回民参加科举考试不便而奏请增设学校一事：

> 窃据署循化同知达桑阿禀称：该厅所管沿关一带，汉民、回族户口日繁，从前河州厅移驻循化，考试一事，未经议及，虽准赴河州一体应试，但该处距河州窎远，有隔至五百余里者。往往惮于远涉，渐废读书，无志上进。回族见汉民如此，更无观感。职因公下

---

① 《清高宗实录》卷1319，乾隆五十三年十二月丁巳，中华书局1986年版，第848页。
② 《清高宗实录》卷1343，乾隆五十四年十一月辛亥，中华书局1986年版，第1216页。
③ 刘郁芬修，杨思等纂：《（民国）甘肃通志稿·民族》，载王昱主编《青海方志资料类编》（下册），青海人民出版社1988年版，第1318页。

乡，见童稚中有颇俊秀可以造就成材，随增修义学，延师教读，数月以来，不特汉民踊跃，即撒拉、回族，亦多乐从。苟能迎机引导，自成礼义之乡。似应于循化地方专设学校，添置教职一员，以司董率。每逢岁科考试，由厅录送，酌与取进名数，俾知荣显，以策后效，似于地方风俗有裨等情。臣伏思读书明理，不限疆围；革薄从忠，必先教育。我皇上诞敷文教，虽新疆外，亦已比户弦歌，况循化厅近隶兰州，汉、回民人渐濡圣化百数十年。只因从前未设学校，教导不先，以致愚民无由观感。今该署同知所禀，自属化导愚顽之意。似应准其添设学校，以资训迪。①

清朝在河湟回族中推行官学教育成果较为显著，原因如下：第一，回族有重视教育的传统，历史上产生过许多有建树的学者，一些回族精英将伊斯兰教教义和儒家思想结合，"应试入仕与齐民同，故不为异教人所嫉视，又于孔子独致尊崇，故与儒生不生恶感"②；第二，回族通用汉语和汉字，为儒学教育的推广提供了基础；第三，回族主要从事农业和商贸业，聚居于城镇，与汉族接触更加频繁，经济文化较为发达；第四，政府的重视和大力推广。经过乾隆、同治、光绪年间三次大规模的回族反清事件之后，清政府在河湟边地大力兴建儒学，以"化导"信仰伊斯兰教的民众。

普通蒙古族、藏族民众即便不能入寺学经，也绝不会进官学受教，导致蒙藏社会文盲率远高于汉族水平，教育不够普及的现象仍深刻制约着信仰藏传佛教的各民族。清代，通过推行官学教育，蒙古族、藏族增强了国家认同，如丹噶尔厅"蒙、番子弟，资性聪颖，入塾读书，粗明理义，遂化为汉族者"③，一些藏族上层接受儒家文化的程度很高，"输粮供役，与（汉）民无异，俊秀读书，亦应文武试，如祁伯豸兄弟已登科

---

① 《西宁府续志》卷9《艺文志·陕甘总督福康安请添设厅学疏》，青海人民出版社1985年版，第395—396页。
② 《皇朝续文献通考》卷89《选举考六·吏道》，《续修四库全书》第817册，上海古籍出版社2002年版，第52页。
③ （清）杨治平编纂，何平顺等标注：《丹噶尔厅志》卷6《人类》，《青海地方旧志五种》，青海人民出版社1989年版，第316页。

目，立功名，为国家大臣"①。土司李南哥的后裔李玑曾以经学中进士，西宁东伯府十四世土司李世泰，于乾隆四十一年（1776）袭职，自幼唯好中医，其"赋性仁慈，尤慕医学。年弱冠、师事巨，口传手授，如有宿悟。虽书方时有讹字，然服其药功效立著。无论贫富，从不受谢。五十后，辞职居郡城纸房坡，就医者肩踵相接，毫不惮烦。其存心济世有如此者"②，可见其汉化程度之深。

河湟地区各民族对文昌神的普遍崇信也反映了对儒学的认同。文昌帝君俗称"文曲星"，受到儒释道三教的崇拜，碾伯县文庙"在鼓楼北。明成化十四年，都御史刘廷璋建。国朝顺治十二年，西宁兵备道冯如京重修。康熙四十三年，西宁（儒学）教授梁景岱、碾伯所千总李天祥率诸生加葺"③，贵德县文昌庙，在城西十二里古边墙外，"汉番信仰，士民供奉，每逢朔望，香烟甚盛，有事祈祷，灵应显著，久为汉番祈福捍患之所。同治六年毁于回乱。光绪初年官绅汉番重修，其规模虽不复旧，而金碧辉煌为一邑福神第一"④，乾隆五十一年建循化文庙，"在城西南隅，今名文庙街"⑤，对文化教育的崇尚在各民族中达成了初步共识。

二　民族关系对官学教育的影响

发展教育需要相对和平稳定的环境，融洽的民族关系是河湟地区发展官学教育的重要保障。以舟曲县为例，光绪初年，舟曲"羌寇回氛皆息，复连年丰稔，乃谋应设义学，与绅耆等筹画，得钱三千余串"⑥，于是拟定书院、义学、义船、养济、恤嫠等经费条规，详细规划了经费生

---

①　（清）杨应琚纂：《西宁府新志》卷24《官师志·土司附》，《中国西北文献丛书》第一辑《西北稀见方志文献》第五十五卷，兰州古籍书店1990年版，第368页。

②　《西宁府续志》卷7《献征志》，青海人民出版社1985年版，第274页。

③　（清）杨应琚纂：《西宁府新志》卷14《祠祀·祠庙》，《中国西北文献丛书》第一辑《西北稀见方志文献》第五十五卷，兰州古籍书店1990年版，第270页。

④　（民国）姚钧纂，宋挺生标注：《贵德县志稿》卷2《地理志·庙坛》，《青海地方旧志五种》，青海人民出版社1989年版，第745页。

⑤　（清）龚景瀚编，李本源纂修：《循化厅志》卷3《学校》，台北：成文出版社1968年版，第73页。

⑥　《舟曲义楼条规之碑》，载吴景山《甘南藏族自治州金石录》，甘肃人民出版社2001年版，第119页。

息及分配事宜，规定专款专用，不得借端挪用，特别提到了在"番地端山里真堆族、武都关立节族等庄，共兴设义学一十五处，即以各庄公所或庙宇空屋为学堂，给发义学条规匾额"，在民、屯、番各庄义学教读生，官于年前十二月上旬考试。① 地方官员联合士绅积极筹措经费，兴办教育，将学校推行至藏族、汉族内，统一入学、统一考试，并无区别，将其条理镌刻于碑石，昭示于众，要求官民奉行遵守，体现了地方公共社会事务的法律效力及监督机制。

民族关系恶化会导致文明遭到破坏，学校教育也不能幸免。同治时，河湟地区的学校遭到了极大破坏，对国家、地方和各族人民都造成深重的灾难和损失。光绪二十一年（1895），大通县学宫"即文庙，原建东关，毁于兵火"，崇山书院"原在东关，清光绪二十一年毁于兵乱"②，贵德县河阴书院毁于同治六年（1867）兵火，县义学同治年间俱废，③ 巴燕戎格厅义学在同治兵燹中亦遭拆毁。④ "回变事件"还殃及在读学子，大通县黄家寨"小学堂殉难学生三十人"⑤。战乱平息后，清政府又在西宁恢复社会秩序，"凡庙宇、学校、义塾之废堕者，次第兴复"⑥。民族冲突加剧了穆斯林社会"单语双文"局面。清朝中后期，因政府对民族宗教事务处理不当，在回汉激烈的矛盾中，以回族为主的穆斯林社会对汉文化的排斥愈加严峻，三次抗清事件发生之后，朝廷为化导民众，防止循化等穆斯林社会再反，作为教化的主要手段，强制性设学愈加严厉，但收效甚微。

在接受官学教育方面，汉族起到了示范作用。一方面，汉族对教育高度重视的传统，深刻影响了少数民族教育观念的转变。如清代回族的

---

① 《舟曲义楼条规之碑》，载吴景山《甘南藏族自治州金石录》，甘肃人民出版社2001年版，第120页。

② 刘运新等编纂，大通回族土族自治县民族古籍办公室标注：《大通县志》卷2《建置志》，《青海地方旧志五种》，青海人民出版社1989年版，第481、482页。

③ 《西宁府续志》卷2《建置志·学校》，青海人民出版社1985年版，第91、92页。

④ 《西宁府续志》卷2《建置志·学校》，青海人民出版社1985年版，第93页。

⑤ 刘运新等编纂，大通回族土族自治县民族古籍办公室标注：《大通县志》卷3《人品志上·伎艺材·烈士》，《青海地方旧志五种》，青海人民出版社1989年版，第552页。

⑥ （清）杨治平编纂，何平顺等标注：《丹噶尔厅志》卷7《艺文碑碣类·社仓碑记》，《青海地方旧志五种》，青海人民出版社1989年版，第349页。

经堂教育大量吸收融合了中国私塾教育的某些形式,是伊斯兰宗教教育制度与中国封建社会文化制度相适应的一种民族教育形式。① 另一方面,汉族不重视教育也会对少数民族产生负面的影响。

小　结

　　教育制度、官吏制度和隋唐开创的科举制度构成了中国封建王朝三位一体的人才培养和选拔模式。中国传统的儒学教育重点培养学生精通儒家经典,掌握书法和文义,并由此养成与之相应的思维模式,是一种"文化的"资格教育,表明他们在社会上属于"有教养者"阶层。马克斯·韦伯指出:"与佛教形式更加鲜明对比的是,儒教所要求的是对俗世及其秩序与习俗的适应,归根结底,它只不过是为受过教育的世人确立政治准则与社会礼仪的一部大法典"②,是道德和政治的结合。在漫长的中国封建社会,儒学始终是中华文化的核心因素,为整个中国社会提供了结构性原则和实践价值,上至国家,下达家庭,涵盖了社会的各个层面。接受儒学教育的封建官僚和地方士绅一同构成了传统社会的精英群体,是维持封建王朝运行和地方社会治理的核心。

　　边疆民族地区的官学教育更为看重广教化、知礼义、移风易俗、维护地方稳定的社会功能。清代河湟地区的官学形式主要有书院、社学和义学。书院主要"讨论哲学和道德问题,吟唱古诗,对先师举行祭礼,几乎弥漫着宗教气氛。像会社一样,这些书院也由其创办人制订表示总原则的规章即条约,以及要求学员遵守的纪律"③。杨应琚制定了《皇清塞外大通卫三川书院学约》,三川书院须遵守《朱子白鹿洞规》《朱子论定程董学则》及《分年读书法》等,对书院的办学宗旨、入学条件、教学内容、学习要求等有详细的规定。④ 河湟地区行政中心的官学有一部分

---

① 吴明海:《中国少数民族教育史教程》,中央民族大学出版社2006年版,第124页。
② [德]马克斯·韦伯:《儒教与道教》,洪天富译,江苏人民出版社2008年版,第161页。
③ [法]谢和耐:《中国人的智慧》,何高济译,上海古籍出版社2013年版,第50页。
④ (清)杨应琚纂:《西宁府新志》卷37《艺文志·学约》,《中国西北文献丛书》第一辑《西北稀见方志文献》第五十五卷,兰州古籍书店1990年版,第515—516页。

始建于明朝，如西宁卫学建于宣德三年（1428），由都督史昭奏设，① 两所西宁卫社学建于成化十四年（1478），由都御史徐廷璋改建,② 其余大部分都建于清雍正、乾隆时期。因河湟有相当一部分区域"系新辟戎疆，番回厝杂，以前并未设立学校"③，且种族杂居，民不知学，读书者少，因此官学教育的发展也具有地域和民族的特殊性，和宗教教育的竞争态势也更为明显。

明清以来，尤其到了清末，中国的人口就出现了持续的大规模增长，人们在各个方面都能感受到人口增长的压力，但"不论是政府公职的法定数额，也不论是科举的名额，都没有按照人口的增长速度而增长"④，科举考试以及进入仕途的竞争自然更为激烈。尽管河湟地区官学教育的规模、人数都不可能有大的提高，科举入仕的机会也极其有限，但很多有社会责任感的地方官员仍不惜心力推动边地官学教育的普及，这对于促进河湟地区各民族的文教发展，培育各民族的国家意识起到了聚沙成塔、聚水成渊的作用。

---

① （清）苏铣纂修，王昱、马忠校注：《西宁志》卷2《建置志·学校》，《西宁卫志　西宁志》，青海人民出版社1993年版，第149页。

② （清）苏铣纂修，王昱、马忠校注：《西宁志》卷2《建置志·学校》，《西宁卫志　西宁志》，青海人民出版社1993年版，第150页。

③ （清）杨应琚纂：《西宁府新志》卷11《建置志·学校》，《中国西北文献丛书》第一辑《西北稀见方志文献》第五十五卷，兰州古籍书店1990年版，第244页。

④ ［美］费正清、刘广京编：《剑桥中国晚清史1800—1911年》（上卷），中国社会科学院历史研究所编译室译，中国社会科学出版社1985年版，第103页。

第七章

文化共同性特征及其成因

文化的复杂多面犹如一个人的性格,面对不同情境、不同对象,个体都会有意识或者无意识地选择呈现不同的侧面,功能学派主张文化的发生、传承及变异都与主体的目的有关,一种文化是否具有持续的生命力,能否被保留和传承也看其能否满足主体的需求和愿望。人们根据自己的需要选择和改造文化,也在文化的改造中体现着时代的价值观和当代人的情感和追求。河湟文化圈处于中原文化圈、吐蕃文化圈和西域文化圈的交汇处,在与周边文化的交流互动中,发展出了独特的文化特征。在长期的交往交流中,河湟文化圈内部的各民族也在生产生活方式、价值观念、宗教信仰、语言艺术等方面形成了一定的共同性,使得各民族的关系更加紧密,进一步丰富了河湟文化的内涵。与此同时,不同民族通过交往交流凝成共同的国家意识,维护着逐渐发展起来的内地与河湟边地的联系,巩固了统一多民族国家的发展。

第一节 文化共同性特征

清代是河湟地区一体政治格局空前强化的历史时期,也是这一地区民族格局的调整及定型期,各民族的人口分布、宗教文化特征、经济生产方式等都已基本稳定。国家治理是和谐族际关系,加强民族凝聚力的重要动因,对维护多民族国家的统一,推进大一统有积极意义。

一 族际交往频繁,文化互动类型多样

对"民族"的定义标准有"客观/主观"和"文化/政治"的争论。

民族定义中使用的客观标准包括地域、血统、语言、宗教、"共同历史"等，但现实情况是毗邻的人群之间的客观差异微不足道，"大多数民族所声称的独特属性明里暗里地与比邻民族的特性非常接近"，虽然所谓"客观的共同特性"并不能作为区分民族的可靠标准，但却是激发共同情感联系，确认归属感、维系认同的必需品。民族应兼具政治和文化的双重内涵，有学者指出："如果政治是民族首先提出来的场域，文化则是详细阐述民族为何物的领域，在这个意义上说，最好将民族设想为一个复杂不均、无法预料的过程，在文化结合体与特定的政治干预的互动中孕育形成，不能将其简化为静态的语言、地域、族性或文化标准"①，也就是说，民族的形成本身就是一个发展的过程，很大程度上取决于和周边族群的互动，族际交往对一个民族形成的特质产生着重要的影响，因此，即便我们可以划定民族的边界，但却不能否认他们某些内在的联系。

　　清代河湟地区民族交错杂居，发生着频繁的交往交流，文化互动类型丰富。汉族与藏族、蒙古族、回族的交流主要体现在经济生产方式等物质层面，文化上基本处于对等互动，各自保留着清晰的文化边界，但也出现了文化交融的现象，如河湟藏传佛教的神祇系统中纳入了关公信仰。河湟蒙古族与藏族的文化特质非常接近，两个民族以藏传佛教为"结点"呈现稳定和深入的互渗现象，族际关系密切，在经济生产方式、语言、饮食、服饰、丧葬习俗等各个方面都已趋同；回族与撒拉族、东乡族和保安族的文化强弱对比明显，人口较少、地域分布较小的撒拉族、东乡族和保安族处于人口较多、地域分布较广的回族的包围中，在物质、制度及精神层面均向其靠拢，但被包围民族的文化特征并未完全消失，而是将其一部分嵌入强势民族文化体系中；在土族与藏族、汉族和蒙古族的持续接触中，虽然彼此文化差异较大，但由于接触频繁而相互借取和吸收，造成一方或多方的文化在某一方面发生变异，但并未导致整体同化，比如土族信仰藏传佛教，但在其他文化特征上仍保留着自身的特色。信仰伊斯兰教的民族和信仰藏传佛教的民族之间呈现出相互依存互补的特征，今天的临潭旧城、夏河拉卜楞、合作、西宁、化隆、同仁等

---

①　[土耳其] 乌穆特·奥兹基瑞穆里：《当代关于民族主义的争论——批判性参与》，于红译，中国社会科学出版社2017年版，第22页。

地是典型的回族、藏族交错杂居之地,回族、藏族在生活习惯、饮食、服饰及语言等方面都互有影响,很多回族会讲藏语,很多藏族也通晓汉语。

河湟许多特殊族群的形成都是文化互动的结果。居于汉藏边界的"家西番"除具有汉文化特质外,还掺杂蒙古、藏文化因子;① 清中期开始,因居于黄河南岸的蒙古人处于藏族部落社会,在服装、饮食、居住、语言等方面都接近藏族;河湟地区的托茂人,按现民族成分被划归为回族,其实他们应属河湟蒙古人的支系,是蒙古族中信仰伊斯兰教的一支,文献中对其有"蒙古回回"的称谓。

二 文化交融在日常交往中得以深入

马林诺夫斯基强调,文化对于满足人类需要的重要性,强调具体情境下不同的文化形式都具有基本的共同点,而差异则符合"有限变异"的原则,如"一个器物的主要性质是维持不变的,而他的细节则尽可变异"②。"民族"边界的划定和强调,更多是出于官方需要或社会精英的话语,在日常生活中,民族界限通常并未引起身处其中的人们的关注,民族差异也不能阻碍民族间的正常交往,人类因现实需要和利益驱动,具有强大的改造自身文化,适应和吸收异文化的能力,中华民族形成的历史进程不是少数民族与汉族、各少数民族之间抑制、同化、占有的关系,而是各方共存、交流和交融的关系。

汉族、藏族、蒙古族三大民族交界之处为东乡族、土族、保安族、撒拉族和裕固族等民族的最终形成提供了条件。清代,迁入族群与原有居民广泛交往融合,通过杂居、经济交往、族际通婚、子女收养等方式促进了血统和文化的混融,孕育出了新的民族共同体,但是民族边界和身份界定并不清晰,也并没有特别引起中央政府的关注,东乡、保安、撒拉等族常与"回回"混杂,被称为"东乡回回""保安回回""撒拉回回"。陕甘回民事变爆发后,清政府开始注意到"撒拉番回"确切的民族

---

① 马建春:《多元视阈中的河湟:族群互动、文化认同与地缘关系》,社会科学文献出版社 2013 年版,第 317—324 页。

② [英]马林诺夫斯基:《文化论》,费孝通等译,中国民间文艺出版社 1987 年版,第 22 页。

身份问题,最终将其从"番人"这一模糊的族群中剥离出来,对其民族身份及特性进行了进一步的厘清。说明清代中前期各族群混杂的情况还比较普遍。

三 共同宗教信仰生成,儒学影响力扩大

"文化几乎总是追随着权力"①,文化反映族群力量的对比,文化分布反映权力的分布。河湟地区民族种类众多,有"汉人,土人,杂以黑番、回回、黄番、番僧,众寡不一,要皆在疆域之中。其环于外者,则西夷。西夷所环,始河、湟尽宁夏。……考西夷之杂错西陲者,部落数十种,而数十年间,受羁縻不敢大肆凭陵者、种类区分,力敌而势均,内惧相兼、而谋不协,无有能统属之者,是以苟安于无事"②,河湟地区一些大的民族集团势均力敌,且没有统属和联合的可能,正好达成了一种文化力量的平衡,各民族通过文化包容、文化共享,形成了区域社会的平衡和稳定,当平衡状态被打破,会发生动荡和冲突,但这并不占历史发展的主流,因为区域社会已形成内在的整体性,具备了外部政策和内部自我调节的机制,为民族治理减轻了压力。

中华民族共同体形成的过程中,汉族发挥了重要的凝聚作用和示范作用,"随着封建王朝大一统统治体制在民族地区的确立,儒家思想作为这种大一统体制的思想表现,也随之而成为民族地区的占统治地位的思想"③,尽管就信仰体系看,清代河湟地区存在伊斯兰教、藏传佛教和其他各派宗教,但是,这些宗教的发展也深受儒家思想体系的影响,中国化的色彩随处可见,汉地禅宗在藏区有一定的传播,道教在河湟民族地区也有广泛信众,儒家观念、汉传佛教、藏传佛教、伊斯兰教、道教、民间崇信在河湟地区都占有一席之地,有时也出现重叠的现象,共同丰富着人们的精神世界。

文化中最稳固、最持久、最为深刻的是精神文化,宗教信仰是文化

---

① [美]塞缪尔·亨廷顿:《文明的冲突》,周琪等译,新华出版社2013年版,第72页。
② (清)梁份著,赵盛世等校注:《秦边纪略》卷1《全秦边卫》,青海人民出版社1987年版,第23页。
③ 马进:《以铸牢中华民族共同体意识提升日常族际交往能力》,《中南民族大学学报》(人文社会科学版)2022年第9期。

传统得以延续的深层次因素，会影响人类生活的各个方面，也会对自然环境，甚至生态问题产生影响。在各民族的长期共同交往中，逐渐形成了共同信仰或信仰元素，河湟各民族的关公崇拜以及清政府主导下的青海湖祭祀，是共同信仰形成的典型代表，而这些共同信仰的形成本身就具有文化、历史和生活基础，关公崇信被纳入藏传佛教系统的依据之一是关公与格萨尔王形象的重合，并依赖于藏传佛教上层的推动，青海湖神也是蒙古族、藏族、回族、汉族共同信仰的自然神代表，具有广泛的民族心理基础。伊斯兰教中国化的表现之一是对儒学的吸收，无论从义理上，还是在日常行为规范上都有融合的特征，清真寺的建筑风格也有所体现，如清代修建的灵明堂（今甘肃省兰州市下西园）砖雕中出现了龙、狮子等图案，是伊斯兰教建筑艺术与中国传统标志图案的结合。

四 民族文化与普同文化共存

美国学者 D. E. 布朗认为："我们不应该让我们对文化实践多样性的欣喜干扰了我们对人类的共相——所有不同的文化所共有的那些东西——的研究。尽管差异很重要，但共相对于我们理解全体人类的性质具有特殊的重要性"[1]，在多民族社区中，研究者常倾向于关注民族间的宗教壁垒、语言隔阂、习俗和观念差异，而忽视各民族之间的交融互通以及所创造和共享的共同文化。马克思主义经典作家曾提出，一个国家内部终将实现从"分离的民族文化"到"各民族的共同文化"的转变。木芹先生认为："差距如此巨大的几十个民族，在两千多年的历史长河中，是怎样在一起共同创造了祖国历史的。……我确信中华各民族历史是一个有机的整体，牵一发而动全身……汉族与少数民族、内地与边疆是肌肤与腹肠、支体与手足、唇与齿的关系，也就是说中华民族是一个有机的整体。"[2] 中华各民族作为有机整体在历史文本中有清晰的显示，在同样的生存环境下，民族差异并没有人们印象中的那么明显，最重要的是，我们不能低估因民族交往和共同利益驱动下，各民族对自身文化

---

[1] Donald E. Brown, "Human Universals, Human Nature & Human Culture", *The American Academy of Arts & Sciences*, Vol. 133, No. 4, Fall 2004, pp. 47–54.

[2] 木芹：《中华民族历史整体发展论》，民族出版社1995年版，第1—2页。

的改造以及对他文化的适应和吸收，文化的"涵化"现象在民族杂居区域极其普遍。清代河湟地区各民族互补、互惠、互利的交往模式是族际关系的主流，在共同时代、共同地域和共同物质及精神利益需求的基础上，创造了"共同文化"。

民族文化可解释为"一个民族拥有的所有文化，或可解释为表现民族特性的文化。但后一种理解更为合理。因为正是有了自己特殊的文化，才可使不同的民族有了区别。与此相对，'普同文化'即为各民族共生共享的文化，或可理解为超出具体民族的人类共性文化。由于人类社会都有着共同的基本需求、相类的生存环境和发展进程，所以任何民族都会因此而产生一些与其他民族同样的物质产品、精神创造和制度构建；也由于人类社会总是处在不断的交往和互动之中，不断接受和形成着与其他民族能够共享的物质产品、精神创造和制度构建，所以，普同文化的生成和存在便成为与民族文化相伴始终的现象。"① 文化要保持延续的活力，必须有不断交融、不断构型和不断生产的能力，人类的发展历史中，特殊文化会发生向共性文化的转易，武力和政治高压能够促成文化的传播，但"民族文化向普同文化的转易更多是一个自然浸润扩散的过程，它基本遵循的是'趋同'和'趋利'规律。……谁把握了社会文化'趋同'和'趋利'的主导权；谁就把握了向普同文化转易的主导权；谁的文化能够引导'趋同'和'趋利'的大潮流，谁就能够代表普同文化的大方向，占据普同文化更多的份额"②，今日的"全球化"和"现代化"也是这种转易的表现。

第二节　文化共同性的成因

清代河湟地区是一个民族众多的包容性社会体系，在这种社会体系中，文化共同性的形成一般需要具备以下条件：第一，不同族群有彼此交往的需求，具有主观上减少差异或客观上达成共性的需求，"在不同文化的人员互动的地方，人们期望差异能够减少，因为互动既要求又产生

---

① 王希恩：《民族文化与普同文化及其在当代中国的转易》，《兰州学刊》2017年第5期。
② 王希恩：《民族文化与普同文化及其在当代中国的转易》，《兰州学刊》2017年第5期。

了语码与价值观的一致性——换句话说，就是文化的相似性或文化共性"①；第二，就族群的文化特征来说，联系几个族群的积极纽带取决于他们之间的互补性，互补性可能会导致互相依赖或共生，并建立起连接或融合的区域；第三，每一个族群的文化特征必须稳定，从而使互补性差异能够在面临密切的族际接触时得以维持。在这些条件都具备的情况下，族群间就能产生彼此的稳定性和共生性适应，也就是说，清晰的民族界限和文化共同性的产生并不矛盾，反而是文化共同性产生的必要条件，因为没有文化差异就无从谈起文化共同性，差异和共性是民族关系的一体两面，在不同的情境中各自发挥着不可替代的作用。

一　国家治理起到了关键作用

清朝在河湟地区采用土司制、千百户制、部族制、郡县卫所制等不同于内地和西南边疆的政治制度，表现出在多元复杂的多民族国家政治框架下，国家统治体制与方式的适应性、灵活性和变通性。基于民族间的差异和特殊性，尽量保持其由来已久的社会结构、文化传统，这既适应了河湟地区民族众多、经济落后、社会生产力水平低下的特点，同时保证了河湟地区与内地中央王朝的统属关系，维持了政局的稳定。

中国历代封建王朝都注意对地方力量加以吸纳和利用，以地方实力派为其统治的代理人，因地施政有利于降低治理成本，实现社会稳定，客观上也使各民族延续了自己的文化传统。葛剑雄认为："清朝能够最终确立统一中国的政权，完成这一巨大的历史性工程，与它成功地实行了适合不同地区、不同民族的地方行政制度是分不开的"②，但这类政策只是特定历史条件下的过渡，实现"大一统"的政治目标是中国历代王朝的一致追求，也符合历史发展的潮流和民众的根本利益，多元政治体制的实施必须以保证中央王朝的政治权威和统治权力为前提。随着清朝在河湟地区统治的加强，地方势力只能在政府允许的范围内实施有限的权

---

① ［挪威］弗雷德里克·巴特主编：《族群与边界——文化差异下的社会组织》导言，李丽琴译，马成俊校，商务印书馆2021年版，第10页。

② 葛剑雄：《统一与分裂——中国历史的启示》，生活·读书·新知三联书店1994年版，第169页。

力。在边地治理中,文武相济也至关重要,因河湟多山区和牧区,"远隔县治,阻于山险,各番惮于来城,一切事件,武弁约文员赴彼查审,多至羁迟。是武职虽资弹压,而抚治又在文员,两者有相须而不可偏废者"①。

清朝中央政府对边疆地区的一统程度提出了更高的要求,主要通过完善行政建制、加强民族立法、削弱土司势力等一系列有力措施,推进了中央集权的进程,保障这一地区被纳入清朝的一体政治格局,促使河湟地区"内地化"进程加快和确立。

二 "内地化"进程的加快和确立

"内地"与"边地"是关于距离、空间、经济形态、民族及权力的相对概念,在中国封建王朝的历史发展中,"内地"与"边地"一直处于变动不居的状态。许倬云先生提出"内在的边陲",指那些虽然在中华帝国疆域之内,却并未真正纳入王朝控制体系或官府控制相对薄弱的区域。②葛兆光先生分析了中国边疆的"内"与"外"。鲁西奇提出"内地的边缘"这一概念,认为此类区域具备四个特征:一是国家权力相对缺失,地方社会秩序之建立多有赖于各种地方势力,遂形成政治控制方式的多元化;二是其可耕地资源相对匮乏,山林、矿产资源丰富,民众生计方式多种多样;三是人口来源复杂多样,多为社会体系之外的"边缘人群",社会关系网络具有强烈的"边缘性";四是在文化方面,异端信仰、民间秘密宗教等非正统意识形态有较大影响。③

清人使用"内地"与"边陲"的概念较为随意。政治上,清代的陕甘及青海东部已属内地,以区别于新疆、西藏等地区,平定罗卜藏丹津叛乱后设立西宁府,"是青海东部河湟地区自明代以来由卫所统辖转而进入内地化行政体系的一个标志"④,但必须注意到,河湟区域内部的发展程度并非整齐划一,而是表现为不同进程的微观差异,在

---

① (清)杨应琚纂:《西宁府新志》卷34《艺文志·奏议》,《中国西北文献丛书》第一辑《西北稀见方志文献》第五十五卷,兰州古籍书店1990年版,第483页。
② 许倬云:《试论网络》,《许倬云自选集》,上海教育出版社2002年版,第30—34页。
③ 鲁西奇:《中国历史的空间结构》,广西师范大学出版社2014年版,第11—17页。
④ 杜常顺:《论清代青海东部地区的行政变革与地方民族社会》,《民族研究》2011年第2期。

涉及地域、民族、法律、赋税等问题上，又带有显著的边疆特性，清政府对其管理上仍主张不强行改变其文化习俗和生计方式。如青海大通县在清末仍被视为"开化未久"，不可比于内地，①"西宁地势辽阔，向为回番窟穴，山岭复沓，西北径通关外，西南均接青海、西藏，四十余年，等于绝域，声教久已不行"②。贵德县自元代正式列入版图，到清代已"久沐教化"，但"丧尚佛事，人鲜读书，文物之化阙焉"③。道光九年（1829）所设的丹噶尔厅为县级政权建置，其长官为知府之佐官同知或通判，但"孤悬塞外，时虞苦寒不毛"④，乾隆七年（1742），以"西宁一镇"为例，谕军机大臣"边方与内地不同……经理塞外军务，原不可固拘成例"⑤，乾隆九年（1744），上谕甘肃地方（包括西宁）"土瘠民贫，地处边陲，非内地可比"，因此再行宽缓累年未完积欠银粮草束。可见在实际行政中，河湟地区仍然享有边地的特殊政策。

三　依赖程度加深的经济关系

河湟地区各民族经济互补，形成了"畜牧—贸易—农耕"并存的丰富经济形态，不仅表现在物质产品的互通有无上，更重要的是，多样的经济形态为人们选择多种生产生活方式提供了可能性，比如有相当数量的汉族流入牧区从事畜牧业生产，游牧民也会尽可能利用土地，经营粗放农业，游牧人口与农耕人口的相互转换时有发生。

清代对河湟地区施以积极的经营，除满足军需供应的经济开发外，还有区域经济建设、稳定社会秩序等更多的考虑，不论有没有战争，中央政府都非常重视对这一地区的经济开发，大力组织屯田、水利建设和茶马贸易，在人力、物力、财力上给予了很大的支持，且能长期坚持，

---

① 刘运新等编纂，大通回族土族自治县民族古籍办公室标注：《大通县志》卷2《建置志》，《青海地方旧志五种》，青海人民出版社1989年版，第475—476页。
② 吴丰培编：《豫师青海奏稿·官军攻拔大通县向阳堡逆巢获胜折附旨》，青海人民出版社1981年版，第100页。
③ （民国）姚钧纂，宋挺生标注：《贵德县志稿》卷2《地理志·风俗》，《青海地方旧志五种》，青海人民出版社1989年版，第715页。
④ （清）杨治平编纂，何平顺等标注：《丹噶尔厅志》序言《丹噶尔厅新志序》，《青海地方旧志五种》，青海人民出版社1989年版，第148页。
⑤ 《清高宗实录》卷174，乾隆七年九月庚午，中华书局1985年版，第241页。

一以贯之。刘夏蓓认为："无论是古代，还是近代，汉文化对该地区（甘宁青地区）影响最大的，既不是通常所谓儒家之道，更不是道教、佛教，而是汉文化中先进的科技因素。"①河湟地区受土地面积、降水及水利设施等客观条件限制，农业生产的规模较小，工具拙陋，形式粗放，且获利微薄。比如循化厅"番民以畜牧为生，耕种者不及半。惟撒喇族回民及起台、边都二沟番民，颇有水田，得灌溉之利，然皆卤莽特甚。至于蚕事，不独目所未见，亦复耳所未闻矣"②，当然，也有地方官没有"实力奉行"的因素。来自内地的汉族移民利用先进的生产工具和生产技术将农业文明扩展到边地，各少数民族在兼营农业或者从游牧转为农耕的过程中，从汉文化那里潜移默化地汲取了许多先进经验，而且在共同的农业劳动中，"良民"的身份逐渐超越了原有的民族身份，如西宁马厂一带土地平坦，"招民垦种，番汉相处，如宁、碾沿边村堡现在情形，日久相化，俱为良民"③，各民族间的界限也不再明显。

清代主导河湟地区民族交往交流交融的重要因素之一，是巩固游牧经济和农耕经济的关系问题。游牧经济对农业和手工业有着更为明显的依赖，双方的分工交换是不均等的，但从另一个角度看，这种差异化的生产生活方式也形成了商品生产和流通的巨大市场，使得农耕、畜牧、商贸各得其所，都有了生存的空间。游牧经济和农耕经济的密切联系是中国形成统一多民族国家的重要经济基础。从清代河湟地区文化交流的历史可以发现，中华文化是一个内部差异明显、成分复杂的文化体系，河湟地区农耕文化与游牧文化互为补充，为这一地区各族民众提供了生计支持。

四　地方官员士绅的家国情怀

河湟孤悬边陲之地，道路艰阻，番汉杂处，治理不易，因此"人皆视为畏途，奉委辄辞"，但仍有一些有志之士投身于边陲的建设和发展。

---

① 刘夏蓓：《安多藏区族际关系与区域文化研究》，民族出版社2003年版，第126页。
② （清）龚景瀚编，李本源纂修：《循化厅志》卷7《农桑》，台北：成文出版社1968年版，第158页。
③ （清）杨应琚纂：《西宁府新志》卷34《艺文志·奏议》，《中国西北文献丛书》第一辑《西北稀见方志文献》第五十五卷，兰州古籍书店1990年版，第483页。

满洲镶黄旗人殷泰任职西宁后，即"矢志清白，一尘不染，澹泊自甘，绝馈献，核军实……事无不办"①；奉天汉军正白旗人杨宗仁，任职期间"减税额，恤商贾，招流亡，实户口"，尽职尽责；奉天汉军镶红旗人赵世锡在任十年，恪尽职守，准噶尔及罗卜藏丹津谋逆之际，他"以身家保护，全活有众，并捐发社粮，修置田器，散贫民之衣，给饿莩之食，甚有恩惠"。杨永平，字坦斋，甘肃巩昌府（治陇西）人，大挑举人，同治初年任贵德厅儒学训导。同治六年（1867），"土匪"陷城，"同知（承顺）战死。永平义气愤发，暗招汉番五百余人乘机复仇，而法正清等遂邀集马文义率撒回三四千，来（贵）德驻占城内庙宇及学署。永平骂贼不屈，遂遇害，妻子亦殉"②。正蓝旗汉军附生承顺，系原任署甘肃提督定安长子，于同治元年（1862）八月毅然赴任西宁府贵德同知，到任后修理城垣，添设义学，扩充养济院，平息番回械斗，"勤学番语。数年来番案自行查讯，遂无朦蔽之虞"③，"由是汉民怀其德，番民服其化，回民畏其威"④。同治六年（1867），承顺及其家人、仆役在回变中惨烈殉国，事迹感人肺腑，地方官请为其优恤予谥建祠，贵德绅民公具承顺德政惠民十二条上呈御览，称承顺殉国后，因"遗爱在民，该处土民户祝家尸，私祭遍于衢路。无论汉番男女老幼悉呼之为活佛。或有误触其名字者，即三尺童子，前皆呵禁之"⑤，民众对其爱戴和崇敬可见一斑。

在河湟地区任职的众多官员中，杨应琚和王全臣为地方经济、教育及社会实业的发展做出了突出贡献。杨应琚在任西宁道的十几年时间里，

---

① （清）杨应琚纂：《西宁府新志》卷26《官师志·名宦》，《中国西北文献丛书》第一辑《西北稀见方志文献》第五十五卷，兰州古籍书店1990年版，第384页。
② （民国）姚钧纂，宋挺生标注：《贵德县志稿》卷3《职官志·名宦》，《青海地方旧志五种》，青海人民出版社1989年版，第775页。
③ （民国）姚钧纂，宋挺生标注：《贵德县志稿》卷4《艺文志·奏议·谨将贵德绅民公具该故员承顺德政惠民十二条，另缮清单，恭呈御览》，《青海地方旧志五种》，青海人民出版社1989年版，第805页。
④ （民国）姚钧纂，宋挺生标注：《贵德县志稿》卷4《艺文志·奏议·请为殉难署贵德同知承顺优恤予谥建祠并家属附祀疏》，《青海地方旧志五种》，青海人民出版社1989年版，第801页。
⑤ （民国）姚钧纂，宋挺生标注：《贵德县志稿》卷4《艺文志·奏议·请为殉难署贵德同知承顺优恤予谥建祠并家属附祀疏》，《青海地方旧志五种》，青海人民出版社1989年版，第802页。

兴办教育，亲身力躬，使得西宁人文之风蔚然，修桥筑路，垦荒促耕，广建设仓，厚储粮秣，以救不济之年，方便民生，史称"开垦荒地，减轻田赋，充实仓储，广施救济，建官设治，亲民爱人"。王全臣任职河州以来，大刀阔斧地推行改革，革除了里甲制，推行保甲制，创建会社制度，《河州志》评价王全臣说："夫后之见此志者，以庶事之中，其最者为清地均粮、革除里役而已"，王全臣的改革切中时弊，深得百姓之拥护，正所谓"革除里长。令民自封投柜""百姓之输纳争先恐后""欢然如拨云雾而睹天日矣"①。地方官代表国家主持地方事务，官员个人的出仕风格对地方发展的作用至关重要。

---

① （清）王全臣纂修，永靖县地方史志办公室编，刘电能、沈文学校注：《河州志校注》卷2《田赋（户口附）》、卷6《条议·清地均丁详文》，甘肃文化出版社2017年版，第49、341页。

结　语

"文化"一词可以用来指称社会中普遍为人们所接受的，或为社会主流群体所界定的个人或群体行为规范。"文化"是一个意义的历史传输模式和继承性的概念系统，在这个系统中，人们利用各种象征形式来交流、延续和发展其对生活的知识及态度；"文化"是一个创造意义的动态过程，代表了构成一个社区的智力、精神和美学生活的创造性活动，如艺术、建筑、戏剧、舞蹈、音乐和文学等；"文化"也代表着统治日常生活实践的信念、道德、习俗、规范和价值观等，给人们提供了行动的准则、观察的校镜和评价的标准；"文化"还具有维持和转变社会秩序的关键功能，能够提供给个人或群体某种心理结构，指引他们生活的方方面面；"文化"构成了身份认同的基础，帮助人们实现了社群内部的团结，塑造了人们关于自身和社会的观念与态度，为人们提供了探索自身权利和责任的界限及可能性。

习近平总书记指出中华优秀传统文化中的重要元素有"天下为公、天下大同的社会理想，民为邦本、为政以德的治理思想，九州共贯、多元一体的大一统传统，修齐治平、兴亡有责的家国情怀，厚德载物、明德弘道的精神追求，富民厚生、义利兼顾的经济伦理，天人合一、万物并育的生态理念，实事求是、知行合一的哲学思想，执两用中、守中致和的思维方法，讲信修睦、亲仁善邻的交往之道等，共同塑造出中华文明的突出特性"[①]。中华优秀传统文化是由各民族共同创造的，伟大的民族精神是由各民族共同培育的，本书力图以清代河湟地区为个案，对各

---

① 习近平：《在文化传承发展座谈会上的讲话》，人民出版社2023年版，第2页。

民族在交往交流交融过程中形成的"文化共同性"给予总结和阐发。

河湟地区自古以来就是多民族聚居、交流、交融和共同发展的重要区域，也是各民族迁徙、流动的走廊地带。先秦时期活动在这里的主要是氐、羌和戎。汉代汉族开始大规模迁入这一地区，羌和匈奴也对该地区的民族格局产生了重要影响，出现了民族交融的第一次高潮。魏晋南北朝时期，匈奴、鲜卑、吐谷浑、氐和羌等民族都曾在这里建立过地方政权。隋唐时期，汉、突厥、吐谷浑、吐蕃和回纥等是这里的主要民族，安史之乱后，吐蕃不断东渐，陇右、河西一度出现"吐蕃化"现象。五代、辽宋西夏金时期，汉、吐谷浑、吐蕃、党项、回鹘等民族势力相继纵横于此。元朝建立后，蒙古族成为主导力量，大量西域、中亚人口迁入，使该地区的民族分布更为复杂。明代，内地汉族大批移居于此，同时，回族、撒拉族、东乡族、保安族、土族和裕固族作为新的民族共同体登上了历史的舞台。伴随着清朝统治的确立，满族迁入这一地区，河湟地区的人口组成基本定型，汉族、藏族、回族人数最多、分布地域最广，形成了"大聚居"的态势，蒙古族、土族、撒拉族、东乡族、保安族、裕固族和满族等则散处其间而有迁徙变动，表现为"小聚居"的特点，河湟地区各民族的文化共同性就是在这样的历史积淀和长期的互动中形成的，"因为建构文化共同体的文化元素如记忆、价值观、象征、神话和传统等，日趋持久和稳固"①，因此，很多时候文化的共同体要更为稳定。

1963年，方国瑜先生提出"中国历史发展的整体性"，认为"秦、汉以来中国形成比较稳定的多民族国家，以汉族为主干，汉族与其他各族联系成为一个整体。在整体之内有共同利益、共同愿望，有着浓厚的一致性。……不论政治情况如何，边境与内地作为整体的社会结构共同发展历史，并没有改变。……在中国整体之内，历史发展过程存在着不平衡的情况，这种情况，以族别之间为最显著。但是各族之间虽有差别性，也有一致性，在历史发展过程中，并不以差别性而分离，乃以一致

---

① ［英］安东尼·史密斯：《民族主义：理论、意识形态、历史》（第二版），叶江译，上海人民出版社2011年版，第21页。

性的共同要求而结合成为一个整体"①。1990年,江应樑先生总结说:"统一的概念主要指政权而言;整体的概念是指各民族之间政治、经济、文化诸方面的内在联系与凝聚。在我国各个不同历史时期,有时是一个统一政权,有时几个政权并存,但经济文化的整体并未改变。"② 中国历史是各民族共同的历史,客观考察实际的民族关系和族群文化,回到历史的场景和生活的情境中,文本本身就已经呈现出了各民族水乳交融、整体发展的历史。清代河湟地区的各民族有作为整体的社会结构、经济结构和文化体系,正是中国各民族共同发展的历史典型。

马克思在《路易·波拿巴的雾月十八日》开篇有一段振聋发聩的经典论断:"人们自己创造自己的历史,但是他们并不是随心所欲地创造,并不是在他们自己选定的条件下创造,而是在直接碰到的、既定的、从过去承继下来的条件下创造。一切已死的先辈们的传统,像梦魇一样纠缠着活人的头脑。"③ 清朝继承了中国漫长的历史遗产,该时期河湟各族民众立足地域与现实的条件,积极改造着自己和周围的事物并创造了新的面貌,客观上为铸牢中华民族共同体意识奠定了坚实的基础。

---

① 潘先林、谭世圆:《中国历史发展的整体性是现代中华民族建设与认同的基石——方国瑜〈论中国历史发展的整体性〉研究之一》,《思想战线》2019年第2期。
② 江应樑主编:《中国民族史》(上),民族出版社1990年版,第11页。
③ 马克思:《路易·波拿巴的雾月十八日》,人民出版社2018年版,第9页。

参考文献

中 文

（一）古籍

（清）安维峻总纂：《甘肃全省新通志》，《中国西北文献丛书》第一辑《西北稀见方志文献》第二十三卷至第二十六卷，兰州古籍书店1990年版。

包文汉整理：《清朝藩部要略稿本》，黑龙江教育出版社1997年版。

（清）长白文孚著，魏明章标注：《青海事宜节略》，青海人民出版社1993年版。

（清）龚景瀚编，李本源纂修：《循化厅志》，成文出版社1968年版。

（清）会典馆编，赵云田点校：《钦定大清会典事例 理藩院》，中国藏学出版社2006年版。

季永海等翻译点校：《年羹尧满汉奏折译编》，天津古籍出版社1995年版。

（清）康敷镕纂：《青海地志略》，成文出版社1968年版。

（清）康敷镕纂：《青海记》，《中国西北文献丛书》第一辑《西北稀见方志文献》第五十五卷，兰州古籍书店1990年版。

（清）梁份著，赵盛世等校注：《秦边纪略》，青海人民出版社1987年版。

马塞北主编：《清实录穆斯林资料辑录》，宁夏人民出版社1988年版。

马忠辑注：《青海回族、撒拉族金石录》，青海人民出版社2008年版。

《明实录》，"中研院"历史语言研究所校印1962年版。

《明史》，中华书局1974年版。

那彦成：《平番奏疏》，沈云龙主编《近代中国史料丛刊续编》第四十六辑，文海出版社 1977 年版。

青海省民委少数民族古籍整理规划办公室：《青海地方旧志五种》，青海人民出版社 1989 年版。

《清实录》，中华书局 1985—1986 年版。

《清史稿》，中华书局 1977 年版。

（清）孙承泽著，王剑英点校：《春明梦余录》，北京古籍出版社 1992 年版。

（清）王全臣纂修，永靖县地方史志办公室编，刘电能、沈文学校注：《河州志校注》，甘肃文化出版社 2017 年版。

王昱主编：《青海方志资料类编》（下册），青海人民出版社 1988 年版。

《西宁府续志》，青海人民出版社 1985 年版。

（清）许容修：《甘肃通志稿》，《中国西北文献丛书》第一辑《西北稀见方志文献》第二十七卷，兰州古籍书店 1990 年版。

（清）杨应琚纂：《西宁府新志》，《中国西北文献丛书》第一辑《西北稀见方志文献》第五十五卷，兰州古籍书店 1990 年版。

《元史》，中华书局 1976 年版。

哲仓·才让辑编：《清代青海蒙古族档案史料辑编》，青海人民出版社 1994 年版。

（二）专著

［俄］彼·库·柯兹洛夫：《蒙古、安多和死城哈喇浩特》，王希隆、丁淑琴译，兰州大学出版社 2002 年版。

才让：《藏传佛教信仰与民俗》，民族出版社 1999 年版。

陈赓雅：《西北视察记》，甘肃人民出版社 2002 年版。

陈光国：《青海藏族史》，青海民族出版社 1997 年版。

陈庆英主编：《中国藏族部落》，中国藏学出版社 1991 年版。

陈殿宜：《清朝政府的伊斯兰教政策之研究》，哈姆雷特文化行销有限公司 2003 年版。

崔永红、张得祖、杜常顺主编：《青海通史》，青海人民出版社 1999 年版。

丹曲、谢建华：《甘肃藏族史》，民族出版社 2003 年版。

东嘎·洛桑赤列：《论西藏政教合一制度》，陈庆英译，民族出版社 1985

年版。

[美] 杜赞奇：《文化、权力与国家：1900—1942 年的华北农村》，王福明译，江苏人民出版社 2003 年版。

樊保良：《蒙藏关系史研究》，青海人民出版社 1992 年版。

费孝通主编：《中华民族多元一体格局》（修订本），中央民族大学出版社 1999 年版。

费孝通主编：《中华民族研究新探索》，中国社会科学出版社 1991 年版。

《甘青闻见记》，甘肃人民出版社 1988 年版。

高士荣：《西北土司制度研究》，民族出版社 1999 年版。

葛剑雄主编：《中国移民史》，福建人民出版社 1997 年版。

[日] 宫崎市定：《清朝における国语问题の一面》，《宫崎市定全集（14）》，岩波书店 1999 年版。

[法] 古伯察：《鞑靼西藏旅行记》，耿昇译，中国藏学出版社 1991 年版。

顾执中、陆诒：《到青海去》，商务印书馆 1934 年版。

郭厚安、陈守忠主编：《甘肃古代史》，兰州大学出版社 1989 年版。

郝苏民主编：《丝路走廊的报告：甘青特有民族文化形态研究》，民族出版社 1999 年版。

黄奋生编著：《藏族史略》，民族出版社 1985 年版。

江应梁主编：《中国民族史》，民族出版社 1990 年版。

黎宗华、李延恺：《安多藏族史略》，青海民族出版社 1992 年版。

李清凌：《元明清治理甘青少数民族地区的思想和实践》，中国科学文化出版社 2008 年版。

林竞著，刘满点校：《蒙新甘宁考察记》，甘肃人民出版社 2003 年版。

卢勋、杨保隆主编：《中华民族凝聚力的形成与发展》，民族出版社 2000 年版。

[美] 罗伯特 B. 埃克瓦尔、[美] 波塞尔德·劳费尔著，苏发祥、洛赛编译：《藏族与周边民族文化交流研究》，中央民族大学出版社 2013 年版。

马大正主编：《中国边疆经略史》，中州古籍出版社 2000 年版。

马鹤天著，胡大浚点校：《甘青藏边区考察记》，甘肃人民出版社 2003 年版。

马建春：《多元视阈中的河湟：族群互动、文化认同与地缘关系》，社会科学文献出版社2013年版。

[英]马林诺夫斯基：《文化论》，费孝通等译，中国民间文艺出版社1987年版。

马戎、周星主编：《中华民族凝聚力形成与发展》，北京大学出版社1999年版。

马以愚：《中国回教史鉴》，商务印书馆1941年版。

芈一之：《撒拉族政治社会史》，黄河文化出版社1990年版。

木芹：《中华民族历史整体发展论》，民族出版社1995年版。

蒲文成主编：《甘青藏传佛教寺院》，青海人民出版社1990年版。

秦永章：《甘宁青地区多民族格局形成史研究》，民族出版社2005年版。

《青海省藏族蒙古族社会历史调查》，青海人民出版社1985年版。

《青海土族社会历史调查》，青海人民出版社1985年版。

邱树森主编：《中国回族史》，宁夏人民出版社1996年版。

释妙舟：《蒙藏佛教史》，上海佛学书局1935年版。

谭其骧主编：《简明中国历史地图集》，中国地图出版社1991年版。

田继周等：《中国历代民族政策研究》，青海人民出版社1993年版。

王辅仁、陈庆英编著：《蒙藏民族关系史略》，中国社会科学出版社1985年版。

王继光：《安多藏区土司家族谱辑录研究》，民族出版社2000年版。

王明珂：《羌在汉藏之间：一个华夏边缘的历史人类学研究》，联经出版事业股份有限公司2003年版。

王希隆主编：《西北少数民族史研究》，民族出版社2003年版。

王钟翰主编：《中国民族史》，中国社会科学出版社1994年版。

翁独健主编：《中国民族关系史纲要》，中国社会科学出版社1990年版。

吴永章：《中国土司制度渊源与发展史》，四川民族出版社1988年版。

[比利时]许让：《甘青边界蒙古尔人的起源、历史及社会组织》，李美玲译，青海人民出版社2007年版。

杨建新、马曼丽主编：《西北民族关系史》，民族出版社1990年版。

杨建新：《中国西北少数民族史》，宁夏人民出版社1988年版。

杨学琛：《清代民族史》，四川民族出版社1996年版。

于式玉：《于式玉藏区考察文集》，中国藏学出版社1990年版。
余振贵：《中国历代政权与伊斯兰教》，宁夏人民出版社1996年版。
张磊、孔庆榕主编：《中华民族凝聚力学》，中国社会科学出版社1999年版。
张羽新：《清政府与喇嘛教》，西藏人民出版社1988年版。
赵云田：《中国治边机构史》，中国藏学出版社2002年版。
周希武编著，吴均校释：《玉树调查记》，青海人民出版社1986年版。
洲塔：《甘肃藏族部落的社会与历史研究》，甘肃民族出版社1996年版。
洲塔、乔高才让：《甘肃藏族通史》，民族出版社2009年版。

（三）论文

曹爱军：《中华民族共同体视野中的"各民族交往交流交融"研究》，《广西民族研究》2019年第3期。

陈光国、王浩勋：《明清时期青海蒙藏关系和中央王朝对蒙藏的政策》，《中国藏学》1989年第1期。

陈宗荣、张云、格桑卓玛等：《关于民族交往交流交融的学理思考》，《中国藏学》2021年第1期。

邓前程、邹建达：《从民族格局差异看明朝治藏政策的现实性——与元、清两朝相比较》，《云南师范大学学报》（哲学社会科学版）2008年第2期。

鄂崇荣：《青海各民族交往交流交融历史与现状述略》，《青藏高原论坛》2020年第3期。

方立军：《试论中国历代王朝民族政策的特点》，《西北第二民族学院学报》（哲学社会科学版）2002年第2期。

高永久：《西北少数民族的族际交流》，《中南民族学院学报》（人文社会科学版）2002年第1期。

高永久、赵志远：《论民族交往交流交融与铸牢中华民族共同体意识的思想基础》，《思想战线》2021年第1期。

郝亚明：《各民族交往交流交融：淡化族际差异抑或强化族际纽带?》，《中央民族大学学报》（哲学社会科学版）2021年第3期。

胡小鹏、高晓波：《"角色理论"视野下藏边民族纠纷解决新探——以光绪朝循化厅所辖藏区为例》，《西北师大学报》（社会科学版）2010年第 6 期。

纪宁：《论清代河湟地区多民族商贸的发展》，《青海师范大学学报》（哲学社会科学版）2018 年第 2 期。

［日］加藤直人著，马连龙译：《罗卜藏丹津叛乱与清朝（上）》，《青海民族学院学报》1993 年第 2 期。

［日］加滕直人著，马连龙译：《罗卜藏丹津叛乱与清朝（下）》，《青海民族学院学报》1993 年第 3 期。

金伟、吴彦：《雍正初年的西部战略简论》，《辽宁师范大学学报》1999 年第 4 期。

李大龙：《传统夷夏观与中国疆域的形成——中国疆域形成理论探讨之一》，《中国边疆史地研究》2004 年第 1 期。

李大龙：《多民族国家疆域研究的历程及其特点》，《云南师范大学学报》（哲学社会科学版）2010 年第 6 期。

李大龙：《榫卯：走廊与中国疆域的形成与发展》，《广西民族大学学报》（哲学社会科学版）2020 年第 3 期。

李建宁：《清代管理青海河湟地区方略简述》，《青海民族学院学报》1997 年第 3 期。

李建宗：《中华民族的共同性：谷苞先生的民族学思想内核》，《西北民族研究》2021 年第 1 期。

李健胜、董波：《明清时期儒学对土族政治哲学的影响》，《中国土族》2017 年第 4 期。

李洁：《元明清三代治理甘青多民族走廊之比较》，《中国边疆史地研究》2017 年第 3 期。

李克建：《清朝前期的"中国"认同：从"中国"的内涵展开分析》，《西南民族大学学报》（人文社科版）2019 年第 12 期。

李克郁：《青海土人部落的记载与考证》，《青海民族研究》2006 年第 1 期。

梁玉金：《中华民族认同："假西番"族群中的文化交融》，《青海社会科学》2017 年第 6 期。

龙木、林荣贵：《历代王朝北疆经略及与北疆各族关系研究（1989—1998）》，《中国边疆史地研究》2001 年第 3 期。

罗万寿、吴万善：《论清代同治年间西北回族的变迁》，《西北史地》1990年第3期。

（香港）马楚坚：《青海归清的历史转折与突破》，《清史研究》1993年第2期。

马进：《"思"的框架里的中华民族共同体意识》，《甘肃社会科学》2020年第4期。

马进：《以铸牢中华民族共同体意识提升日常族际交往能力》，《中南民族大学学报》（人文社会科学版）2022年第9期。

马汝珩、马大正：《论罗卜藏丹津叛乱与清政府的善后措施》，《新疆大学学报》（哲学社会科学版）1980年第3期。

马婷：《回族历史上的五次移民潮及其对回族族群的影响》，《回族研究》2004年第2期。

马宗保：《试析回族的空间分布及回汉民族居住格局》，《宁夏社会科学》2000年第3期。

满珂、蒋亭亭：《民族文化交流交融与"中华民族共同体"的生成发展探析——以西北地区为例》，《中央民族大学学报》（哲学社会科学版）2021年第6期。

蒙祥忠、麻国庆：《联结与交融：从民族交错地带看中华民族共同体》，《西南民族大学学报》（人文社会科学版）2021年第10期。

米海萍：《论明代青海多民族格局形成的原因和影响》，《青海民族研究》2008年第2期。

芈一之：《论中国历史上对甘青民族地区的特殊政治制度——从"因其故俗"到"因俗而治"》，《青海民族学院学报》1984年第4期。

纳日碧力戈、萨仁：《中华文化共同体的历史演进与内在逻辑》，《西北民族研究》2022年第2期。

彭建英：《中国传统羁縻政策略论》，《西北大学学报》（哲学社会科学版）2004年第1期。

强健：《论中华民族同质性特征及影响因素》，《贵州民族研究》2020年第10期。

苏文彪、杨文笔：《河湟地区各民族交往交流交融的特点与启示》，《贵州民族研究》2023年第1期。

王慧:《21世纪初国内学界关于河湟地区族群关系研究述评》,《青海民族研究》2016年第3期。

王继光:《青海境内民族迁徙与融合的几个问题》,《青海师范大学学报》(哲学社会科学版)2004年第2期。

徐杰舜:《元明清民族互动过程述论》,《中南民族大学学报》(人文社会科学版)2005年第6期。

徐燕、袁同凯:《河湟走廊上的民族交往交流交融——以临夏州唐汪人为例》,《西北民族研究》2021年第3期。

杨建新:《民族迁徙是解读我国民族关系格局的重要因素》,《烟台大学学报》(哲学社会科学版)2006年第1期。

杨建新:《再论各民族共创中华民族》,《中央民族大学学报》(哲学社会科学版)2020年第4期。

杨须爱:《各民族交融汇聚史知识再生产的价值与路径——以铸牢中华民族共同体意识为视角》,《民族研究》2021年第1期。

于逢春:《构筑中国疆域的文明板块类型及其统合模式序说》,《中国边疆史地研究》2006年第3期。

张继莹:《政治情境与地方史书写——以清代大同方志为例》,《清华学报》2020年第2期。

赵珍:《清代黄河上游地区民族格局演变浅探》,《青海民族研究》1997年第4期。

周伟洲:《古代西北少数民族多元文化的发展与变异》,《中国历史地理论丛》2003年第3期。

英 文

Ch'en, Chi'en-hsien, "The Decline of the Manchu Language in China during the Ch'ing Period (1644 – 1911)", in Walther Heissig, ed. *Altaica Collecta*, Wiesbaden: Otto Harrassowitz, 1976.

Edward J. M. Rhoads, *Manchus and Han: Ethnic Relations and Political Power in Late Qing and Early Republican China, 1861 – 1928*, Seattle and London: University of Washington Press, 2000.

Ho Ping-Ti, "The Significance of the Ch'ing Period in Chinese History", *Journal of Asian Studies, Vol. 26, No. 2, February 1967.

P. K. Crossley, *Orphan Warriors: Three Manchu Generations and the End of the Qing World*, Princeton: Princeton University Press, 1990.

Rawski, Evelyn S., "Reenvisioning the Qing: The Significance of the Qing Period in Chinese History", *Journal of Asian Studies*, Vol. 55, No. 4, November 1996.

后　　记

　　我自1999年考入西北师范大学历史系学习，至2011年博士毕业，在历史系诸多师友的教诲和帮助下，度过了人生中最为充实和难忘的青春时光。《清代河湟地区文化共同性研究》一书即将付梓之际，我首先要衷心感谢西北师范大学历史文化学院对我多年的培养，感谢各位师长为我传道授业解惑，这一次又能够将我的研究成果吸纳到《简牍学与丝路文明研究丛书》（第二辑），给予我极大的支持和鼓励！

　　我还要特别感谢中国社会科学出版社的鲍有情编辑，他为本书的出版付出了很大的心血，他的专业素养和敬业精神让我深为感佩！

　　历史学对客观、科学和严谨有很高的要求，对史料的搜集、考辨和解释，对观点的提炼和论述，是对研究者细心、耐心和意志的考验，也使研究者的思辨意识、理论素养，甚至人格养成得到了很大的锻炼和提高。对我来说，这是本书完成出版最重要的意义。史料如海，学无止境，我深知本书难免有缺陷和不足，一些观点还有肤浅和偏颇之处，希冀今后能够继续补充完善，敬请各位专家学者批评指正。

魏梓秋

2024年7月于甘肃兰州